中国社会科学院创新工程学术出版资助项目

变革的节奏

——战略变革的细节与思考

赵剑波 著

中国社会科学出版社

图书在版编目（CIP）数据

变革的节奏：战略变革的细节与思考/赵剑波著.
—北京：中国社会科学出版社，2017.10
ISBN 978 - 7 - 5203 - 1080 - 2

Ⅰ.①变… Ⅱ.①赵… Ⅲ.①企业改革—研究—
中国 Ⅳ.①F279.21

中国版本图书馆 CIP 数据核字（2017）第 236562 号

出 版 人	赵剑英
责任编辑	车文娇
责任校对	王纪慧
责任印制	王 超

出 版	中国社会科学出版社
社 址	北京鼓楼西大街甲 158 号
邮 编	100720
网 址	http://www.csspw.cn
发 行 部	010 - 84083685
门 市 部	010 - 84029450
经 销	新华书店及其他书店

印 刷	北京明恒达印务有限公司
装 订	廊坊市广阳区广增装订厂
版 次	2017 年 10 月第 1 版
印 次	2017 年 10 月第 1 次印刷

开 本	710×1000 1/16
印 张	19.75
插 页	2
字 数	311 千字
定 价	85.00 元

序

变革需要掌握"节奏"。企业要根据时代的发展而改变，不能一直在"跑步机"上原地不动地行进。然而，变革也不能太频繁，朝令夕改，企业和员工都会无所适从。"没有成功的企业，只有时代的企业"，海尔的成功只不过是踏准了时代的节拍。这句话的内涵具体表现为海尔以七年为周期的变革节奏，从创牌战略到全球化战略，再到今天的网络化战略。海尔的战略变革历程能够启发我们对于"变革"节奏的理解。

当今，全球范围内工业领域正在经历的第三次革命，以大数据、智能制造和移动互联为基础的新技术范式正在改变企业的生产方式和创新模式。新工业革命给制造业的发展带来巨大影响，得益于关键技术的突破及大规模应用条件的成熟，商品制造和生产方式出现重大转变，突破了福特制模式下低成本的大规模生产，也区别于高成本的个性化定制，生产企业在差异化产品和生产成本之间寻求有效平衡。新工业革命促使产业组织方式网络化、虚拟化。在以知识为基础的经济和市场中，企业通过网络、跨越边界与环境相联系已成为普遍的现象。借助于发达的信息、通信手段以及全球化网络平台，企业创新的内容和形式快速变化，对市场和技术变化的反应更为敏感，可以在较短时间内以低成本整合各种技术资源，创新具有很强的灵活性与开放性。

在此背景下，变革管理正在成为我国企业现阶段的主要管理任务。一方面，新的科技革命正在改变着企业资源的配置方式，技术、市场、资本等条件的变化加剧了企业的生存压力；另一方面，经过多年的发展，我国企业正在面临着变革的挑战，经营模式的转型，或者产业结构升级等都是基于变革的需要。

海尔以"人单合一"模式为代表的网络化战略正在对这些内容做出解释和尝试。企业一方面要适应不断变化的时代和环境，另一方面又要不断思考如何利用各种创新方法和模式为用户创造价值。海尔三十年，企业在变革中始终保持着战略一致性与协调性，所以企业的节奏才能与时代合拍。在变革过程中，海尔体现出的战略协调性令人非常惊讶，企业就好像是一个交响乐队，当一个组织发生大变革的时候，从战略层面，从组织层面，从机制上，从人员上，海尔不断灵活协调，演奏出完美的乐章。

"执一不失，能君万物"，海尔坚持为用户创造价值的战略目标的一致性。海尔三十年，经历了六次战略变革，至少颠覆了自己六次，实际上发生的是同样一个故事。在变革过程中，海尔一直坚定战略一致性，同时在组织层面能保持协调一致，与市场、用户之间连接紧密。三十年来海尔从来没有变过的有两件事，一个就是永远以用户为中心，另一个就是企业的快速反应、马上行动。创牌时，企业树立质量观，形成了核心管理和技术能力；"休克鱼"时，企业的管理能力实现从产品到地域的扩张；市场链时，完成流程再造，是海尔放任成长与扩张过程中一次非常重要的优化；"走出去"时，海尔便有了自己的底气和路径；"人单合一"，则是海尔引领管理意象的升华。

实际上，海尔在每一次颠覆自己之前，对时代的节拍都有非常正确的判断，所以说每次自我颠覆是主动性的。海尔对时代节拍的观察角度体现出与其他同时代企业的差异性，实际上当年也许没必要在意产品质量或者在服务上下功夫，也能生存下去。值得注意的是，差异化的思维，才是海尔发展的真正动力所在。然而环顾四周，在中国的家电产业发展史上，众多的家电企业已经消失不见。

回到今天，情况并没有什么不同，同样的故事仍旧在发生。我们仍然可以看到鲜明的例子，比如说诺基亚，比如说黑莓，比如说其他一些企业，它们实际上不愿意去变革，因为对于这些企业的管理者来讲，他们觉得这种变革的代价太大了，但是他们所承受的后果也可想而知。

按照法约尔的理解，企业中的信息不对称、委托代理问题无处不在，为了降低管理成本，繁文缛节式的管理制度不断累积和增加。世界上大企业越来越大，规章制度非常严密，监控部门非常多，对内、对员工控制得越来越死，很多规章制度掐得很死。这样做的结果便是离用户越来越远，当小公司马上对市场上的用户需求做出反应时，大企业还在一遍一遍地"走流程"。海尔始终在解决这个问题，内部流程怎么样，不是说怎么控制住员工，而是给员工活力，给员工空间，在外部和用户能够保持紧密的联系。

企业要以"人"为中心。观察企业的利益相关者，管理学中一个很重要的理论就是股东利益至上。从海尔的变革实践来看，"股东第一"永远不应该是目标，它应该是一个结果。只有把员工的积极性充分发挥出来之后，才一定会实现股东的利益。如果在变革实践中先把股东利益放在前面，把员工利益放在次要的位置，变革管理迟早会出现问题。还是康德的那句话，"人是目的，不是工具"。在现实中，很多企业往往还是把人当成工具了。

海尔"人单合一"模式是要把每个员工都变成自己的CEO。海尔从做"人单合一"、做自主经营体的每一步创新实践开始，就真正让基层的每个员工自己睁开了眼睛，自己能够看到自己的机会在哪里，这一点实际上是最重要的。"人单合一"作为新的管理意象，能够给员工最好的理由，从而激发他们的行动。"人单合一"给予了员工自主的机制，又给了每个人均等的机会，能够充分释放出员工的潜能。企业所努力的方向就是一定使得机会均等、机会公平。在很多大企业内部，往往存在机会不公平，阶层之间不能流动，有才能的员工得不到展示自己的机会。海尔就是要打破层级，谁有能力谁就可以上去，提供员工创新与创业的平台。超利分享是员工创新的驱动力。海尔员工可以为用户创造价值的同时体现他的自身价值，通过"超利分享"，员工感到工作不是仅仅为了报酬，而是不断创造新的价值。通过开放的机制，新的竞争资源被引入企业中，这对于员工也是一个不断的驱动力。只有这样，企业创新才是持续轮回和生生不息的。海尔这个伟大的故事也映衬出整个中国经济发展的伟大故事，正如海尔所在的青岛市，乃至整个国家一样，企业、城市、国家发生了巨大的变化，中国工业化和城镇化的进程非常壮观，非常波澜壮阔。

企业必须跟随时代节拍的变化，1985 年的海尔还很弱小，张瑞敏需要去周围的村子借钱给工人发工资，而今天海尔已经发展成为有 8 万名员工的全球性企业。未来，以小微为主体，海尔平台上的创业者可能更多。在发展过程中，当时很多比海尔实力强的企业都已经消失或者破产，很重要的原因是它们没有踏准时代的节拍。时代在变迁，市场在变化，企业要不断求变，不断改变自己，海尔 30 年的发展历程见证了这一点。

谈到战略变革，张瑞敏经常用北宋晏殊的《浣溪沙》来形容自己的心境：无可奈何花落去，似曾相识燕归来。小园香径独徘徊。"无可奈何花落去"，互联网时代的竞争更加激烈，很多非常强的企业一步赶不上就会万劫不复、轰然倒塌。积极变革的企业有杜邦和 IBM，不变的企业有柯达。破坏性创新正在彻底改变原有的行业体系，例如摩托罗拉、诺基亚、苹果就是这样的概念。在手机制造行业中，领军企业先是摩托罗拉，后有诺基亚，"城头变幻大王旗"，现在则是苹果。从技术轨道跳跃的角度，模拟通信技术被数字通信技术所替代，数字技术又被移动智能终端技术所替代。在互联网时代，下一步谁会替代苹果，很难说。每个企业都面临着抉择，是自杀重生，还是被杀出局？如果"此心不动"，就不会感觉到外界的变化，就会沦落为破坏性创新实施的对象。时代变了，最终需要改变的还是自己。

"自以为非"，海尔在网络化时代不断战胜自我。在网络化战略阶段，海尔以"人单合一"模式为核心，把企业打造成一个由无数"小微"构成的创业和创新平台。企业平台化、员工创客化、用户个性化形成了海尔网络化战略的主要特征。通过内建机制、外接资源，海尔正在建立着生生不息、自我演化的创新生态圈。海尔的变化是循序渐进的，是每个员工自己的工作和故事，本书希望能够给予读者对海尔的历史、管理、语言等一个全面和概览性的了解，激发起更多管理学者对海尔这个持续创新企业的研究兴趣，也希望本书能够为这些学者和读者提供基本的入门知识，使得他们在了解海尔的时候，不容易受到海尔独特语言体系的迷惑，能够快速地进入状态。本书也希望能够帮助那些处在转型升级和战略变革前夜的企业，给予它们一点信心、一点行动的勇气。

中国企业管理研究会会长

中国社会科学院工业经济研究所研究员

2015 年 6 月

目　录

第一部分

战略变革的艺术

第1章　新工业革命情境下的企业战略管理

在新工业革命背景下，企业创造、传递和获取价值的方式在发生变化。与此相适应，企业战略需要快速做出调整与变革以应对外部环境的变化。战略变革是企业为了获得可持续竞争优势，根据所处的内外部环境变化，秉承环境、战略、组织三者之间的动态协调性原则，为改变企业战略而发起和实施系统性过程（陈传明，2004）。战略变革首先从管理者意识的认知框架开始，对外部环境的认知是变化的内在因素，战略思维形成了战略变革的核心。

在新环境下，企业的战略管理需要重点考虑技术创新管理、竞争环境选择、组织认知与学习三方面的因素。首先，面对可能的新技术范式变化，企业如何进行技术创新是重新建立竞争优势的基础；其次，随着行业竞争越来越体现为群体之间的竞争，企业如何选择自己所处的生态系统，决定了其竞争位势；最后，在变革与创新环境下，领导者需要认知外部环境，并就新的战略思维在组织内部进行意识构建，引导和激励员工时刻保持着持续的学习状态，并采用新的组织和管理模式。

战略变革时代的创新管理

战略管理研究者强调创新对于企业竞争优势和绩效的重要性。企业不断调整自己的创新战略以适应市场和客户需求的变化，并不断创造价值和保持成长（Amit and Zott，2001）。因此，对于创新的战略管理是企业战略的重要组成部分（Hamel，2000），是企业竞争优势的重要贡献因素（Elenkov and Manev，2005）。企业层面的创新管理研究关注于三个领域的内容，即识别影响企业成功进行技术创新的关键因素、强调二元性特征的新产品或/和新业务单元的开发，以及组织间联系对于创新类型的影响（Gupta et al.，2007）。

在变革环境下，技术范式的变化给创新管理带来了不确定性，企业需要权衡新旧技术轨道的选择，即在原有技术轨道下的持续创新，还是新技术轨道下的突破性创新。在此背景下，创新管理研究开始关注创新的知识基础（Knowledge Based View，KBV）对创新绩效的影响，并强调技术创新过程中个体的作用。

知识基础视角下的创新研究

Macher 和 Boerner（2012）从知识基础的角度研究企业内部的技术创新管理，强调经验对于技术创新的决定作用。他们认为，技术创新是利用不同的知识组合，并通过不断试错以寻找解决方案的过程。富有经验的企业在选择伙伴企业（Mayer and Salomon，2006；Parmigiani，2007；Parmigiani and Mitchell，2009）、吸收相关知识方面更有效率（Cohen and Levinthal，1990）。经验能够帮助企业构建组织能力，并在整合组织间知识方面体现出优势。与创新相关的技术经验也使得企业具有灵活性，并对创新绩效有正向的作用。

Zhou 和 Li（2012）则认为现有知识基础（例如知识宽度和深度）与知识整合机制（内部知识共享和外部市场知识获取）的相互作用能够促进突破性创新。对于影响突破性创新的关键因素，他们认为只有在内部知识共享的前提下，具有广泛知识基础的企业更容易实现突破性创新，而外部市场知识的获取对此影响稍弱。

为了实现突破性创新目标，企业首先能够利用和发现那些隐藏在琐碎信息中的技术机会，并通过资源整合将突破性技术商业化（Hill and Rothaermel，2003；Zahra and George，2002）。知识基础的宽度能够加强企业理解潜在技术变革的能力，并抓住实施突破性创新的市场机会（Chesbrough，2003）。关于知识深度的作用，Zahra 和 George（2002）认为，在某一具体行业领域的深度知识是有效实现那些新想法及实施突破性创新的必要条件。

组织中个体对于创新的作用

战略管理者认为，企业绩效的差异通常是由于组织层面因素，而不是构成组织的个体差异造成的。组织理论认为，组织流程是企业取得优异绩效的关键因素。Mollick（2012）分析了计算机游戏企业的绩效，并比较了组织层面因素和个体因素差异对于企业绩效的相对贡献。计算机游戏行业是一个典型的知识驱动型产业，企业的发展对于组织和个体要求的差异是显而易见的。在组织层面，计算机游戏企业有着正式、清晰的产品战略。与此同时，产业的发展却依赖于关键个体的创新性产出。Mollick（2012）认为研究应该关注构成组织的个体，而不仅仅是组织层面特征。

生态系统与战略竞争位势的选择

在新环境下，企业之间的竞争不再是"单打独斗"，企业所归属的"生态种群"竞争力决定了企业的竞争优势。所以，企业竞争"位势"的选择十分重要，并且企业所在的生态系统成为培育创新的土壤。Adner（2006）提出了创新生态系统的观点，认为企业创新往往不是单个企业可以完成的功绩，而是要通过与一系列伙伴的互补性协作，才能生产出具有顾客价值的产品。

创新生态系统的视角影响着产业组织理论和企业战略的发展，在此研究视角之下，研究者主要关注产业内部网络主体间以合作和竞争为特点的协调和演化过程（Brandenburger and Nalebuff，1997；Afuah，2000）。产业创新生态系统的研究主要关注企业主体之间的相互作用过程，它把研究情境置于双边关系、产业背景，乃至整个产业生态系统等不同的层面（Jacobides，Knudsen and Augier，2006；Pisano and Teece，2007）。创新生态系统研究强调对于组织所面对外部环境的复杂性和动态性的理解，并通过解释核心企业如何塑造环境特征来说明它们取得成功的原因，例如沃尔玛、微软等核心企业。

Adner（2006）认为，创新生态系统是企业间通过协作的方式，结合各自的产品优势，形成一种紧密合作的、面向客户的解决方案。生态系统所创造的客户价值是个体企业所不能比拟的，一些研究如平台领导者（Platform Leadership）、开放式创新（Open Innovation）、价值网络（Value Network）、超链接组织（Hyperlinked Organizations）等，都在此概念范围内进行讨论。

总之，创新生态系统论认为，企业自身的创新系统是一个生命系统，企业战略的成功在于在这个生态系统中取得领导地位。产业生态系统创新理论要点如下。

以企业为核心的生态系统竞争

未来的竞争不是企业与企业之间的竞争，企业竞争力量来源于它栖身的企业生态系统，即未来的竞争是以一个企业为核心的生态系统与以另外一个企业为核心的生态系统间的竞争。企业必须把自己看成企业生态系统的成员，并且要在这个系统中有恰当的定位。

多主体参与的创新生态体系

产业技术创新系统是整个产业生态系统的一部分。产业生态系统的研究主要应用自然生态系统中种群关系理论，研究创新系统中企业间生态关系，而产业技术创新生态系统则偏重技术创新战略的研究。

Moore（1996）认为，产业生态系统以企业为中心，特别是拥有核心能力的企业。产业技术创新生态系统由各种各样的生物物种（成员）所组成，成员相互间存在各种复杂关系。生物物种主要包括企业个体及同质企业（相同的技术、供应商、用户等）所形成的种群，如消费者、供应商、市场中介、金融机构和投资者等；相互间的各种复杂关系既有垂直关系，如供应商、消费者、市场中介机构等关系，又有水平关系，如竞争对手、其他产业的企业、政府部门、高校、科研机构、利益相关者等关系。它们分别形成了核心生态系统、扩展生态系统和完整生态系统三个层面。Christoph 等（2009）提出了服务创新生态系统，认为系统的主体包括平台提供者、服务提供者、客户以及中介组织。

以平台为中心的创新生态体系

产业技术创新生态系统是由不同产业链相互交织在一起而形成的开放的、多维的、复杂的网络结构。产业技术创新系统结构具有开放式创新系统的特征，每一个生态系统都是一个开放的、与社会有着全方位资源交换的，而且不断在做内部调整的动态系统，具有自身所在系统没有的特性和功能。产业生态系统研究逐渐从个体到种群范围，最后扩展到种群之间的关系层次。

跨越生命周期的持续发展

在企业生态系统中，企业战略的制定是追求可持续性的领导地位。传统上，企业战略决策者基于"利润最大化"理念，从自身利益出发来制定经营发展战略。在企业生态系统中，新战略范式是通过追求系统的价值增值，从而获得系统中持续性的领导地位。

企业生态系统的演化路径为企业生态系统的"引导期→成长期→成熟期→衰退期"。企业达到领导地位的途径有两个：一是自己组建生态系统，通过慢慢积累成为领导者；二是进入已有生态系统，攫取领导地位。在衰退阶段，领导企业要发挥最关键的作用，要通过加大力度R&D创新或者商业方式创新促进生态系统的升级，保证生态系统的可持续发展。

组织认知与战略变革

在新工业革命的大背景下，为了保持良好的组织功能，以及在越来越全球化、复杂化的客户需求下提升持续变革情境下的客户满意度，需要从组织文化和价值观的角度理解组织模式和变革。价值观作为组织文化和认知的核心内容，能够塑造组织和管理模式，这一点在当前的环境下尤为重要。管理形式的演化趋势是从指令管理到目标管理，直到现在的价值观管理（Managing by Value）的发展过程（Dolan and Gacia, 2002）。价值观代表着企业对价值的独特主张，结合新旧资源的再平衡过程，企业通过驱动战略变革实现了新的价值创造方式。例如，刘明明（2012）研究了包括核心价值等组成要素的企业文化如何影响战略变革的速度、幅度和深度。

战略变革的源起在于企业领导者对于外部环境的认知，确定环境风险，并发动变革计划。Rajagopal 和 Spreitzer（1996）认为，对于环境的管理认知促使了战略内容的变化。在他们提出的战略变革多视角模型中，战略变革的学习模式是将知识作为组织最核心的资源，组织的战略行为表现为通过与环境的互动而进行适应性学习，实现知识的不断获取、积累、整合以及创新（见图 1-1）。管理认知指管理主体对外部环境与组织要素及其变化所做的主观性阐释，常与知识结构、核心理念、意义构建、心智模式等概念相联系（刘明明等，2010）。管理认知与战略行动相联系，而战略变革则由战略行动所引发。

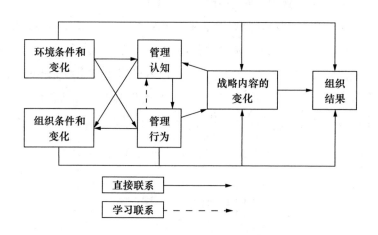

图 1-1   战略变革多视角模型

　　企业领导者需要做出战略选择，并培育和发展组织成员对核心价值观的理解。企业需要构建学习型组织，而学习型组织有两个典型的特点，即扁平型组织结构以支撑组织信息渠道畅通，意义构建和心智模式鼓励员工创新思维和参与变革。

　　领导者关于变革的价值观由上而下进行传递，并逐步进行意义建构，避免因为变革而引起员工焦虑和抵制行为。意义建构指的是对价值观的解释过程，以及创造出一种有序的状态（Weick，1995）。因为战略变革有可能在组织中培育认知的无序状态（McKinley and Scherer，2000），这种状态可能激发员工的困惑和压力，从而使得变革决策难以得到有效执行。意义建构的目的在于通过努力影响员工对于变革状态的理解和解释（Maitlis，2005）。Huy（2002）认为变革的成功取决于组织内部意义建构的过程，其改变了整个组织的期望，使得组织成员能够改变他们对外部环境的认知和行为互动。

对于战略变革的研究不但需要明确企业如何通过变革追求新的竞争优势，而且还需要理解产品战略、服务战略等组织功能的改变，以及组织形式、结构、能力、资源的变化（Rindova and Fombrun，1999）。企业边界与结构也在随环境动态变化，企业仅仅依靠内部资源和既有资源已经很难再创造价值。在变革条件下，组织能够在利用既有资源的同时，不断探索新资源，所以战略变革就涉及组织资源在不同主体间的再平衡过程。这就要求企业从社会化的角度认识资源，去认识企业的价值创造、传递以及获取。

战略管理新特征

面对内外部环境的变化，新形势下的战略管理研究应该具备以下三个特征。

强调"问题导向"

传统战略管理理论以"理论导向"为特征，注重推理和模型。新形势下的战略理论应注重管理实践，采用案例研究方法，以适应外部环境快速变化的需要。"问题导向"的理论研究将推动企业战略的指导性、实践性和操作性，例如强调研究问题的情境化。

关注"客户价值"

传统战略管理理论以企业为中心，强调产品的大规模制造与销售。新战略管理理论强调客户价值，将用户资源作为创新的资源，并采用大规模定制的生产方式和客户之间实现互动。例如，姜雯煜（2012）认为价值创新战略要求企业将战略重点放在顾客上，而关注于如何向现实市场提供全新的、优越的顾客价值，通过为顾客提供一个价值飞跃来达到成为市场领先者的目的。

整合"研究范式"

战略管理理论将更注重不同研究范式的"整合性"。传统战略管理理论从不同角度观察，新的战略理论将各种新思维、新理论整合，新的战略主流范式中，各理论流派将对这个范式有所贡献，从而推动企业战略管理理论的发展和完善。在一些研究中，除了资源和能力视角，知识基础视角、组织认知视角的研究也越发显现出重要性。例如，从知识基础的角度研究企业内部的技术创新管理，从"认知—行为"的视角研究企业战略变革过程中的阻碍因素。

参考文献

［1］陈传明、刘海建:《企业战略变革:内涵与测量方法论探析》,《科研管理》2006 年第 3 期。

［2］Amit, R. and Zott, C. , "Value Creation in E – Business", *Strategic Management Journal*, 2001, 22: 493 – 520.

［3］Hamel, G. , *Leading the Revolution*, Boston, MA: Harvard Business School Press, 2000.

［4］Elenkov, D. S. and Manev, I. M. , "Top Management Leadership and Influence on Innovation: The Role of Socio – Cultural Context", *Journal of Management*, 2005, 31: 381 – 402.

［5］Gupta, A. K. , Tesluk, P. E. and Taylor, M. S. , "Innovation at and across Multiple Levels of Analysis", *Organization Science*, 2007, 18: 885 – 897.

［6］Macher, J. T. , Boerner, C. S. , "Experience and Scale and Scope E-conomies: Trade – Offs and Performance in Drug Development", *Strategic Management Journal*, 2006, 27 (9): 845 – 865.

［7］Mayer, K. J. , Salomon, R. , "Capabilities, Contractual Hazards and Governance: Integrating Resource – Based and Transaction Cost Frameworks", *Academy of Management Journal*, 2006, 49 (5): 942 – 959.

［8］Parmigiani, A. , "Why Do Firms Both Make and Buy? An Investigation of Concurrent Sourcing", *Strategic Management Journal*, 2007, 28

(3): 285 –311.

[9] Parmigiani, A. , Mitchell, W. , "Complementarity, Capabilities, and the Boundaries of the Firm: The Impact of Within – Firm and Interfirm Expertise on Concurrent Sourcing of Complementary Components", *Strategic Management Journal*, 2009, 30 (10): 1065 –1091.

[10] Cohen, W. M. , Levinthal, D. A. , "Absorptive Capacity: A New Perspective on Learning and Innovation", *Administrative Science Quarterly*, 1990, 35 (1): 128 –152.

[11] Zhou, K. Z. and Li, C. B. , "How Knowledge Affects Radical Innovation: Knowledge Base, Market Knowledge Acquisition, and Internal Knowledge Sharing", *Strategic Management Journal*, 2012, 33: 1090 –1102.

[12] Hill, C. W. , Rothaermel, F. T. , "The Performance of Incumbent Firms in the Face of Radical Technological Innovation", *Academy of Management Review*, 2003, 28 (2): 257 –274.

[13] Zahra, S. , George, G. , "Absorptive Capacity: A Review, Reconceptualization, and Extension", *Academy of Management Review*, 2002, 27 (2): 185 –203.

[14] Chesbrough, H. W. , *Open*, *Innovation*, *The New Imperative for Creating and Profiting from Technology*, Boston, M. A. : Harvard Business School Press, 2003.

[15] Mollick, E. , "People and Process, Suits and Innovators: The Role of Individuals in Firm Performance", *Strategic Management Journal*, 2012, 33: 1001 –1015.

[16] Adner, R. , "Match Your Innovation Strategy to Your Innovation Ecosystem", *Harvard Business Review*, 2006, 84 (4): 98.

[17] Brandenburger, A. M. and Stuart, H. W. , "Value – Based Business Strategy", *Journal of Economics & Management Strategy*, 1996, 5: 5 –24.

[18] Afuah, A. , "How Much Do Your Coopetitors' Capabilities Matter in

the Face of Technological Change?", *Strategic Management Journal*, March Special Issue, 2000, 21: 387 - 404.

[19] Jacobides, M. G., Knudsen, T., Augier, M., "Benefiting from Innovation: Value Creation, Value Appropriation and the Role of Industry Architectures", *Research Policy*, 2006, 35 (8): 1200 - 1221.

[20] Pisano, G. P., Teece, D. J., "How to Capture Value from Innovation: Shaping Intellectual Property and Industry Architecture", *California Management Review*, 2007, 50 (1): 278 - 296.

[21] Moore, J. F., *The Death of Competition: Leadership and Strategy in the Age of Business Ecosystems*, New York: Harper Business, 1996.

[22] Christoph et al., "A Framework for Analyzing Service Ecosystem Capabilities to Innovate", Proceedings of the 17th European Conference on Information Systems, Verona, Italy, June 8th - 10th, 2009.

[23] Dolan, S. L., Gacia, S., "Managing by Values: Cultural Redesign for Strategic Organizational Change at Dawn of the Twenty - First Century", *Journal of Management Development*, 2002, 21 (2): 102 - 117.

[24] 刘明明:《企业战略变革的企业文化要素影响研究》, 博士学位论文, 大连理工大学, 2012 年。

[25] Rajagopalan, G. and Spreitzer, M., "Toward a Theory of Strategic Chance: A Multi - Lens Perspective and Interrative Framework", *Academy of Management Review*, 1996, 22 (1): 48 - 79.

[26] Weick, K. E., *Sensemaking in Organizations*, Thousand Oaks, CA: Sage, 1995.

[27] McKinley, W. and Scherer, A., "Some Unanticipated Consequences of Organizational Restructuring", *Academy of Management Review*, 2000, 25: 735 - 752.

[28] Maitlis, S., "The Social Processes of Organizational Sensemaking", *Academy of Management Journal*, 2005, 48: 21 - 49.

[29] Huy, Q. N., "Emotional Balancing of Organizational Continuity and Radical Change: The Contribution of Middle Managers", *Administra-*

tive Science Quarterly, 2002, 47: 31 –69.

[30] Rindova, V. and Fombrun, C., "Constructing Competitive Advantage: The Role of Firm – Constituent Interactions", *Strategic Management Journal*, 1999, 20: 691 –710.

[31] 刘明明、肖洪钧、蒋兵:《战略变革内涵和模型的理论探析》,《技术经济》2010 年第 10 期。

[32] 姜雯煜:《企业战略管理——价值创新》,《管理纵横》2012 年第 4 期。

第2章 管理意象、组织惯例与变革的节奏

随着企业经营外部环境动态性的加剧，变革管理研究出现了一些新的趋势和特征。管理学者的研究重点从"变革管理"（Change Management）向"如何管理变革"（Managing Change）转化，这一趋势体现了学术界对于变革管理的研究越来越趋于动态化和微观层面。

变革管理新思维

变革管理正在成为我国企业现阶段的主要管理任务。一方面，新的科技革命正在改变着企业资源的配置方式，技术、市场、资本等条件的变化加剧了企业的生存压力；另一方面，经过多年的发展，我国企业正面临着变革的挑战，经营模式的转型，或者产业结构升级等都是基于变革的需要。变革管理理论认为，变革正在成为企业经营的常态，变革管理的目标在于发起新的管理意象（Schema 或者 Schemata），形成新的组织惯例，并不断平衡变革的节奏和频率，提升变革绩效。

组织变革能够带来短期的竞争优势和长期的生存，但是变革实施也存在很多管理挑战。因为企业持续处于变革的状态中，例如组织边界的游移、组织结构的改变和决策流程的重新设计等，管理变革已经成为管理者的终极目标。但是，一些重大的变革计划却很少宣称"获得重大成功"。

变革已经成为企业经营的常态，而不再是从一个状态到另一个状态的改变。变革的目的在于形成新的"意象"，从而引导企业资源的配置和平衡，促进员工角色的快速转换和定位。在变革过程中，通过意义构

建和不断的试错学习，企业逐渐建立了新的组织惯例，管理意象和组织惯例之间相互影响（见图 2-1）。变革的实施面临着艰难的管理挑战，中层经理人成为促进或者阻碍变革的关键角色。在变革的节奏研究方面，规律性和经常性的变革绩效优于应对性和非规律性的变革。变革体现了"新"与"旧"的矛盾，如何利用和管理变革的二元性特征是未来研究的重点。

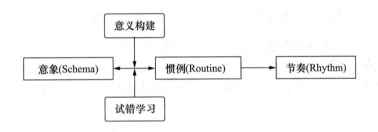

图 2-1　变革管理的新思维

管理意象是"一幅画"

"意象"引导管理变革

管理学者认为意象能够激发和塑造变革行动。从文学意义上讲，所谓意象，是创造出来的一种艺术形象，意象就是寓"意"之"象"，就是用来寄托主观情思的客观物象。简单地说，它就是一幅以词语表现的"画"。在管理学研究中，管理意象更多是与价值观、解释框架、心智模型这些词汇联系在一起。

意象是战略和组织理论的核心概念，但是关于意象是如何涌现并塑造管理变革，我们知道的并不多。在管理学情境下，管理意象（Organizational Interpretive Schema）是一组共享的假设、价值观（Gioia, Thomas, Clark and Chittipeddi, 1994）、参考框架（Bartunek, 1984），其能够赋予员工日常行为意义，并指导组织成员的思考和行动（Elsbach, Barr and Hargadon，2005）。意象体现了组织（Organizing）过去和未来经验的知识结构。所以，意象就好像一个信息漏斗（Data Reduction Device），指导员工的行为，使得员工能够在复杂和迷惑的情况下游刃有余（Balogun and Johnson，2004）。例如，心智模型能够影响管理者的战略决策（Gary and Wood，2011；Hodgkinson et al.，1999；Kaplan，2008；Tripsas and Gavetti，2000）。所以说，管理意象体现了隐喻在传播交流中的作用。

通过恰当的意象隐喻方法，可以把要表达的同某个已经具备了那个意思的事物联系在一起，直接触及人的心灵，揭示出该含义的真谛。尤其是在描述一个创新的观念或一个有创造力的想法时，意象隐喻能表达用理性抽象的语言无法表达的想法，例如法约尔的"桥"、沙因的"文化洋葱"等。

管理变革的过程旨在于通过意义建构的过程，创造出新的管理意象，而新的管理意象一旦建立，则又能引导企业战略变革的实施。例如，提到"精益管理"，大家就会想到丰田制造模式、准时制生产（Just in Time）、生产过程中的节约等，并以此约束自己的行为方式。所以说，通过管理意象的作用，还可以创造出企业的使命、愿景、价值观，并形成一种组织文化。

组织认知理论研究认为，意象是包含组织成员间各种信息和关系的知识结构（Elsbach，Barr and Hargadon，2005）。虽然意象理论是在个体层面因素分析的基础上产生的，但是管理研究者认为组织成员能够共享意象（Bartunek，1984）。意象的建立需要改变组织成员的认知模式，并构建对于环境意义的新理解。组织变革引发了意象的重构（Reframing）过程，员工重新寻求对于期望和现实差异的理解（Balogun and Johnson，2004）。根据 Bartunek（1984）的研究，重构过程能够提供一个关于假设、规则和边界的结构，并指导意义建构过程，使之随时间而在组织内部固化。

变革带来了新的冲击，意象重构能够使得组织成员随变化的环境而逐步构建新的意义和理解。组织学习在这个过程中也起到了重要作用，例如 Argyris（1993）提出的"单环"和"双环"学习，单环强调现有框架内的渐进式学习，双环则强调"重构"，即改变了组织成员的认知，使其思维和行为产生了重大的变化。

在变革的过程中存在两种意象，即组织内部既定意象（Enacted Schema）和变革所倡导的意象（Espoused Schema）。既定意象由可观测的行为构成，其将管理关注（Intention）转变成一种现实的认知和行为模式。倡导意象则是管理者面对问题或者挑战，会阐述一种新的、不同的解释性意象。倡导意象也可称为"初始意象"（Initial Schema），面对新的情况，在行为不明确的情况下，其是管理者对新情况意见的汇集，希望每个人按此行事。管理者倡导一种新的解释性意象，体现了其对环境的新认知和理解。在变革实施过程中，认知和行动的结合将产生新的既定意象。

总之，在变革过程中，管理者需要倡导一种新的、完全不同的组织解释意象（Labianca et al.，2000）。新意象重在说明企业面临的问题和挑战所在，联系着每个成员对于新情况的认知。管理学者已经认识到行动能够决定意象的产生，并导致意象的升级和完善。未来研究的重点在于从微观的角度理解这些变化是如何发生的，例如从组织惯例和试错学习的角度，理解两者如何加强行动和意象间的相互作用。

管理意象的"涌现"

战略和组织理论研究认为管理环境变革十分困难。一些环境变革，例如技术创新，使得企业难以适从，因为对创新意义的认知并不是十分清楚，所以企业难以有效投入。认知代表了企业的知识结构，借此对于外部信息进行归类和结构化。管理意象的认知解释和赋予了环境变革的意义，并激发和塑造随后的企业变革行为。

现有的管理意象研究，包括意象的影响（Schminke，Ambrose and Noel，1997）、对于变革的作用（Elsbach et al.，2005），及其结构属性，例如规模和复杂性等（Dane，2010；Nadkarni and Narayanan，2007）。然而，有关管理意象是如何涌现的研究相对较少（Bingham and Kahl，2013）。

类比的方法有助于意象的构建，例如把相似的问题应用于新的情况，可以降低战略决策的复杂性和不确定性，并产生新的启发（Gavetti et al. ，2005）。类比方法涉及基本的心理学流程，包括编码、存取和适应等过程（Gentner, Holyoak and Kokinov, 2001；Gentner, Loewenstein and Thompson, 2003；Lee and Holyoak, 2008）。类比方法是指在具有相同结构关系的问题或者情景之间传递知识，明确这些问题和情景的相似性（Gentner et al. ，2001）。虽然类比方法是战略决策的有力支撑，但是大量的研究证据表明采用合适的类比方法决策依然存在较大的困难，因为决策者采用类比方法时太注重那些肤浅和表层的特征，而不是选择具有决策意义的结构化关系。

Gary 等（2012）认为在相似结构环境下进行决策时，管理者应用类比方法经常是无效率的。作者采用实验性研究方法检验了从一种管理情景（源）到类比情景下决策机制的影响因素。结果显示，类比源环境和决策情景之间会存在一定的差异，这种差异在短期内降低了决策的绩效，但是提升了组织学习能力和未来类比转化的质量。类比方法并不能解释意象涌现的流程，类比转换只是利用现有意象解释新意象的初始认知，而不是新意象如何基于现有意象得以发展并不断多样化。

心理学研究明确解释了类比转换能够通过新旧意象之间映射关系的归类，建立新意象。但是，类比方法的应用只能解释新意象的产生和熟悉的过程，它并不能说明新意象如何体现出概念性的不同。

意象塑造企业的知识结构和变革行为。Gary 等（2012）认为意象涌现的流程包括吸收（Assimilation）、解构（Deconstruction）和单元化（Unitization）三个环节，此过程重在解决变革过程所要求的内在联系：如何使得陌生变得熟悉，并得以清楚的解释。吸收是指将新的情境整合到已有的认知框架中。类比是最常采用的方法，企业容易采用自己较为熟悉的类比方式，获得对于行业新技术的吸收和认知。解构的目的在于创造新的认知结构，当新技术范式出现，企业以往的知识结构将变得无效，新的归类和类比方式将发生作用。单元化加强了新的认知结构，新的类比方法增加了不同类别之间的相互联系，概念逐渐变得清晰，并形成了独立的认知单元。

正如 Weick（1995）所指出的那样，在变革过程中，管理者发起意义建构过程，利用意象引导全员行为，定义哪些行为属于或者排除在兴趣范围之外，因此而设置变革过程中探索行为的边界。

意义建构如何影响组织内部员工的行为，哪些行为与新价值观或共享意象（Shared Schemas）的形成有关，并由此影响变革绩效，是本章研究的核心问题。明确战略变革过程中意义建构的内容，及其如何进行有效传递，并最终形成组织秩序。通过以上论述，本章认为，变革过程要求形成新的管理意象，统一、明确的管理意象，能够引导变革的实施，规范员工的行为和努力方向，从而提升变革实施的效率。

意义建构和中层经理人的作用

越来越多的文献介绍了意义建构在变革过程中的作用（例如，Smircich and Morgan，1982）。意义建构的研究视角涉及个体如何在模糊情景和新环境中建立管理意义。Gioia 和 Chittipeddi（1991）把意义建构定义为所涉及相关者的意义建设（Meaning Construction）和重构的过程，在此过程中他们试图开发一个意义框架，以理解正在进行战略变革的本质。他们发现，在变革的过程中，意义建构涉及经理人、低层次的组织成员和外部机构等，所有这些人都在试图理解所倡导变革的意义及其影响，以及他们在其中的角色。因此，当发起变革时，意义建构的过程便在于理解变革什么、为什么变革、如何变革，以及变革如何影响所有的参与者。

意义建构包括社会性和结构性的元素（Maitlis，2005；Weick，1995）。虽然难以追踪发生在每个人头脑中的认知过程，但是依然可以根据个人对于环境因素的解释来发现意义建构流程的结果（Maitlis，2005），这些结果所产生的意义又能够指导个体的组织生活。意义建构更多体现出社会性的特征（Maitlis，2005），在变革期间通过意义建构能够形成共享的意象。共享的意象是通过社会性的互动而体现出来的，在互动过程中不断解释组织进行变革的初衷（Balogun and Johnson，2004）。因此，个体通过对于其他人的解释而减少冲突和模糊。无论高层团队、中层经理人，还是所有的变革接受者，都试图在影响其他人的意义建构过程。

　　经理人在员工思维重构的过程中扮演着关键角色。Gioia 和 Chitti-peddi（1991）认为高层团队不断理解外部环境的动态性，并据此发动相应的组织变革。在变革过程中，中层经理人的作用非常关键。虽然领导层设计了变革计划，但是中层经理人才是关键的变革代理人。中层经理人的作用体现在，管理下属的焦虑和抵制、对于管理层变革决心的怀疑等。中层经理人通过意义建构，促进组织新秩序和新价值观的形成，解释变革的重要性，最终形成新的意象和解释框架。

　　企业领导者设计和发动了变革计划，中层经理人是关键的执行角色，因此必须保证中层经理人的理念与企业领导者一致（Balogun and Johnson，2004）。Huy（2002）认为，中层经理人是战略变革的关键，其协调高管团队和一线员工之间的关系。所以，领导者关于变革的价值观由上而下进行传递，并逐步进行意义建构，避免因为变革而引起员工焦虑和抵制行为。意义建构指的是对价值观的解释过程，以及创造出一种有序的状态（Weick，1995）。因为战略变革有可能在组织中培育认知的无序状态（McKinley and Scherer，2000），这种状态可能激发员工的困惑和压力，从而使得变革决策难以得到有效执行。意义建构的目的在于通过努力影响员工对于变革状态的理解和解释（Maitlis，2005）。Huy（2002）认为变革的成功取决于组织内部意义建构的过程，其改变了整个组织的期望，使得组织成员能够改变他们对外部环境的认知和行为互动。

　　外部环境的动态性变化主要体现在复杂性（Complexity）、模糊性（Ambiguity）和多义性（Equivocality）上。复杂性是职位需求的变化、重叠，以及潜在冲突引起的（Hatch and Ehrlich，1993）。模糊性产生了新需求的不确定性，以及对此的错误理解。多义性容易引起员工的困惑，尤其当工作需求变得多变，甚至矛盾时。所以，员工需要努力适应变革过程中角色、流程和关系的转变。在此过程中，如果没有一个明确的意义建构和价值观理解，很容易导致变革决策和变革行动无法执行。

　　现有研究对于微观层面的管理意象或者意义建构过程的理解存在明显不足，并有宽泛化的趋势（Maitlis，2005）。例如，到底如何解释战略变革，如何培育和改变针对战略变革的解释框架和理念（Balogun and Johnson，2004），需要研究者给出明确的解释。

　　同时，战略变革情境下的价值观培育和意义建构过程研究十分关键，但又非常困难。意义建构研究要求研究者采用更多的实时、实地、长期性的案例企业观察和比较研究。首先，企业采用的价值观培育和意义建构方法会随着应用过程中的持续的互动调整和情境变化而发生变化（Maitlis，2005）。其次，处于变革过程中的管理者和员工有时并不愿意或者不能清楚地表述他们自己对于变革的理解（Argyris，1993）。因此，对于企业内部变革过程中意义建构的研究和观察需要一种非常高度互动的方式（Balogun and Johnson，2004；Lüscher and Lewis，2006）。

　　基于中层经理人对于变革管理的重要作用，战略变革的实施必须改变或者打破中层的阻碍，建立"网络化"组织。网络化是未来创新型组织结构的最大特点，大企业与小企业在网络中的合作能够对不断变化的市场需求和优化资源配置做出快速反应，能很好地对付不确定性和技术创新风险。

变革过程中新组织惯例的形成

　　战略变革的目标在于形成新的组织能力和竞争优势，企业可以藉此战略工具支撑战略内容的快速变化，并在动态的外部环境中开展竞争。战略变革激发了核心能力的重新塑造过程，每个员工都需要理清自己的预期和新现实之间的差别，并通过不断努力缩小此差距（Balogun and Johnson，2004）。组织能力的重构使得组织假设、规则、边界等问题不断结构化，并指导意义建构的过程，最终形成自然而然的组织惯例（Rerup and Feldman，2011）。

　　意象的阐述目标在于定义变革的现实并创造出共同的基础（Balogun and Johnson，2004）。管理者对于外部挑战的回应通常是建立新的解释框架和管理意象（Bartunek，1984；Gioia and Chittipeddi，1991；Labianca et al.，2000）。但是，关于管理意象究竟是如何建立的研究相对较少。Rerup 和 Feldman（2011）认为组织惯例（Organizational Routine）和试错学习（Trial–and–Error Learning）对于管理意象的构建是非常重要的，通过试错学习，组织成员在组织惯例和意象之间建立联系。

组织惯例是指组织中那些可以由多个不同角色承担的，重复性的、独立的行为模式（Feldman and Pentland，2003）。组织惯例形成了组织能力的基础，基于此组织才能够完成各种任务和工作（Zbaracki and Bergen，2010）。一些学者已经注意到组织惯例和意象之间的关系，但大多强调惯例意象是如何影响组织惯例的（Balogun and Johnson，2005）。Rerup 和 Feldman（2011）认为两者之间是相互作用的关系。

惯例变革提升企业经营绩效。随着惯例的形成，企业内部流程逐渐固化，经营风险也随之积累。惯例是指企业内部那些可重复的认知和行为模式，惯例的变革是组织实现更新的重要方式。市场竞争的加剧越发要求惯例变革的效率和有效性。惯例变革由一系列的事件引发，企业可以通过经验性学习进行惯例变革，并因此而促进绩效的提升。当企业根据别人的经验而进行惯例变革时，则是间接地体验学习过程。间接学习也可以对绩效产生持续的影响。惯例变革和知识紧密相关。惯例也是一种知识形式，涉及多个独立的角色。惯例的变化有四个流程。惯例变革的流程包括识别（Identification）、转化（Translation）、采用（Adoption）、优化（Continuation）四个环节（见图 2-2）。当惯例改变，企业可采用变革后的管理，或者继续进行下一步的变革。

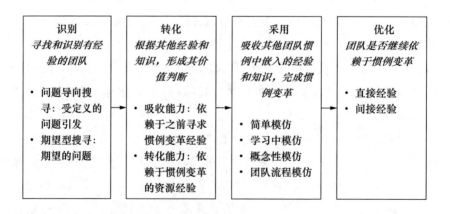

图 2-2 试错学习与组织惯例的优化升级

资料来源：Rerup and Feldman（2011）。

通常认为惯例是一元整体（Hodgson and Knudsen，2004）。惯例是可执行的组织能力，是组织为应对选择压力而学会的应对行为（Nelson and Winter，1982）。当组织没有达到预期水平，问题即产生，通常选择"惯例"解决此问题事件。当不能解决此问题时，组织会选择新的惯例进行替代或者修正（Gong，Baker and Miner，2005）。组织重复这个流程，直到发现新的"惯例"能够产生成功的解决方案。

当组织通过不断的试错学习，仍旧不能够达到预期目标时，新的替代惯例就会产生。Rerup 和 Feldman（2011）认为惯例也具有二元性，在研究中其区分了问题（Problem）和疑问（Question）两个概念。在试错学习过程中，错误（Rrror）导致了问题（例如招聘）和疑问（例如模式），问题是经常性的，与具体任务有关，疑问则更具发散性，二者成功解决（Trial）的标准不同。通常的结果是，问题解决导致新的惯例，疑问的解决导致新的意象。这其中的基本逻辑是，组织成员解决问题导致新的惯例产生，但是所采用的新行为可能与组织目前既定意象不一致，于是疑问和冲突开始显现，随后的行动将影响新意象的产生。所以说，意象变革不是一蹴而就的"战略"行为，而是需要理解组织日常行为各方面的持续流程。

通过以上的文献综述，本章认为组织变革必须改变组织惯例，以形成新的组织能力，而组织惯例的改变能够"倒逼"变革的执行和实施。在新组织惯例形成的过程中，基于能力学习的思维或者方法论能够促进新组织惯例的形成。

变革的节奏管理和平衡

管理研究认为，快速变革节奏提升经营绩效。当经营环境变得动荡，企业必须调整经营节奏。变革节奏是指企业变革序列之间的时间跨度，变革节奏保持了有效性。快速的变革节奏能够帮助企业克服组织惰性，建立变化的惯例。当然，过快的变革节奏也破坏了组织的稳定性，导致管理层的超负荷，以及时间压力。所以，变革的节奏管理十分重要，需要在稳定性和变革之间做出平衡。以合适的步伐（Right Pace）进行变革，能够保持组织适应性和有效性（Huy，2002）。

有关变革节奏的研究有两种观点，即稳定与变革。快速变革的观点认为快速变革能够克服组织惰性（Burgelman and Grove，2007），建立变革惯例（King and Tucci，2002）。如果稳定期较短而不能建立起有效的组织惯例，则会引起管理层过载和时间压力（Huber，1991）。所以，变革节奏管理就是要管理变革和稳定这一对矛盾，这就涉及长时间序列的研究视角，而不仅仅是单次变革的研究。

Klarner 和 Raisch（2013）把时间维度纳入变革影响因素的范围，认为存在四种变革节奏，分别是规律性变革（Regular Change）、聚焦变革（Focused Change）、片段变革（Punctuated Change）、临时性变革（Temporary Change）。规律性变革是指以 1 年为等长度变革间歇期（例如 10101010）；聚焦变革则是企业一直在变，只有较短的稳定期（例如 1111101111）；片段变革是指企业一直稳定，只有较短的变革期（例如 0001000）；临时性变革则是无规律的变革和稳定间歇（例如 000111000）。相对于三种非规律性变革，规律性变革提升了企业的长期绩效，而变革频率与企业长期经营绩效之间呈 U 形关系。规律性变革是指等时间差的变革间隙，通过管理时间长度以规避组织惰性和信息过载现象。

Klarner 和 Raisch（2013）研究发现，不同的变革节奏会导致不同的企业绩效。变革节奏研究主要探索变革的时间间隔对于企业长期经营绩效的影响。变革的节奏是指既定时间内一系列变革的数量和频率。因为变革的时间间隔长度不同，变革可以区分为规律性和非规律性的变革节奏。规律性的变革节奏（Regular Change Rhythm）意味着变革的间隔相等，非规律性变革节奏则指变革的时间间隔不同。规律性的变革节奏降低了信息过载的影响，最小化变革的时间间隔，并降低了因为稳定性而导致的组织惰性。因此，规律性变革能够使得高层管理者克服组织惰性，较短的变革时间间隔能够帮助高层管理团队进行惯例变革。

非规律性变革节奏意味着变革的周期和组织稳定性的持续时间显著不同。这种变革模式的时间间隔或短或长。较短的时间间隔加大了信息过载的风险，因为在较短的时间内需要做出太多的战略决策。经理人也缺乏相应的时间从经验中学习，并建立新的惯例。较长的时间间隔可能导致管理能力的降低，长期的稳定性导致强大的组织惰性，最终又降低了引发下一次变革的可能性。对于管理变革——稳定平衡性来讲，规律性变革可能更加合理。所以，相对于非规律性变革，规律性变革节奏能够带来更加优异的长期经营绩效。

变革频率和企业绩效之间呈倒 U 形关系。一些学者认为经常性的变革提升了企业经营绩效，因为能够使得企业积累变革经验。经常性变革能够促使企业随时间优化惯例变革，而惯例的优化则使得企业对于环境变化做出迅速的反应。所以，经常性的变革能够促使企业更好适应变化着的情境，并正向影响企业经营绩效。

也有学者认为，变革频率的增加会对经营绩效带来负向的影响。经常性变革打乱了企业现有的流程和惯例，使得企业不能够按照既定的组织经验应对具体任务。组织的既定惯例被打破，不得不通过搜寻和学习行为持续识别新的惯例。这个过程需要消耗大量的时间，这个时间成本是企业所不能够负担和接受的。变革频率的增加需要高层管理者在短时间内做出大量的战略决策，这增加了管理者应对的信息量，意味着信息过载和无效决策的风险，因此对绩效产生负面影响。

因此，变革频率对于经营绩效的影响具有两面性。经常性变革可以提升组织适应性，并促进和完善惯例变革。然而，当超过了一定的门限值，经常性变革就会导致信息过载和无效决策的风险。此外，变革的节奏也不是影响企业长期绩效的唯一因素，例如变革的强度也会对绩效产生影响。

所以，变革不是"搞运动"，变革管理应该注意节奏和频率的平衡，管理者需要平衡企业保持稳定的时间和进行经常性变革的时机，以确保长期的企业绩效。

变革管理的"矛盾性"

变革是所有企业的中心主题（Nag et al. , 2007）。在变革过程中，价值观管理的重要性已经得到应用（Beer, Eisenstat and Spector, 1990）和学术领域的重视（Kabanoff, Waldersee and Cohen, 1995）。通过建立管理意象可以引导变革的实施，其基本假设是，通过认知层面的干预，组织意象可以被改变。

首先，管理意象的引导作用。变革过程要求形成新的管理意象，统一、明确的管理意象，能够引导变革的实施，规范员工的行为和努力方向，从而提升变革实施的效率。其次，变革必须打破中层阻碍。基于中层经理人对于变革管理的重要作用，战略变革的实施必须改变或者打破中层的阻碍，建立"网络化"组织。网络化是未来创新型组织结构的最大特点，大企业与小企业在网络中的合作能够对不断变化的市场需求和优化资源配置做出快速反应，能很好地对付不确定性和技术创新风险。再次，组织惯例促进意象形成。变革必须改变组织惯例，以形成新的组织能力，而组织惯例的改变能够"倒逼"变革的执行和实施。在新组织惯例形成的过程中，基于能力学习的思维或者方法论能够促进新组织意象的形成。最后，变革节奏和频率的平衡。变革不是"搞运动"，变革管理应该注意节奏和频率的平衡，管理者需要平衡企业保持稳定的时间和进行经常性变革的时机，以确保长期的企业绩效。

在未来，应该注意变革管理的"矛盾性"研究。Gary 等（2012）认为变革是"矛盾"管理的过程，两种矛盾状态同时存在，即熟悉与陌生，在变革过程中，新意象会导致冲突产生。Luscher 和 Lewis（2008）也采用矛盾的研究视角，应对变革所带来的管理挑战。矛盾的研究视角为管理学者提供一种思考的方式，以改变他们的假设，采用不同的方式进行管理探索（DeCock and Rickards, 1996）。正如 Gary 等（2012）研究结果显示的那样，问题的解决并不意味着一定要剔除矛盾，而是构建一种更加可行、更加确定的方案，促进变革的实施。

矛盾的视角也适用于变革的节奏管理。对于变革节奏的研究而言，快速变革能够带来优势（Adler et al. , 1999；Brown and Eisenhardt, 1997），保持稳定也有其益处（Dierickx and Cool, 1989；Nelson and Winter, 1982）。所以，变革管理还需要平衡变革和稳定的关系，二元性的平衡是通过相同时间跨度内进行"重复性"变革得以实现，而变革时间跨度又与稳定时间相等。变革的规律性降低了组织过度稳定的风险,防止产生组织惰性。在这种情况下,变革与稳定之间存在相互促进和相互影响的良性互动关系。变革节奏管理则需要决定变革和稳定两者持续的时间。

在研究方法方面,变革管理研究也趋于微观和个体层面的因素。对于企业内部变革过程中意义建构的研究和观察需要一种高度互动的方式(Balogun and Johnson,2004;Lüscher and Lewis,2008)。Pettigrew 和 Woodman(2001)认为,战略变革研究的关键问题在于将时间、历史、过程、行为纳入考量的范围,并在变革研究过程中建立学术界与实业界的合作伙伴关系。关于变革管理研究,除了采用定量的方法(例如,Klarner and Raisch,2013),一些新的研究方法也体现出优势,这些研究方法通过长期的、近距离的观察和互动,明确企业战略变革过程中的意义建构,及其如何进行有效传递,并最终形成管理意象和新组织秩序。例如,行动研究(Lüscher and Lewis,2008)、实验性研究(Rerup and Feldman,2011)等是目前比较流行的研究方法。只有深入企业、近距离观察、长时间参与工作,才能够理解和研究战略变革中的意义建构等关键性的内容。

参考文献

[1] Mills, M. P., Ottino, J. M., "The Coming Tech – Led Boom", *Wall Street Journal*, Feb. 23, 2012.

[2] Elsbach, K. D., Barr, P. S. and Hargadon, A. B., "Identifying Situated Cognition in Organizations", *Organization Science*, 2005, 16: 422 –433.

[3] Gioia, D. A., Thomas, J. B., Clark, S. M. and Chittipeddi, K., "Symbolism and Strategic Change in Academia: The Dynamisc of Sense-making and Influence", *Organization Science*, 1994, 5: 363 –383.

[4] Bartunek, J. M., "Changing Interpretive Schemes and Organizational Restructuring: The Example of a Religious Order", *Administrative Science Quarterly*, 1984, 29: 355 –372.

[5] Hodgkinson, G. P., Bown, N. J., Maule, A. J., Glaister, K. W.,

Pearman, A. D. , "Breaking the Frame: An Analysis of Strategic Cognition and Decision Making under Uncertainty", *Strategic Management Journal*, 1999, 20 (10): 977 – 985.

[6] Kaplan, S. , "Framing Contests: Strategy Making under Uncertainty", *Organization Science*, 2008, 19 (5): 729 – 752.

[7] Tripsas, M. , Gavetti, G. , "Capabilities, Cognition, and Inertia: Evidence from Digital Imaging", *Strategic Management Journal*, October – November Special Issue, 2000, 21: 1147 – 1161.

[8] Argyris, C. , *Knowledge for Action: A Guide to Overcoming Barriers to Organizational Change*, San Francisco: Jossey – Bass, 1993.

[9] Gioia, D. A. and Chittipeddi, K. , "Sensemaking and Sensegiving in Strategic Change Initiation", *Strategic Management Journal*, 1991, 12: 433 – 448.

[10] Labianca, G. , Gray, B. and Brass, D. J. , "A Grounded Model of Organizational Schema Change during Empowerment", *Organization Science*, 2000, 11: 235 – 257.

[11] Schminke, M. , Ambrose, M. and Noel, T. , "The Effects of Ethical Frameworks on Perceptions of Organizational Justice", *Academy of Management Journal*, 1997, 40: 1190 – 1207.

[12] Dane, E. , "Reconsidering the Trade – off between Expertise and Flexibility: A Cognitive Entrenchment Perspective", *Academy of Management Review*, 2010, 35: 579 – 603.

[13] Nadkarni, S. and Narayanan, V. K. , "Strategic Schemas, Strategic Flexibility, and Firm Performance: The Moderating Role of Industry Clockspeed", *Strategic Management Journal*, 2007, 28: 243 – 270.

[14] Bingham, B. , Kahl, J. , "The Process of Schema Emergence: Assimilation, Deconstruction, Unitization and the Plurality of Analogies," *Academy of Management Journal*, 2013, 56 (1): 14 – 34.

[15] Gavetti, G. , Levinthal, D. A. and Rivkin, J. W. , "Strategy Making in Novel and Complex Corlds: The Power of Analogy", *Strategic Man-*

agement Journal, 2005, 26: 691 – 712.

[16] Gentner, D., Loewenstein, J., Thompson, L., "Learning and Transfer: A General Role for Analogical Encoding", *Journal of Educational Psychology*, 2003, 95 (2): 393 – 408.

[17] Lee, H. S., Holyoak, K. J., "The Role of Causal Models in Analogical Inference", *Journal of Experimental Psychology: Learning, Memory, and Cognition*, 2008, 34 (5): 1111 – 1122.

[18] Gary, M. S., Wood, R. E. and Pillinger, T., "Enhancing Mental Models, Analogical Transfer, and Performance in Strategic Decision Making", *Strategic Management Journal*, 2012, 33: 1229 – 1246.

[19] Smircich, L. and Morgan, G., "Leadership: The Management of Meaning", *Journal of Applied Behavioral Science*, 1982, 18: 257 – 274.

[20] Maitlis, S., "The Social Processes of Organizational Sensemaking", *Academy of Management Journal*, 2005, 48: 21 – 49.

[21] Weick, K. E., *Sensemaking in Organizations*, Thousand Oaks, CA: Sage, 1995.

[22] Huy, Q. N., "Emotional Balancing of Organizational Continuity and Radical Change: The Contribution of Middle Managers", *Administrative Science Quarterly*, 2002, 47: 31 – 69.

[23] McKinley, W. and Scherer, A., "Some Unanticipated Consequences of Organizational Restructuring", *Academy of Management Review*, 2000, 25: 735 – 752.

[24] Hatch, M. J. and Ehrlich, S. B., "Spontaneous Humor as an Indicator of Paradox and Ambiguity in Organizations", *Organization Studies*, 1993, 14: 505 – 506.

[25] Lüscher, L., Lewis, M. W. and Ingram, A., "The Social Construction of Organizational Change Paradoxes", *Journal of Organizational Change Management*, 2006, 19: 491 – 502.

[26] Rerup, C. and Feldman, M. S., "Routine as a Source of Change in Organizational Schemata: The Role of Trial – and – Error Learning",

Academy of Management Journal, 2011, 54 (3): 577 – 610.

[27] Feldman, M. S. and Pentland, B. T. , "Reconceptualizing Organizational Routines as a Source of Flexibility and Change", *Administrative Science Quarterly*, 2003, 48: 94 – 118.

[28] Zbaracki, M. J. and Bergen, M. , "When Truces Collapse: A Longitudinal Study of Price Adjustment Routines", *Organization Science*, 2010, 21: 955 – 972.

[29] Hodgson, G. M. and Knudsen, T. , "The Firm as an Interactor: Firms as Vehicles for Habits and Routines", *Journal of Evolutionary Economics*, 2004, 14: 281 – 307.

[30] Nelson, R. R. and Winter, S. J. , *An Evolutionary Theory of Economic Change*, Cambridge, MA: Harvard University Press, 1982.

[31] Gong, Y. , Baker, T. and Miner, A. S. , "Organizational Routines and Capabilities in New Ventures", in S. A. Zahra et al. eds. , *Frontiers of Entrepreneurship Research*, Wellesley, MA: Babson College, 2005.

[32] Burgelman, R. A. and Grove, A. S. , "Let Chaos Reign, Then Rein in Chaos—Repeatedly: Managing Strategic Dynamics for Corporate Longevity", *Strategic Management Journal*, 2007, 28: 965 – 979.

[33] King, A. A. and Tucci, G. L. , "Incumbent Entry into New Market Niches: The Role of Experience and Managerial Choice in the Creation of Dynamic Capabilities", *Management Science*, 2002, 48: 171 – 186.

[34] Huber, G. , "Organizational Learning: The Contributing Processes and Literatures", *Organization Science*, 1991, 2: 88 – 115.

[35] Klarner, P. , Raisch, S. , "Move to Beat—Rhythms of Change and Firm Performance", *Academy of Management Journal*, 2013, 56 (1): 160 – 184.

[36] Bresman, H. , "Changing Routines: A Process Model of Vicarious Group Learning in Pharmaceutical R&D", *Academy of Management Journal*, 2013, 56 (1): 35 – 61.

[37] Nag, R. , Corley, K. G. and Gioia, D. A. , "The Intersection of Or-

ganizational Identity, Knowledge, and Practice: Attempting Strategic Change via Knowledge Grafting", *Academy of Management Journal*, 2007, 50: 821 – 847.

[38] Beer, M., Eisenstat, R. A. and Spector, B., *The Critical Path to Corporate Renewal*, Boston: Harvard Business School Press, 1990.

[39] Kabanoff, B., Waldersee, R. and Cohen, M., "Espoused Values and Organizational Change Themes", *Academy of Management Journal*, 1995, 38: 1075 – 1104.

[40] De Cock, C. and Rickards, T., "Thinking about Organizational Change: Towards Two Kinds of Process Intervention", *International Journal of Organizational Analysis*, 1996, 4: 233 – 251.

[41] Adler, P. S., Goldoftas, B. and Levine, D., "Flexibility Versus Efficiency? A Case Study of Model Changeovers in the Toyota Production System", *Organization Science*, 1999, 10: 43 – 68.

[42] Brown, S. L. and Eisenhardt, K. M., "The Art of Continuous Change: Linking Complexity Theory and Time Paced Evolution in Relentlessly Shifting Organizations", *Administrative Science Quarterly*, 1997, 42: 1 – 34.

[43] Dierickx, I. and Cool, K., "Asset Stock Accumulation and Sustainability of Competitive Advantage", *Management Science*, 1989, 35: 1504 – 1514.

第3章 大数据时代的管理变革与创新

　　大数据的使用正在成为提高企业竞争力的关键要素资源。大数据的概念总揽了当今信息技术的发展，它不仅指数据本身规模庞大多样和复杂，同时也包括数据技术的应用和新商业模式的创新，是数据对象、技术与应用三者的统一。作为一种破坏性的现象，大数据驱动企业创新，并培育对用户需求的全新理解。企业需要管理不断积累的海量数据信息，并促进数据信息处理技术的创新。在大数据时代背景下，以智能制造为代表的制造业和服务业融合，以价值创造生态系统为代表的数字化商业战略将成为两个重要研究视角和范式。大数据驱动管理变革与创新，主要体现在价值创造的社会化、决策有效性的提升、基于大数据的商业模式创新等方面。最后，本章还讨论了有关大数据应用的创新政策建议以及管理变革启示。

大数据风潮

　　大数据在互联网领域及信息技术行业被广泛应用。"大数据"一词自出现之日起便被寄予厚望，从人们对于大数据本身概念性之"大"的感叹，到其对于商业模式创新前景的期望，再到认为其是与智能制造一起推动第三次工业革命的赞誉等，几乎所有人都不会怀疑大数据将成为驱动产业创新和竞争力提升的关键要素资源。

　　有关大数据的定义和内涵，企业和学术界目前尚未形成公认的准确概念。综观现有的大数据研究，其中主要的著作有：牛津大学网络学院互联网治理与监管专业教授维克托·迈尔·舍恩伯格和《经济学家》

杂志数据编辑肯尼思·丘基尔合著的《大数据时代——生活、工作与思维的大变革》，清华大学互联网与社会管理研究中心研究员郭晓科主编的《大数据》，旅美学者涂子沛著的《大数据》等。尽管存在不同的表述，但普遍的观点是，大数据在数据体量、复杂性和产生速度三个方面均大大超出了传统的数据形态，也超出了现有技术手段的处理能力，并带来了巨大的产业创新机遇。

大数据作为继云计算、物联网之后信息产业又一次颠覆性的技术变革，必将对现代企业的管理运作理念、组织业务流程、市场营销决策以及消费者行为模式等产生巨大影响，使得管理决策越来越依赖于数据分析而非经验。从大数据的主体性分析来看，其资产价值越来越突出，日益引起人们的重视，从具体的个人到不同行业的企业都可以合法地去收集数据。从大数据的社会性分析来看，大数据无论在失业、教育还是医疗保健方面，将带来无穷无尽的社会效益和经济效益。从大数据的规范性分析来看，数据运用需要价值交换，数据可以有偿使用。从大数据的技术性分析来看，物联网和移动互联网的迅速发展都使得新数据源大大增加，获取、存储和处理数据的成本下降推动了数据的持续大量产生。从大数据的经济性分析来看，大数据对经济的影响远远超出预期，不仅创造出高额利润，还能为社会提供大量就业。

企业对于大数据的应用还处在初级阶段。在大数据时代，企业内外部积累了海量数据。但是，企业对于大数据资源的利用还处在初级阶段，大数据资源的价值还需要深入挖掘。大数据管理和利用对于企业的影响可能体现在促发战略变革、提升决策有效性和实施商业模式创新三个方面，大数据应用应该从制定包括数据、模型和工具三要素的大数据管理"计划"开始，基于数据资源建立趋势模型，以及整合那些分散的数据资源创造出新的商业模式。大数据管理和模型分析必须能够为企业提供指导管理实践的操作规范，大数据应用的"底线"在于是否能够改变组织文化和流程。

大数据价值还需要深入挖掘。现在，人们正在从最初的兴奋过程中慢慢平静下来，对于大数据应用价值的质疑之声不绝于耳，大数据繁荣表象下的产生根源是什么？大数据能够带来什么样的商业模式创新？在第三次工业革命中，大数据将扮演什么样的角色？……如果这些问题得不到明确的解释，大数据将会一直背负着互联网行业之"俗"的恶名。针对这些问题，本章围绕科技与社会的互动关系梳理大数据与相关产业融合造成的广泛影响和巨大效益，从而总结出大数据在智能化制造与生产、数字化商业战略等方面的模式创新和应用经验。

大数据所蕴藏的巨大价值势必将掀起一场管理决策和商业模式的深刻变革，其影响将渗入企业的每个细节，管理者应转变思维，变革管理模式并持续创新。在大数据时代，企业不仅要掌握更多更优质的数据资源，还要将大数据价值应用于战略规划、商业决策、模式创新等方面，才能在激烈的竞争中做到游刃有余。

智能制造和数字化商业

以大数据为代表的信息化浪潮正在对全球产业生态链的重塑产生巨大影响。大数据所积蓄的价值将掀起一场商业模式和决策制定的管理变革。例如，通过大数据对用户需求行为进行分析，有助于企业在业务模式和技术创新时更加贴近消费者、深刻理解需求、高效分析信息并做出预判，从而改善企业自身经营水平、提升经营效率，这将是当今企业核心竞争力所在。面对大数据时代的挑战，企业必须顺势而为，在激烈的竞争中脱颖而出。所以，大数据时代的产业变革既是机遇更是挑战，需要技术创新和管理模式创新并重。

大数据是信息化社会无形的生产资料，现有关于大数据概念界定、内涵和特征等的研究仍然意见纷呈。在理解大数据概念和内涵的基础上，从智能化制造和数字化商业战略两个角度思考大数据对于生产和消费的影响。首先，随着互联网向传统行业渗透加快，制造业服务化、智能化的价值渐渐显现。其次，以新一代信息技术应用为支撑，包含众多信息消费内容的数字化商业生态系统正在成熟。基于这两个原因，大数据浪潮最终将引领人类社会迈进一个新的形态——智能型社会。

大数据的概念和内涵

互联网技术的发展，加快了信息化向社会经济各方面以及大众日常生活的渗透。随着信息技术特别是信息通信技术的发展，移动互联网、社交网络、云计算等相继进入人们的工作和生活中，全球数据信息量指数式爆炸增长。大数据的价值已经得到广泛认可，但数据规模越大，处理的难度越大，对其进行挖掘可能得到的价值则更大。对于数据的海量挖掘和运用，不仅标志着产业生产率和消费者盈余的增长，而且也明确地意味着大数据时代已经到来。

孟晓峰和慈祥（2013）认为，传统意义的数据库和大数据的区别体现在数据规模、数据类型、模式和数据的关系、处理方式、处理工具等方面。大数据是一个数字集合，包括三类数据：一是结构化数据，如企业用的人事系统、财务系统、ERP 系统，这些系统中的数据都是结构化的；二是半结构化数据，如电子邮件、用 Windows 处理的文字、在网上看到的新闻等；三是非结构化数据，如传感器、移动终端、社交网络所产生的数据。大数据主要以非结构化形式存在，而传统的数据库技术没有办法对这些数据进行抓取、存储和分析。

如何充分有效地利用大数据的价值是企业面对的巨大挑战。在信息时代，面对不同来源数据交叉形成的大数据及其爆炸性的持续增长，管理者应充分挖掘其潜在的巨大商业价值，为企业带来强大的竞争力。第一，如何整合多种类型的数据。随着信息技术的迅猛发展，企业积累了大量广泛存在于电子商务、社交网络、物联网的信息化数据，此外还包括音频、视频、图片、网络日志等非结构化数据。企业面临的困境是，现有的数据处理方法往往仅适用于文本等结构化数据，无法将大量的半结构化数据、非结构化数据与结构化数据进行有效整合。第二，如何实现实时数据分析。经济全球化的条件下，企业需要快速处理海量的数据并有效进行实时分析，掌握运营状态，对不断变化的市场形势迅速做出反应。企业数据在无限量增长，这些不断积累的数据有待企业进行深入、全面的实时分析与挖掘。第三，如何实现数据驱动的决策制定。企业决策越来越受大数据的影响，基于数据分析的决策相比基于经验和直觉的决策要更有助于风险管控。未来，大数据可能使决策制定过程发生根本性的变革。第四，如何带动管理创新和转型。大数据的来源，除了企业电子商务平台的交易数据，还有很大一部分是用户交互数据，如果能够把交易数据和交互数据糅合起来进行整合分析，企业就有机会开展业务创新，促进商业模式转型，这正是大数据价值的根本所在。

制造业与服务业的融合：智能化制造

大数据的发展源于新一代信息技术的应用。以物联网、云计算、大数据以及移动智能终端为代表的信息技术不仅改变了信息产业的格局，也给制造业和服务业的融合带来重大影响。例如，物联网是作为互联网应用的拓展，现在正处于强劲发展阶段，物联网是智能工厂产生的催化剂。

（1）智能化生产和制造。孟晓峰和慈祥（2013）认为人类社会的数据产生方式大致经历了三个阶段，即运营式系统阶段、用户原创内容阶段、感知式系统阶段。感知式系统的产生和应用加剧了数据规模的积累和爆发式增长。随着信息技术的发展，人们已经有能力制造极其微小且带有处理功能的传感器，并开始将这些设备广泛地布置于生产制造的各个环节，通过这些设备来对整个生产过程进行监控。这些自动化设备会源源不断地产生新数据，数据生产方式已经体现出智能化特征。

智能化产品贯穿制造业的全过程。2010年德国联邦政府制定的《高技术战略2020》，提出了工业4.0战略。在德国政府看来，工业4.0战略可以称为继机械化、电气化、信息化之后的第四次工业革命。工业4.0是第三次工业革命的进一步深化，但与前三次工业革命相比又有着巨大的差异。第三次工业革命实现了数字化制造，整个生产过程的信息化管理，采取的是集中式控制系统，并没有实现全过程、全领域的智能化。第四次工业革命将实现全过程、全领域的智能化，智能化的范围不仅包括机器设备，而且还包括被加工的材料、被组装的零部件。

工业4.0的核心是智能工厂（Smart Factory），使用先进技术将物联网和服务网引入工厂。从生产组织方式来看，智能工厂的人、装备、资源能够通过类似社交网络那样的方式实现自然连接。智能工厂具有平台功能，围绕智能工厂进行智能设施建设，把智能交通、智能物流、智能建筑、智能产品、智能电网，乃至智慧城市都能够整合到平台上来。在这一情境下，大数据成了未来重要的生产要素和服务网的基本要素。2007年诞生的云计算技术通过大数据的互联与管理，将信息在价值创造过程中的作用提升到前所未有的高度，推动社会发展进入"云经济时代"。云经济时代的价值创造活动以顾客信息为起点，顾客的产品使用过程在价值创造机制中的地位逐渐上升，最终取代生产制造过程成为价值创造活动的新核心环节。

从生产制造过程来看，以大数据为代表的信息在价值创造过程中发挥至关重要的作用。互联网技术的发展为个性化信息的碎片化传播创造了条件，大数据技术为海量信息的及时搜索和管理提供了支持，经过数据挖掘的有效信息可以独立参与战略决策和价值创造活动，与其他生产要素并行发挥作用。所以，要抢占第四次工业革命的制高点，除了传统的信息技术，还必须大力推动大数据的搜集、储存、处理、分析技术的发展，进而把物理世界的智能化提高到一个全新的水平。

（2）资源配置方式的变革。大数据对制造业将产生最深远的影响。大数据不仅影响生产要素的使用，而且有助于降低交易成本、提升效率和绩效、改进决策有效性。未来制造业发展可能面临资源配置方式的变革。第一，生产工具的大众化。产品制造的数字化变革绝不仅是优化现有的制造业，而且是将制造延伸至范围更广的生产人群当中——既有现存的制造商，又有正在成为创业者的普通民众。因为有了互联网技术，个人再次拥有了控制生产工具的能力，能够进行自下而上的创业与分散式创新。第二，集资工具的大众化。作为现有融资工具的补充，众投很有可能会成为建立和发展新企业的重要融资工具之一，并成为推动产业发展的新引擎。同时，互联网信贷的普及，不仅为小微企业提供了一种融资新途径，更为破解中小企业融资难题提供了有益尝试。第三，人力资本的社会化。借助于大数据高速运算、处理能力提升，信息传输成本下降、带宽增加，以及接入便利性提高，用户创新为企业以及股东创造了巨大价值。用户的创新贡献正在大幅缩减企业的成本结构，使它们成为世界上增长最快、最具竞争优势的企业。

总之，从生产和制造方式来讲，大数据提供了一种资源和能力，为企业发现价值、创造价值、传递价值提供了新的基础和路径。

数字化商业战略：价值创造生态

数字化商业体现了 IT 战略和商业战略的深度融合，其价值源泉在于价值网络和商业生态的形成（Keen and Williams，2013）。数字化商业是以商业平台为核心、以支撑服务为基础，整合多种衍生服务的生态体系，主要包括基于互联网的交易服务、业务支持服务及信息技术系统服务三部分。在数字化商业生态系统中，参与的主体除了产品供需双方和平台提供者，还包括物流、金融、搜索、社区等不同的对象，因为在数字化商业价值创造系统中，一方面，产品和服务能够在平台上实现价值交换；另一方面，价值传递过程还需要物流、支付、认证、安全等技术和行业的支撑。

数据资源和应用将成为企业的核心竞争力。随着全球性竞争的不断深化，企业的地理优势将淡化，各种国家和地区性的保护措施也在逐步取消，一项专利会很快地被模仿、复制、推广，创新将越来越难。数字化商业要求企业价值链各个环节和业务过程之间实现无缝对接，并保证正确决策，这要求企业推行以事实为基础的决策方法，并使用数据分析来优化运营。通过基于数据的业务优化和对接，企业可以挖掘业务流程和决策过程中的潜在价值，节约成本，在激烈的市场竞争中赢得一席之地。企业要依靠数据资源来驱动增长，因此数据应用将成为企业的核心竞争力。

陈国青（2014）认为，大数据时代的管理喻意是指价值融合，并促生了新的商业模式。价值融合是指，企业因生产产品和提供服务而产生价值，消费者在使用产品的过程中产生价值。很多企业在探讨大数据背景下如何转型升级的问题，为了应对大数据的挑战，产生了许多创新模式，例如线上线下结合的商业模式。

此外，大数据还改变了消费者的需求内容、需求结构和需求方式。以数字化商业发展为例，大数据又是一种经营思维方式的变革，引发企业对资源、价值、结构、关系、边界等传统组织概念的重构。

管理变革与创新

大数据对于企业管理的影响体现在引发战略变革、提升决策有效性、商业模式创新三个方面。首先，引发战略变革。在大数据时代，价值创造方式的变革、企业边界的游移、创新资源的社会化等因素，促使企业不断思考其价值提供和传递方式。大数据为企业理解用户需求提供了精确的事实基础，企业能够迅速做出战略调整，并改变自己的成长和发展战略。其次，提升决策有效性。基于大数据建立的高级计量模型能够为战略制定提供有效支撑，并进行预测和优化，企业决策主体从"精英式"向"大众化"过渡，决策方式从"业务驱动"向"数据驱动"转型，决策过程从"被动式"向"预判式"演变。例如，企业利用大数据工具，实施精准营销和个性化营销，有针对性地找到并了解用户需求。最后，商业模式创新。大数据影响了企业的资源获取、能力延伸和利用方式，将大数据与业务流程相结合，能够促进商业模式的转型与创新。

诱发企业战略变革

随着大数据的日益兴起和全方位的发展，企业管理实践和研究均呈现出具有重要意义的变化。社会化业务（Social Business）已经成为大数据应用的主要发展方向。[①] 在大数据的背景下，产品生产和价值创造日益走向社会化，用户参与创新的程度越来越高。随着社会信息产生与传播方式的变化，生产者与消费者间的关系趋向平等。由用户创造的信息和数据，形成了网络海量数据的重要来源。同时，以往"闭门造车"的管理模式正在被摒弃，企业通过与用户密切互动，主动引导用户参与其业务流程管理中的创意、设计、生产和客户关系管理的关键环节，并根据用户的互动反馈完成产品优化与创新，实现企业与用户的协同

---

① Ray Wang, "Surveys Evolution of Social Business", *MIT Sloan Management Review*, May 2013.

发展。

在大数据时代，企业面临三大趋势，即移动、社交和云。① IBM 认为"云技术"的应用能够促进社会化商业的发展。② 因为社会化商业强调生态圈内部和外部的合作，社交媒体为创新合作提供了便利性。社会化商业拥有三个核心特点，即"分享、协作和选择"，它在更高程度上满足了人类分享的需求，推动了跨时间和空间的协作，提高了消费者选择的效率并降低了选择的成本。由于互联网打破了时间和空间限制，大众参与行为可以随时随地展开。随着互联网基础设施的持续改进和应用类型的不断丰富，用户参与的深度和广度进一步增加。这种联系从空间联系上说是"创新集群"，从经济联系上说是"创新生态系统和创新网络"，都体现了企业与外部相关利益方的正式或者非正式协作关系。随着这种关系在互联网时代的加深和扩大，企业经营随之演变为具有社会化商业特征的模式。例如，脸谱网（Facebook）的"礼品店"（Gift Store）就是高度自组织的社交网络，用户间可以相互推荐个性化的礼品。

社交媒体（Social Media）必将促使企业发生变革。在用户端，社交媒体首先改变了用户上网和生活的习惯，用户在互联网上不再是单纯的"交流"，他们还拥有自己的"圈子"，形成消费力量，并采取实际行动。在企业端，社交网络改变了企业与用户之间的交流方式，重塑品牌和消费者的关系。社交媒体营造的协作环境，使得消费者和生产者不断融合到价值创造与交付的各个环节。一旦企业开始利用社交网络，企业与用户之间的交流方式就开始影响到价值链的各个环节——产品开发与客户服务、销售机会的把握与潜在用户的开发、企业人力资源管理等。例如，智恒互动（Zevertech）对社会化商业的理解是③：企业完美地将社交网络当作内部组织结构的外部应用延展，始终让自身企业组织

---

① http：//www. forbes. com/sites/maribellopez/2013/01/03/3 – trends – that – impact – every – business – from – intuits – ceo/.

② 转引自 IBM 咨询报告 *Why IBM SmartCloud for Social Business*？https：//www. ibm. com/cloud – computing/social/us/en/benefits/。

③ http：//zevertech. com/index. html.

架构与社交网络保持良好节奏，借助社交网络不断完善和优化企业核心竞争力。社交媒体促进了企业内外部信息的沟通，并建立起生产者与消费者之间的自动连接。

社会化商业发展促进自组织模式发展。在组织结构方面，以企业为核心搭建的价值链也逐渐向以各方参与的价值平台演进，自组织模式逐步被运用，个性化需求得到更多的满足。互联网为全球消费者提供一个平等参与的平台，消费者根据自己的需求、能力及资源在互联网平台上进行自组织的协作。通过广泛高效的分享，了解协作团体能力、资源情况和协作进展，进而更高效地选择协作对象和优化协作过程，最终使自组织更加高效地运行。美剧翻译联盟就是自组织方式运用的典型案例。

社会化商业模式的本质是全流程、多向化交互并创造价值。社会化商业意味着，一方面消费者能够根据自身的兴趣和能力参与到产品和服务交付的过程中，另一方面企业也可以将消费者引入价值链的各个环节，以此增强和消费者的联系程度，开发并提供更个性化的产品和服务，促进创新。社会化商业要求企业文化、领导力、企业战略、组织能力的彻底转型，社会化商业模式需要进一步挖掘其潜在价值。

社会化商业模式扩展了创新合作的对象，企业应当把握社会化业务变革中的机遇。社交网络调动用户参与创新的热情，除了用户创新，社交化商业模式还要激发企业内部员工之间、社会大众与企业之间的协作。用户参与创新的方法逐渐成熟，为了充分吸收用户创意资源，许多企业特别是软件和互联网企业设立了在线实验室，如谷歌实验室（Google Labs）等，其中大量利用了博客、维基、RSS 和社区功能，以取得用户对产品开发的建议和反馈。这种基于大数据的在线讨论与协作，实际上是利用互联网平台把用户资源直接内化到产品或服务的创新过程中。IBM 实施内部的创新大讨论（Innovation Jam），利用博客、社会标签、社区、维基系统、即时通信和谷歌地图等大数据资源，推动员工之间的在线联系和创新协作。对企业来说，如何撬动大数据资源，获得外部创新思想，然后在协作互动中完成产品或服务创新是个非常重要的任务。

　　社会化企业的内部员工合作创新涉及部门以及员工之间的沟通与协作。例如，IBM 实施内部的创新大讨论，就是基于互联网平台的员工协作创新。IBM 还在公司内部大量使用了博客、社会标签、社区、维基系统、即时通信和谷歌地图等工具，以推动人们的直接沟通与协作。IBM 在员工自行编辑的基础上形成了内部几十万员工的档案库 Blue Pages，介绍员工的兴趣和专长，使得相互之间可直接进行在线联系和发起协作。对许多企业来说，如何撬动全球大众智慧，取得外部创新思想，然后在协作互动中创新产品或服务是个非常重要的任务。

　　提升决策有效性

　　（1）大数据资源的应用。在数字化商业时代，"大、云、平、移"构成了商业基础设施，即大数据、云计算、平台、移动互联网。① 商业基础设施不断完善促进了数据交互和处理的便利性。大数据时代，"接口"技术保证了不同外部数据资源之间的无缝连接。例如，商业智能创业企业 Tableau Software 可以利用可视化软件与谷歌分析（Google Analytics 用于跟踪网站流量）和谷歌云服务（BigQuery）中的数据进行搜索和交互。

　　越来越多的企业，通过对数据进行分析处理，从而了解用户需求，掌握消费趋势，洞悉市场需求，利用数据驱动业务成长。基于大数据建立的高级计量模型能够为战略制定提供有效支撑，并进行预测和优化，降低战略实施的风险。企业因此可以精准地量化和管理数据，可以更可靠地预测和决策，可以在行动时更有针对性和效率。目前，企业对于大数据的分析和应用还处在初级阶段。大数据应用包括培养（Educate）、探索（Explore）、实施（Engage）、执行（Execute）四个阶段。② 为了利用大数据资源创造价值，企业应该坚持用户需求导向，制定大数据发展蓝图。大数据分析从现有的业务数据分析开始，建立基于业务优先权的分析能力，最终初步形成一个基于可测量成果的示范案例。

　　大数据应用从制订数据管理计划开始。大数据的价值毋庸置疑，企

---

① http：//www.forbeschina.com/review/201304/0025260.shtml.

② http：//www.forbes.com/sites/maribellopez/2012/10/31/the－four－phasesof－big－data/.

业应该首先从大数据管理计划开始，成功的管理计划包括数据、模型和工具三个要素。[①] 第一，数据来源。关键数据可能来自企业内部的 IT 系统，例如客户服务、定价系统、供应链管理等，另外一些复杂数据则来自企业外部，例如，非结构化的社交网络数据。数据分析和应用要求新的数据能力培养和投资。简而言之，企业可以将这些数据外包给数据专家，他们会采用相关"云技术"软件，分析出初步的市场机会。第二，分析模型。数据本身并不产生价值，而分析模型能够将数据资源优化并进行预测。大数据管理计划必须明确分析模型所创造的价值点、应用的对象，以及避免在企业层面滥用分析模型。对于新的数据源，企业可将其和模型结合在一起，解决业务单元的优化问题。大数据管理计划要求分析"工厂"能够提供一系列的模型，从变量清单到执行系统。模型能够经受住稳健性检验，因为太多的预测变量会使得分析模型难以应用和维护。第三，分析工具。数据分析模型的输出内容非常丰富，但是只有被经理人和员工明确理解和有效利用，数据分析结果才有价值。所以，需要有经验的管理人员将数据分析结果和业务流程结合起来，并将分析模型的输出转变成现实的商业行动。

（2）决策有效性的提升。采用大数据工具，有助于企业增强用户洞察能力、改进决策有效性。例如，以用户需求为导向，确定营销策略，实现对市场营销全过程管理。根据复杂多样的用户数据，对企业的用户群体准确分析，筛选出核心目标客户，准确传达产品信息，最终确保实现"精准"营销。

随着社交媒体和大数据应用的深入，在大数据中挖掘用户和内部员工的创造性，推动企业决策主体从"精英式"向"大众化"过渡，决策方式从"业务驱动"向"数据驱动"转型，决策过程从"被动式"向"预判式"演变，日益成为企业决策的基本前提。同时，大数据正在改变我们的生活以及理解世界的方式，通过对海量数据进行分析，能够获得有巨大价值的创新产品和服务，或深刻地洞悉用户需求。例如，

[①] Stefan Biesdorf, David Court and Paul Willmott, "Big Data: What's Your Plan?", March 2013, http://www.mckinsey.com/insights/business_technology/big_data_whats_your_plan.

Farecast 公司通过预测机票价格的走势以及波动幅度，帮助消费者抓住最佳购买时机。到 2012 年为止，Farecast 系统利用将近十万亿条价格记录数据预测美国国内航班的票价变化。Farecast 票价预测准确度高达75%，使用 Farecast 票价预测工具购买机票的旅客，平均每张机票可节省约 50 美元。

利用大数据工具重组服务流程和销售渠道，建立稳定客户群。精准营销借助先进的数据技术手段保障与顾客的长期个性化联系和沟通，从而不断满足用户个性化需求，建立起稳定的顾客群，实现客户链式反应增值，使营销达到可度量、可调控等精准要求，促进企业长期稳定高速发展。一方面，大数据技术具有让数据资源快速转变成有价值信息的优势；另一方面，基于消费者个体行为与偏好数据分析，企业未来的营销策略可以精准地根据每一位消费者兴趣与偏好差异为他们提供专属性的个性化产品和服务。

实施商业模式创新

大数据时代背景下价值创造过程的网络化促使商业模式创新。金帆（2014）认为大数据时代就是"云经济"时代，经济环境出现的新特点促使产业组织不断变革，价值创造活动的核心环节正在由制造过程向顾客的使用过程转变。传统产业组织正在被中枢企业构建的价值生态系统所取代，价值生态系统是云经济环境下形成的具有生态系统特征的新型产业组织，没有明确的产业边界和企业边界，进驻并栖息于价值生态系统的顾客，可以直接参与或主导价值创造流程。价值生态系统介于"科层"和"市场"之间，是一种开放式组织结构，可吸引众多的企业参与到价值网络中，形成较为庞大的网络发展体系，网络中的成员企业不但依靠企业自身发展取得发展，还可以依托企业外部的网络体系谋求发展，而且在企业外部的价值网络中，企业通过联盟与合作可获取更大的发展空间。王树祥（2014）认为在知识经济时代，企业的价值创造源泉、价值创造方式和价值创造空间都发生重要变化：知识要素与其他生产要素相结合的复合生产要素成为企业价值创造的重要源泉；无形价值链与有形价值链相结合的价值链成为企业价值创造的重要方式；虚拟运营与实体经营相结合的价值网络成为企业价值创造的重要空间。所以，在大数据时代，企业必须要重新思考自己的价值创造和传递过程。

大数据影响了企业的资源获取、能力延伸和利用方式。商业模式阐述了企业如何通过创造顾客价值、建立内部结构以及与伙伴形成网络关系来开拓市场、传递价值、创造关系资本、获得利润并维持现金流（奥斯特瓦德等，2011）。商业模式创新将揭示大数据在企业价值主张创新、关键业务与流程创新、收益模式创新、外部关系网络与价值网络重构中的运用。李文莲（2013）认为，大数据对企业层面商业模式创新主要表现为价值主张创新、价值创造和传递模式创新（关键业务和流程创新）、收益模式创新，以及外部关系网络和价值网络重构。例如，在价值主张创新方面，大数据由于具有无限接近消费者的潜能，可以为企业提供精准的价值主张，如洞悉消费者真实需求和对消费者进行准确细分。在关键业务和流程创新方面，将企业业务活动大数据化，以大数据设施和技术作为基础、以数据信息流为线索对整个业务流程进行再造，以大数据活动取代传统的业务流程，并把大数据活动纳入价值创造流程，寻找新的价值创造方向和路径。

平台市场是大数据时代的商业模式创新。在行业层面，商业模式创新提出基于"连接"与"融合"的新兴商业模式——平台式商业模式。双边市场里联结不同用户群的产品和服务的即为"平台"，平台把两个不同的用户群体联系起来，形成一个完整的网络，并建立了有助于促进双方交易的基础架构和规则。平台商业模式的逻辑是通过"连接"与"融合"降低平台参与者与各方的交易成本。平台商业模式可以分为客户平台、数据平台、技术平台等，其本质都是基于大数据的中介组织形态。这意味着，在以平台为特征的电子商务企业中，大数据价值的挖掘将进一步拓展企业业务范围。

此外，依托于数据信息和数据管理，组织结构将更加趋于扁平化。企业组织中单个节点间的联系将进一步增加，呈现出网络化的特征，自组织管理成为一种有效的管理模式。大数据也为企业跨行业扩张提供了可能性。一些企业开始尝试跨界与融合，或者沿着大数据产业链扩张，或者涉足大数据行业外应用。

所以，大数据不仅带来一种新的战略资源和核心能力，而且它还可以实现企业乃至整个社会资源控制、利用、配置方式的虚拟化与开放化，提高资源的利用效率和经济的运行效率。

管理变革思考

大数据不是孤立现象，必须与移动互联、云计算、物联网等信息技术的发展联系起来，分析其对于管理变革和创新的影响。大数据驱动新的商业形态产生，例如社会化商业、价值创造生态系统、商业模式创新等。大数据将不仅提升企业创新的竞争力，还将会变革社会管理的方式，成为国家间竞争的前沿。所以，必须从国家科技政策、企业管理变革两个方面来理解大数据的潜在影响。

针对大数据应用的创新政策建议

大数据战略应从国家层面上重点考虑数据创新能力、关键技术、数据研究、数据产业链等方面的问题。大数据是信息技术发展的集中反映，是一个具有巨大潜力的新兴产业领域。目前，大数据行业标准和产业格局尚未形成，正是企业实现突破性创新和跨越式发展的机会。要从战略上重视大数据的开发利用，将它作为转变经济增长方式的有效途径之一。第一，充分认识大数据的战略重要性，鼓励创新主体利用互联网思维推进传统产业转型。利用大数据、互联网等工具，促进信息整合、知识共享、规律探寻和经济效率提升。通过大数据把云计算、物联网、互联网等信息技术连接起来，带动传统产业转型，实现商业模式创新。第二，重视基于大数据工具的关键技术研究，完善大数据基础设施建设。推进共性技术和战略性新兴技术发展，持续支持下一代互联网、公共无线网络、物联网等网络基础设施建设，规划和推进企业"云计算"平台和大型数据中心建设。第三，启动大数据产业试点，以企业为主体建立大数据交易平台、大数据行业服务平台。以一批创新领先的大数据企业为样板，活跃大数据应用和商业模式创新，促进大数据价值创新生态体系的形成。

大数据应用的企业管理启示

进入大数据时代，企业以物联网、云技术、大数据、智能终端等技术为支撑，逐渐改变传统产业组织赖以生存和发展的核心基础。价值生态系统成为大数据时代的创新组织形态，企业必须努力成为构建价值生态系统的核心企业和创新领袖，不断推陈出新，为自己和生态网络创造价值。数字化商业战略下，企业转型升级的方向在于商业模式创新，积极进行价值主张创新、价值创造和传递模式创新、收益模式创新，以及重构外部关系网络和价值网络。同时，需要警惕大数据带来的管理决策风险。

构建并融入大数据时代的创新生态系统

进入"云经济"时代，不仅服务业实现了以顾客使用过程为导向的平台化发展，制造业也进入"云行列"。云制造（Clouding Manufacturing）以云计算、物联网、智能化技术为技术支撑，按照一定的规则，将软件、人、知识等各类资源封装成制造云，用户通过云制造平台实现个性化需求（李伯虎等，2010）。云制造技术颠覆了面向设备、资源和订单为驱动的传统业务流程，真正实现了由用户主导制造过程。

由平台企业、平台价值群落和平台整合的社会资源及其环境共同形成了价值生态系统，构建价值生态系统的平台企业被称为核心企业。价值生态系统中的核心企业通过组织、协调和数据挖掘等方式充分利用顾客信息和社会资源，设计运行规则，维护系统运转，促进价值生态系统成长，寻找并拓展价值空间。作为价值生态圈的"创新领袖"，核心企业必须保持创新过程和方式的开放与协同，共同创造解决方案并改变游戏规则，发现并形成新的商业理念和形态。企业之间的竞争不再仅仅依赖产品创新的差异化，企业需要思考创新生态圈结构的治理，并利用创新冠军（Innovation Champion）的地位，以及生态圈中的网络能力进行技术创新。在创新生态圈中，核心企业或者创新冠军的能力可能不同，具体类型包括技术冠军、权利冠军、流程冠军、网络冠军，企业之间具有"互补性"（见表 3 - 1）。

表 3-1 创新冠军的类型

冠军角色	障碍类型	权利基础	行为
技术冠军	知识	知识和技术专业性	发明家或者技术专家希望开发新技术
权利冠军	忽视与反对	资源控制层级化	施加政治影响或社会影响支持技术创新
流程冠军	官僚化	信息传递、交流技巧	协调技术冠军和权利冠军,实施创新意见
网络冠军	缺乏合作	网络能力与互动潜力	连接与桥梁的作用

资料来源:Klerkx and Aarts(2013)。

创新企业的领导者变成了生态网络的组织者,把客户、供应商、合作伙伴、消费者和监管者都纳入生态体系,把这些利益相关者的资源联结起来,并鼓励他们不断进行价值创造。由于生态圈中创新主体的多样性,创新领袖需要整合不同的视角、确保主要利益相关方和决策者的参与、思考各种影响因素之间的相互作用,以消除不确定性。所以,创新网络中的利益相关者最好具有一定的互补性,这样才有助于整个创新生态圈的关系治理。核心企业和创新冠军的主要功能在于加强合作网络中的创新效率。

寻找数字化商业转型升级的方向

大数据、社交媒体、云计算等技术间的相互联动,能够促进数字化商业的转型升级,将会给数字化商业带来新的机遇。数字化商业转型升级的基本方向具体有如下几个方面。

第一,由销量制胜到数据制胜。在发展的初级阶段数字化商业强调销量、人气,到了高级阶段聚集的庞大数据成为主要方面,销量制胜转变为数据制胜。2014 年,阿里巴巴上市后的市值将近 2500 亿美元,其在行业中的领先地位与庞大的数据积累有密切关联。

第二,由规模化制造走向规模化定制。制造和定制截然相反,定制瞄准顾客个性化需要。大数据时代通过数据挖掘,企业能够了解用户需求方式的变化,包括购买习惯和购买偏好等,并满足这些个性化需求。利用大数据工具,制造型企业或服务型企业解决了原来个性化需求和大规模制造之间的矛盾,提供了更有效的解决方案。在大规模定制的情况下,数字化商业平台可能会成为所有制造企业和服务企业的整合者,也就成为商业标准的制定者。通过大数据平台进行分析能够预测产业的趋势和潮流，然后通过产品定制，占据价值链高端。

第三，由单一平台业务到综合内容平台。随着人们生活方式变为娱乐、休闲、购物一体化，平台企业业务发展就要考虑这些社会因素的变化，除了单纯的商业平台，还要提供娱乐、视频、音乐、购物、金融服务等综合业务，形成提供综合体验的价值平台。

第四，由资产并购到数据整合。围绕大数据的整合并购正在加速，阿里巴巴入股新浪微博，百度收购PPS，都是平台企业收购内容企业，以实现内容和平台的整合。并购的外在形式是资产、股权的重组，实际本质是数据资源的共享、数据规模的扩展。

第五，商业模式由复制到扩展。商业模式的扩展包含企业线上、线下整合，物理平台和虚拟平台的联动，最后实现企业整体价值最大化。例如，网络信贷商业模式对传统银行造成巨大的冲击，大数据分析能力、信用体系、透明度、低成本都显示出超强的竞争力。

大数据时代企业管理变革和创新的风险

企业在大数据时代面临新的战略环境，战略管理内容发生了巨大变化。传统竞争战略尽管在价值创造活动中发挥作用，但其形式和内容都在发生改变。商业生态系统逐渐取代传统产业组织、交易创新、流程创新和服务创新成为拓展价值空间的新战略。例如，顾客体验成为最重要的消费内容，顾客直接参与价值创造流程。制造业服务化的趋势日趋明显，服务创新成为制造业企业的长期战略。很多制造业企业正在重组管理流程、研发流程和生产流程，通过用户体验发现并维持客户关系，通过构建价值生态系统聚集顾客资源，通过服务创新提供新的用户价值。

值得注意的是，大数据也会带来管理决策的风险。随着数据量的不断增加，不可避免地带来结果不确定性的难题。此外，大数据的复杂多样性，意味着不同来源的数据信息混杂在一起，也会增加大数据分析结果混乱的概率，以及出现错误判断的风险。所以，大数据一方面意味着更多的有价值信息，另一方面也意味着更多的虚假因果关系，使我们很难找到真正的变量联系，海量数据带来显著性检验难题是现在数据挖掘面临的最大问题。数据分析要求对事物的深刻理解，更需要坚持理论和分析方法不断创新的原则。

最后，大数据的挖掘与利用应当有法可依。现在很多企业和机构拥有大量客户信息，应当既鼓励面向群体、服务社会的数据挖掘，又要防止侵犯个体隐私；既提倡数据共享，又要防止数据被滥用。此外，还需要界定数据挖掘、利用的权限和范围。大数据系统本身的安全性也值得特别关注，要注意技术安全性和管理制度安全性并重，防止数据信息被损坏、篡改、泄露或被窃，保护公民和国家的信息安全。

参考文献

［1］ Klerkx，L.，Aarts，N.，"The Interaction of Multiples in Orchestrating Innovation Networks：Conflicts and Complementarities"，*Technovation*，2013，33（6）：173 – 246.

［2］ Keen，P.，Williams，R.，"Value Architecture for Digital Business：Beyond the Business Model"，*MIS Quarterly*，2013，37（2）.

［3］ 陈国青：《大数据的管理喻意》，《管理学家》2014 年第 2 期。

［4］ 冯芷艳、郭迅华、曾大军、陈煜波、陈国青：《大数据背景下商务管理若干前沿课题》，《管理科学学报》2013 年第 1 期。

［5］ 金帆：《价值生态系统：云经济时代的价值创造机制》，《中国工业经济》2014 年第 4 期。

［6］ 李伯虎、张霖、王时龙、陶飞、曹军威、姜晓丹、宋晓、柴旭东：《云制造——面向服务的网络化制造模式》，《计算机集成制造系统》2010 年第 1 期。

［7］ 李文莲、夏健明：《基于"大数据"的商业模式创新》，《中国工业经济》2013 年第 5 期。

［8］ ［瑞士］亚历山大·奥斯特瓦德、［比利时］伊夫·皮尼厄：《商业模式新生代》，王帅等译，机械工业出版社 2011 年版。

［9］ 孟晓峰、慈祥：《大数据管理：概念、技术与挑战》，《计算机研究与发展》2013 年第 1 期。

［10］ 王树祥、张明玉、郭琦：《价值网络演变与企业网络结构升级》，《中国工业经济》2014 年第 3 期。

第4章 海尔的"人单合一"模式创新

战略变革是企业保持短期竞争优势和长期生存的重要保障。通过对海尔集团的案例研究，重点介绍了海尔目前正在进行的以"人单合一"双赢经营模式为核心的战略变革过程。笔者完成这篇文字的时候，海尔刚刚启动了"人单合一"双赢模式，那时候组织结构正在从正三角向倒三角转变，现已经演化为"网络化"的创新生态圈。而现在，战略损益表已经得到升级，像"网络节点机制"这样的管理词汇都不再应用，"接口人""生态圈"等含义更加准确的词汇代替了老词汇，海尔管理思维也在不断升级。所以，特地保留了这篇文章，以使读者能够历史性地理解海尔网络化战略和"人单合一"双赢模式实施的过程及演变。

在科技变革的宏观背景下，企业创造、传递和获取价值的方式在发生变化。与此相适应，企业战略需要快速做出调整与变革以应对外部环境的变化。战略变革是企业为了获得可持续竞争优势，基于对内外部环境认知和应对的考虑，实施变革或创新。企业对于变革存在着主动性和预见性，能够就外部变化提前主动做出调整。我们选择海尔集团作为案例研究对象，重点介绍了海尔目前正在进行的以"人单合一"双赢经营模式为核心的战略变革过程。

基于认知视角的战略变革

战略变革的发生受到企业内外部环境变化的影响。由于环境的变迁以及自身资源与能力的变化，企业有必要对原有战略进行重大调整和变革。战略变革是企业为了获得可持续竞争优势，根据所处的内外部环境的变化，秉承环境、战略、组织三者之间的动态协调性原则，为改变企业战略而发起和实施的系统性过程（陈传明，2004）。

战略变革首先从管理者意识的认知框架开始，对外部环境的认知是变化的内在因素，战略思维形成了战略变革的核心。为了保持良好的组织功能，以及面对越来越全球化、复杂化的客户需求，提升持续变革情境下的客户满意度，需要从组织文化和管理认知的角度理解组织模式和变革。

战略变革的源起在于企业领导者对于外部环境的认知，确定环境风险，并发动变革计划。Rajagopal 和 Spreitzer（1996）认为对于环境的管理认知促使了战略内容的变化。在他们提出的战略变革多视角模型中，战略变革的学习模式是将知识作为组织最核心的资源，组织的战略行为表现为通过与环境的互动而进行适应性学习，实现知识的不断获取、积累、整合以及创新。管理认知指管理主体对外部环境与组织要素及其变化所做的主观性阐释，常与知识结构、核心理念、意义建构、心智模式等概念相联系（刘明明等，2010）。管理认知与战略行动相联系，而战略变革则由战略行动所引发。

企业领导者需要做出战略选择，并培育和发展组织成员对核心价值观的理解。企业需要构建学习型组织，而学习型组织有两个典型的特点，即扁平型组织结构支撑组织信息渠道畅通，意义建构和心智模式鼓励员工创新思维和参与变革。

战略变革的压力

海尔集团创立于 1984 年，自创业以来，坚持创业和创新精神，创世界名牌，已经从一家濒临倒闭的集体小厂发展成为拥有 8 万多名员工、2011 年营业额达 1509 亿元的全球化集团公司。海尔已连续三年蝉联全球白色家电第一品牌，并被美国《新闻周刊》网站评为全球十大创新公司。今天，无论是在国人心目中的形象，还是在国际市场上的竞争力，海尔无疑是当代中国企业数一数二的最优秀、最卓越的代表。海尔在中国现代制造业中具有标杆地位，进而成为中华民族工业创造力的象征。

从 2009 年开始，海尔确定了"人单合一"双赢模式。海尔基于对互联网时代的敏锐认知，认为在互联网时代企业生存和发展的权利不取决于企业本身，而取决于用户。用户向企业购买的不再是产品而是服务，所以企业必须从"卖产品"向"卖服务"转型，而企业要完成由制造到服务的转型，员工必须转型，从听命于上级，转向听命于用户。为此，海尔必须改变传统的经营模式，搭建一个能够将用户需求、员工价值自我实现和企业发展有效融合的崭新管理模式，即"人单合一"双赢模式。

互联网时代给企业带来的挑战

在移动互联时代，用户的需求将和互联网紧密结合，体现出个性化的特点，并要求企业不断创造出新的用户需求。生产方式将从大规模制造向大规模定制变化，企业不再是将规模生产的产品卖给用户，而是需要根据用户的需求灵活制造并安排生产。技术创新的路径将充满不确定性，因为科技革命将带来更多的突破性创新的可能。

在创造客户价值方面，互联网时代和传统经济时代有非常大的不同。这是因为，互联网时代，营销的碎片化带来客户价值和用户需求的个性化。社交网络和移动服务的发展进一步加快了这个步伐，给企业带来全新的挑战。在传统经济时代，信息不对称的主动方在企业。企业推出什么产品，宣传什么产品，这个产品就会卖得出去，用户本质上是被动接受。但是在互联网时代，信息不对称的主动方变成了用户，用户在互联网上看到所有的产品信息，他来决定他要哪个产品，企业变成了被动方。

所以，互联网带给企业的挑战，就是怎么解决信息不对称的问题，即企业了解用户到底要什么，而用户又会在选择的时候，保证选择到好的产品，这对企业的挑战非常大。中国作为一个制造大国，面临的挑战就是怎样从大规模制造转变成大规模定制。海尔这几年一直在探索一个能够适应互联网时代竞争的商业模式。

利润空间挤压企业的价值链边界

从 20 世纪后期开始，由于城市市场趋于饱和，家电产品供大于求的矛盾日益突出，特别是中国加入 WTO 以来，众多跨国知名家电企业凭借先进的技术优势和品牌知名度，开始大规模进入中国市场，使得我国家电行业的竞争日趋白热化。与此同时，在上游成本增加和下游流通企业的双重压力下，整个行业的利润率快速下降，平均水平不足 5%，电子信息类产品的利润率甚至低于 1%，"如刀片一般薄"的利润空间对国内家电生产企业的生存发展造成了严峻挑战。价格战虽然可以在短时间内消化库存，提升市场份额，却可能降低企业持续创造价值的能力，影响整个行业的健康发展。这种竞争模式是不折不扣的零和博弈：一方面，日益离谱的价格会导致消费能力和消费意愿的下降，对企业未来的市场规模和质量产生不利影响；另一方面，挤压供应商的盈利空间会导致供应商创新乏力，企业上游成本下降的空间也将受到限制。这一切终将反作用于企业，影响企业的长远发展。

价值战略的核心在于价值创造而非价值分配。企业所创造的价值，一方面源于其为用户创造的价值，另一方面则来自其为供应商创造的价值。企业的价值创造应当拓展整个价值链的边界，只有将价值链的"蛋糕"做大，企业才能分到更多的"蛋糕"。换言之，价值创造是价值分配的前提，如果抛开这个前提，那么对价值分配的探讨将远离价值战略的本质。

因此，海尔开始围绕整个行业的全流程价值链进行思索和探讨，着眼于提升购买方获得的价值即用户价值，最大程度发挥每个员工的能力，降低企业内部成本和供应商的机会成本，从而扩大整个行业的价值空间。基于这种思考，海尔开始打造创新的生产运作模式，即：以发掘和创造用户价值为中心，由传统的关注价格转为关注价值，同时要求充分调动每一位员工的积极性，通过自主创新提高经营效率，降低成本，培育企业竞争优势。

传统的企业组织结构和流程结构都在一定程度上限制了价值战略发挥的空间，自上而下的正三角组织结构带来的决策周期的冗长和决策信息的不完善，极大地影响了企业创造用户价值的速度和效率。

企业内部组织条件和变化

在传统企业正三角（金字塔式）的组织结构中，市场信息和决策权分离。一线的员工虽掌握最准确、最及时的市场信息，却无法决策，而处在"金字塔"上层的领导虽拥有决策权，却远离市场。"自下而上"的信息反馈和"自上而下"的决策传递，一方面拉长了组织决策的时间，另一方面造成了传递过程中信息和决策的失真。另外，在传统组织结构中，各流程环节独立，彼此的信息流动不通畅，责任难以分清，增加了企业的协调成本，降低了对市场需求的反应速度。

进入 21 世纪以来，随着海尔经营规模越来越大，管理层级越来越多，企业内部的决策运作效率越来越低，"大企业病"的表现越来越明显，特别是在海尔国际化大发展时期，企业规模的扩大导致权力环节蔓生，影响到信息和问题的上传下达，导致"神经末梢"感应不灵，从而降低了管理决策的准确性和有效程度，职能机构增多加深了企业的专门化、部门化程度，滋生出官僚主义，部门小团队主义等不良现象。

与此同时，随着中国劳动力人口逐渐进入"80 后""90 后"时代，海尔"80 后""90 后"员工比例逐渐增多。近三年数据显示"80 后""90 后"的员工数占比已经达到全体员工总数的三分之二以上，这些"80 后""90 后"员工学历普遍较高，视野宽广，接受新鲜事物快，对自我价值实现的要求也更加迫切，希望通过自己的努力得到认可和尊重的愿望也很强烈，传统的管理模式日益受到挑战。

因此，2007 年海尔启动 1000 天再造计划，开始探索新的商业模式。2009 年，海尔确定了"人单合一"双赢的商业模式，将用户价值放在了企业战略的核心位置，并对企业的组织结构和流程结构进行了一系列的变革，为其企业战略提供制度保障。

管理认知与企业文化

海尔对于战略变革的管理认知可以归纳为"创新与创业"，通过持续的创新与创业，海尔在历史上能够实现一个个突破。海尔的核心价值观在于创新和创业，海尔人需要有不断否定自我的创业心态，通过归零，实现重新创业，完成新的挑战、新的目标。海尔经常"干得好好的，突然要变"，但事后看来都理解这种变革：自己打败自己的成本远远低于对手打败自己的成本。海尔的文化核心之一就是"变",这是一种积极的创新文化,从总裁至员工,这种"变"已植根于企业所有人的心中。收益好的时候要"变",变出收益更好的模式;收益不好的时候更要"变",用"变"改变现状。

通过访谈发现,变革成为海尔集团的价值观基因,不同层次的员工都在求变。战略变革的核心在于观念的改变,而不是设置一个机构就能够帮助组织完成变革。从海尔的战略变革历史经验来看,所有在初期都不曾被人们看好的变革行为,时间证明都是正确的。海尔一直在变,是适应客户的需要,不断进行调整。

战略变革的结果

在信息和互联网时代,用户的需求趋于个性化,企业生产的重点在于大规模定制而非大规模制造。海尔积极探索实践"人单合一"双赢模式,通过倒三角的组织创新和"端到端"的自主经营体建设,实现从"卖产品"到"卖服务"的战略转型,创造出差异化的、可持续的竞争优势。

"人单合一"双赢模式

海尔确立"人单合一"双赢管理的基本思路在于对互联网时代的敏锐认知,认为在互联网时代企业生存和发展的权利不取决于企业本身,而取决于用户。用户向企业购买的不再是产品,而是服务,所以企业必须从"卖产品"向"卖服务"转型。企业要完成由制造到服务的转型,员工必须转型,从听命于上级,转向听命于用户。为此,海尔必须改变传统的经营模式,搭建一个能够将用户需求、员工价值自我实现和企业发展有效融合的崭新管理模式,即"人单合一"双赢管理。

海尔的"人单合一"双赢管理中的"人"指的是认同海尔理念的所有人,"单"不是指狭隘的订单,而是指市场用户需求。"人单合一"双赢管理将员工与市场及用户紧密联系在一起,使得员工在为用户创造价值的过程中实现自身价值,从而建立起一套原创性的由市场需求驱动的全员自主经营、自主激励的经营管理模式。

倒三角组织

在全球化品牌战略的指引下，海尔集团将组织机构进行了彻底的颠覆，由原来的正三角颠覆为倒三角（见图 4-1）。在组织层面，从原来的大事业部制经营组织形式转变为以自主经营体为基本创新单元的三类三级倒三角形经营组织架构，将企业原来所有部门按照线体（生产）、型号（研发）、市场以及一级、二级、三级划分为 2000 多个自主经营体，实现以自主经营体为单元的快速反应的组织架构，使员工通过自主经营体与客户直接对接，由自主经营体直接决策和满足用户需求。

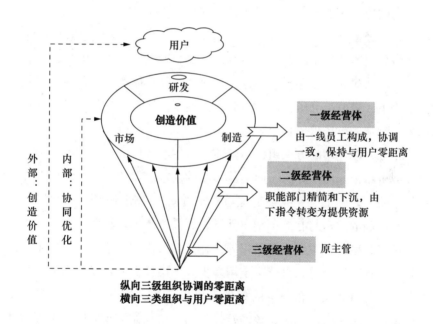

图 4-1 倒三角组织结构

划分经营体的最根本原则是根据经营体与用户的距离，由近到远分为三级，即一级一线经营体、二级平台经营体和三级战略经营体。一线经营体直接面对用户，每个一线自主经营体直接面对市场，为所负责的用户群创造价值。一线经营体要求缴足企业利润，挣够自己的经营费用，剩余超利分成。根据在创造价值过程中所起的作用的不同，一线经营体又可以划分为三类经营体，包括市场经营体（提供差异化的用户解决方案，创造用户需求）、型号（研发）经营体（即型体，创造差异化的产品和服务满足用户需求）和线体（生产）经营体（提供"即需即供"的供应链服务，将差异化、零缺陷的产品快速送达用户）。二级平台经营体为一线经营体提供资源和专业的服务支持。而三级战略经营体，即原来的领导者，负责制定战略方向和发现新的市场机会，同时为经营体配置资源，帮助一级和二级经营体达成目标。三级经营体构成了海尔创新的"倒三角经营组织体系"，从上至下依次为一级、二级和三级。三类经营体之间依靠"包销契约"的方式实现价值协同；三级经营体之间依靠"服务契约"的方式实现资源协同。

自主经营体

海尔集团的自主经营体主要有以下几个特点：

第一，建立自主经营体自挣自花流程。经营体在企业目标利润锁定的前提下，超值部分经营体参与分成，实行自挣自花。每个经营体均根据自己创造的市场价值自负盈亏。

第二，以竞聘的方式组建经营体。自主经营体的组建并不是由哪个领导或者哪个部门主导的，而是从市场的需求出发的。由三级经营体长根据集团战略确定业务战略定位与战略方向，并创新机会、创造资源。员工在明确的战略与有效机制驱动下，凭借竞聘抢入经营体。

第三，赋予自主经营体两权即"用人权"和"分配权"。自主经营体锁定目标之后，可以自行决定用多少人，用什么人，以及如何进行分配。对于经营体长，在一定的条件下可以启动"官兵互选"机制，由经营体成员与关联单元决定该经营体长的去留。如果经营体长不能转变思路切实落实集团营销战略并带领团队实现目标，团队成员可以向二级经营体与人力发起"官兵互选"，重新确定团队的带领者。"官兵互选"机制充分体现了经营体的自主权。

第四，鲶鱼机制。每个经营体长还有培养"鲶鱼"的任务，即培养两名有潜力的经营体成员成为未来的经营体长。经过鲶鱼机制的培养，员工有成长为其他经营体长的可能。

网络节点机制

"节点机制"是指通过契约来建立三类三级自主经营体之间的有效连接,即海尔的三类三级经营体之间是通过契约关系实现相互承诺和资源的提供的。三级经营体之间是通过服务合同,即三级为二级提供资源服务,二级为一级提供资源服务而实现三级的纵向打通,但其本质是三级经营体均围绕着市场需求完成不同的分工。线体、型体、市场三类经营体之间是通过"包销定制"契约实现连接的。一级市场经营体与型号经营体之间是"包销",销售前就通过契约关系相互承诺该型号在市场的销售量,而型号经营体/市场经营体与线体经营体之间是通过"定制"契约实现连接的,生产前就通过契约关系相互承诺定制该型号的数量。以线体为例,线体对于市场经营体的承诺包括准确交货期、质量保证等,而市场经营体对于线体经营体的承诺则包括年度销售额等指标。

战略损益表

战略损益表,即宙斯模型(ZEUS Model),是海尔贯彻战略变革的重要方法和工具(见图4-2)。战略损益表主要包括四个象限,即战略定位、经营体、预算流程、人单酬。对于每个员工、每件事,首先,思考用户是谁,价值主张是什么。其次,如何形成自主经营体团队,成为创新主体。再次,同一目标下在时间维度上的承诺与流程是什么。最后,考虑人单酬,即分享机制。

Ⅰ(战略定位)	Ⅱ(经营体)
用户是谁?价值	三类三级开放体
Ⅲ(预算流程)	Ⅳ(人单酬)
同一目标下时间	与客户及员工分

图4-2 海尔集团战略损益

海尔在"人单合一"的管理模式下,形成了新的契约关系,也就是以用户为中心的、动态的自主经营体与用户之间的契约关系。这样就需要改变传统的以财务报表为中心的核算模式,通过创新的"战略损益表"驱动每个经营体始终以用户为中心,通过经营表外资产实现表内资产的增值，同时分享价值。因此，海尔的战略损益表体现出"人单合一"的双赢模式下，自主经营体如何通过创造用户价值实现自身价值并分享增值。

人单酬体现了"合一"的理念，根据业绩完成情况及与集团整体目标的达成效果确定经营体的总体薪酬，是把员工的报酬和他为用户创造的价值紧密结合，是员工自我经营的最终结果，体现了员工自主经营、自负盈亏的原则。

海尔采用了战略损益表作为核心能力塑造的方法。战略损益表就成为一种思考模式，也是一种意识构建的方法。战略损益表是全新的理念，每一个经营体都有自己的战略损益表。对于一级自主经营体的损益表，主要看为用户创造了多少价值来确定损益。对于二、三级经营体，其损益不仅体现在为用户创造的价值，还要看其在为一级经营体提供资源和服务的有效性，以及战略、机制、团队建设方面的贡献，即一级经营体的提升。

战略损益表并不是人为设计，或者随着"人单合一"双赢模式的变革而提出的，战略损益表是对海尔以往"日清日毕"等工作方法的总结，是随着企业经营业务的发展逐渐摸索和学习的结果。战略损益表也在不断地精练和发展，例如基于战略损益表而提出的"三预"（预通、预赢、预酬）和"目团机"（目标、团队、机制）等，都是工作方法的新总结。

"人单合一"双赢模式的创新

海尔要创造互联网时代的世界名牌，互联网时代世界名牌的特点是能快速满足用户的个性化需求，企业需要大规模定制而非大规模制造。海尔抓住互联网的机遇应对这一挑战，积极探索实践"人单合一"双赢模式，通过倒三角的组织创新和"端到端"的自主经营体建设，实现从"卖产品"到"卖服务"的转型，创造出差异化的、可持续的竞争优势。模式创新已带来初步成效，在流动资金零贷款的基础上，海尔现金周转天数达到负的10天。

海尔进行战略转型主要受到两方面因素的影响。第一，顾客需求的变化。在互联网和信息化时代，需求逐渐呈现个性化特征，因为"顾客的需求在网上"，企业必须"能够跟上顾客点击鼠标的速度"。第二，制造模式的变化。在大规模生产时代，企业先生产出来产品然后销售给消费者，是一个从企业到消费者的过程。而进入大规模定制时代，企业开始强调用户的想法和需求，企业生产需要根据用户的反应迅速做出调整，这其中体现了从用户到企业的过程。

针对如何实现企业与用户零距离的问题，海尔首先把组织结构从传统正三角模式调整为倒三角模式，目前正朝着节点闭环网状组织方向变革。在正三角组织结构下，管理者通过计划、控制、激励等手段管理企业和员工，而在倒三角模式下，海尔围绕一、二、三级自主经营体的构建，强调市场经营体、线体、型体等业务单元紧密关注用户需求，职能平台等业务部门则扮演着提供资源和战略企划的角色。在新的组织结构下，管理者和员工都围绕市场需求开展工作。

除了组织结构，海尔的战略变革还体现在管理模式上，即"人单合一"双赢模式。该模式不是简单的销售人员和订单的概念，其背后是一套适应时代发展的管理理念和方法。"人"不仅是指企业员工，还可以是那些与企业具有相同价值主张的相关的外部人员或组织；"单"是各个员工和自主经营体对"用户需求"目标的具体承接。"合一"是一个"人"与"单"的动态匹配过程，通过"人"的努力达到满足"用户需求"、为用户创造价值这一最终目标。"双赢"则体现了"共赢共享"的原则。

自主经营体是"人单合一"双赢模式运行的载体。自主经营体的运行涉及竞岗竞单、官兵互选、人单酬等机制，各经营体之间形成了"节点契约"。经营体的成员可以通过"人单酬"清楚了解自己的应得报酬。

"战略损益表"是海尔战略变革的重要方法指导。战略损益表的核心思想体现了企业中"人的价值"，因为在目前的企业报表中，都是体现资产的价格和价值。在战略损益表的推行使用过程中，海尔首先在内部"固化"，并逐渐"优化"。这种管理思维逐渐融入具体实践中，在不断重复应用的过程中逐渐构成了海尔组织能力的微观基础。

"人单合一"的双赢模式在组织管理理论方面有两个颠覆性的创

新：企业组织从正三角结构变为倒三角结构；企业核算体系从以"资本"为中心变为以"人本"为中心。

企业组织从正三角结构变为倒三角结构

组织结构的颠覆可以发挥员工（自主经营体、自组织）与客户的直接对接功能，由自主经营体、自组织去直接决策创造和满足用户需求，实现了决策的快速与准确，彻底改变了决策流程链条太长、反应迟缓、员工被动的缺陷。同时，全流程面向同一目标，也避免了部门扯皮现象，大大提高了流程的绩效。目前，海尔库存周转天数是 5 天，行业平均是 50 天。海尔现金周转天数已经变为负值。海尔能够取得这样的高绩效，是因为海尔为每一个员工的成长搭建了一个广阔的平台，让每一位员工都有成为 CEO 的平台。这一平台培育了海尔人的企业家精神，而只有具备企业家精神的员工才能够得到持续的成长和发展。同时，海尔人认识到成长和发展是每一个人幸福的源泉，渴望成长的愿望是企业和员工高绩效的动力。"人单合一"管理模式的终极目标是创造幸福型企业，只有内心幸福的员工才能永葆生机，才能持续焕发活力。

海尔的这一实践与加里·哈梅尔（Gary Hamel）在《首先，消灭所有经理人》一文中提到的晨星公司类似，其倡导的是自主经营，即将企业家精神引入每一位员工中，让每一位员工都成为自己的 CEO，都能够在为用户提供价值的同时实现自身的价值，同时更进一步的是在组织设计与机制方面保障员工企业家精神的有效实施，这也更进一步解决了文章中晨星公司面临的对没有达到期望的员工不加责问，导致员工自我管理沦为平庸之辈抱团取暖的工具的问题。

企业核算体系从以"资本"为中心变为以"人本"为中心

传统的企业核算体系是事后算账，见数不见人，见果不见因。海尔创新以自主经营体为主体的核算体系，把传统企业的财务报表转化为每个自主经营体的"三张表"，即损益表、日清表、人单酬表。传统财务报表的损益表，就是收入减成本、减费用，等于利润；而海尔的损益表则是全新的理念："收入"，与传统财务报表的收入项相同；"益"（收益），指的是通过做自主经营体，为用户创造价值而获得的收入；前面两者的差，就是"损"（损失），因为这些数字不一定为用户创造了价值，是不可持续的，也就是当前工作的差距。日清表的任务是关闭差距，关差的主要内容是创新平台、创新流程、创新机制，把这些创新的工作形成每天的预算，每天进行日清。人单酬表把员工的报酬和他为用户创造的价值紧密结合。海尔"人单合一"双赢的核算体系引起美国管理会计协会的关注，因为突破了科斯理论的天花板，每个员工都将自己的收入与为用户创造需求的价值有机结合在一起，被认为是未来管理会计的新出路。

传统的财务报表是以资本为中心，追求股东至上；海尔自主经营体的三张表是以员工为中心，即以"人单合一"的机制激发员工的创新力，让员工创造用户价值，创造市场资源，达到用户、企业、员工的共赢，并得以实现员工的高效率、高增值、高薪酬。可以说，传统的财务报表是以资本增值为导向的，是以"资本"为中心的；海尔的自主经营体三张表是以人为本，即以员工创造资源为导向，是以"人本"为中心的，这是本质的差异。

避免"无可奈何花落去"的无奈

结合海尔领导者的思考，我们认为"价值观驱动"是企业进行战略变革的重要动力机制。海尔的价值观包括"自以为非""创新与创业""机会公平""开放性"等内容，并持续体现在企业的经营过程中。海尔时刻保持着"战战兢兢如履薄冰"的危机感，员工具有强烈的"发现机会和抓住机会"的意识，认为"跟不上变革步伐，就会被淘汰"，"不能成为企业变革的障碍"，所以海尔成为一支"纪律严明的部队"。在价值观驱动下，海尔进行战略变革的执行能力获得提升。

张瑞敏将战略变革的决策情景用一首词来概括，即"无可奈何花落去，似曾相识燕归来。小园香径独徘徊"。当企业到了"无可奈何"的地步，变革的成本将是巨大的，例如柯达破产案例。所以，企业在经营过程中要不断思考战略变革，以寻求"燕归来"的生生不息。实际上，变革的方向其实已经在经营活动中有所体现，例如海尔的"人单合一"双赢模式，企业在很早之前就已经按照这种思路在实践，随着不断实践，"人单合一"的内涵在不断丰富，这就是所谓的"似曾相识"。变革的思路总是在企业的管理过程中不断闪现，关键是要将这一闪现变成解决方案，并坚韧地去执行。

　　理论和实践之间存在"异曲同工"之妙。中国社科院工业经济研究所的蒋一苇老所长在改革开放初期提出了"企业主体论"，同时还提出"经济民主论"和"职工主体论"。海尔的新经营模式体现了企业中"公平、自主、开放、共赢"的理念，海尔员工的自主被视为一种管理的境界，并超越了"雇佣"的概念，把那些认同海尔理念的人团结在一起。

参考文献

［1］陈传明、刘海建：《企业战略变革：内涵与测量方法论探析》，《科研管理》2006 年第 3 期。

［2］Rajagopalan, G. and Spreitzer, M., "Toward a Theory of Strategic Chance: A Multi – Lens Perspective and Interrative Framework", *Academy of Management Review*, 1996, 22 (1): 48 – 79.

［3］刘明明、肖洪钧、蒋兵：《战略变革内涵和模型的理论探析》，《技术经济》2010 年第 10 期。

第5章　变革中的价值观引领与资源再平衡

　　战略变革是企业保持短期竞争优势和长期生存的重要保障，但其仍面临诸多管理挑战。战略变革涉及组织边界、组织结构和决策机制的变化，但很少有企业能够成功进行变革。本章通过对于海尔集团的案例研究，试图理解价值观驱动和资源再平衡对于战略变革的影响机制。意义建构是企业进行价值观管理的重要方式，在此过程中组织形式、功能、资源、能力等要素动态演化。与现有研究相比，本章认为基于意义建构的价值观管理和资源再平衡过程提升了企业成功进行战略变革的可能性。同时，本章也分析了在战略变革过程中企业如何构建组织能力，及其形成的方法论基础。最后，本章还就理论创新和未来研究进行了讨论。

　　随着技术变革和全球化程度的加剧，竞争环境变得越来越激烈。企业所面临的问题是必须将自身的业务能力与变化的环境相适应。基于对内外部环境认知和应对的考虑，很多企业都在实施变革或创新，例如从外部引进高层管理人员，或对企业组织架构进行重组等，目标在于建立一个健康的组织。然而，因为变革所产生的巨大不确定性，战略变革的结果也不相同，有的企业通过变革实现高速成长，有的企业则半途而废。

　　现有的战略变革研究认为影响变革的因素主要在于市场环境的变化，从组织适应性的视角解释组织变革的动因，把变革看成企业对于外部环境的被动适应。但是，企业对于变革存在着主动性和预见性，能够就外部环境变化提前主动做出调整。本章的研究问题是动态变化环境下"战略变革的驱动因素和机制"，主要考虑变革过程中基于意义建构的价值观管理和资源再平衡两个因素对于企业变革绩效的影响机制。考虑到案例企业的典型性，选择海尔集团作为研究对象，通过对于海尔战略变革过程的案例研究，以及重点分析海尔目前正在进行的以"人单合一"双赢经营模式为核心的战略变革过程，明确企业进行战略变革的驱动因素和机制。

战略变革是什么

战略变革的发生受到企业内外部环境的变化的影响。由于环境的变迁以及自身资源与能力的变化，企业有必要对原有战略进行重大调整和变革。战略变革是企业为了获得可持续竞争优势，根据所处的内外部环境变化，秉承环境、战略、组织三者之间的动态协调性原则，为改变企业战略而发起和实施的系统性过程（陈传明，2004）。

根据研究目标的不同，变革有战略变革（Strategic Change）、组织变革（Organizational Change）、管理变革（Managerial Change）等不同的研究概念。本章采用"战略变革"的研究视角，因为变革不单单是指组织结构的变化，变革还涉及企业或者组织层面的内容，组织结构、管理模式等都是企业战略变革的组成部分。

在战略管理和组织理论研究领域，变革是十分重要的研究主题。Hanan 和 Freeman（1984）首先研究了组织变革、组织惰性和组织失灵之间的关系。战略变革研究主要强调影响变革结果的因素（例如 Barnett and Carroll，1995；Baum，1996）。与此相关的研究关注变革产生的原因，研究主题主要侧重于上一次变革对未来持续变革的影响（例如 Dobrev，Kim and Hannan，2001）。除了环境因素，Rajagopalan 和 Spreitzer（1996）在构建的战略变革多视角模型中，将管理认知作为战略变革的重要驱动因素。By（2005）指出对战略变革的研究缺乏一个有效的框架，而变革又面临着组织和能力两类挑战。所以，战略变革涉及环境、结构、能力三方面内容，而管理认知在推动变革过程中起着重要的作用。

基于以上思考，本章认为战略变革是价值观变革、资源重新组织以及新组织能力形成三种条件下的环境与组织动态匹配的过程。战略变革是由于外部竞争环境的变化引起的,但是最主要因素还是来自组织内部的价值观驱动,尤其是企业领导者对于企业经营风险的认知以及对于变革的追求。另外,战略变革体现了资源在组织与用户之间、组织不同层级之间,以及不同组织之间的再分配和再平衡的过程。在变革过程中通过意义建构形成了新的价值观判断,组织也采用新的方法论,并在应用过程中形成了新的组织能力。通过战略变革的成功实施,企业又进入了一个相对稳定的状态。

战略变革与价值观管理

战略变革首先从价值观变革开始。价值观作为一种无形的力量,影响组织活动、管理活动,并最终体现在员工的思考方法和行为方式之中。企业领导者的价值判断和战略导向决定了企业的成功和失败,它是决定组织发展方向正确性和有效性的基因。以往的研究显示战略变革激发了组织内部员工和经理人的大范围意义建构过程(Gioia and Chittipeddi, 1991)。意义建构(Sensemaking)是进行价值观管理的一种重要途径。正如 Weick(1995)所解释的那样,意义建构的目标在于建立组织内部有秩序的、统一的思维方式,而这种思维方式能够促进变革。

Rajagopal 和 Spreitzer(1996)认为对于环境的管理认知促使了战略内容的变化。企业领导者设计和发动了变革计划,中层经理人是关键的执行角色,因此必须保证中层经理人的理念与企业领导者一致(Balogun and Johnson, 2004)。Huy(2002)认为中层经理人是战略变革的关键,其协调高管团队和一线员工之间的关系。所以,领导者关于变革的价值观由上而下进行传递,并逐步进行意义建构,避免因为变革而引起员工焦虑和抵制行为。意义建构指的是对价值观的解释过程,以及创造出一种有序的状态(Weick, 1995)。因为战略变革有可能在组织中培育认知的无序状态(McKinley and Scherer, 2000),这种状态可能激发员工的困惑和压力,从而使得变革决策难以得到有效执行。意义建构的目的在于通过努力影响员工对于变革状态的理解和解释(Maitlis, 2005)。Huy(2002)认为变革的成功取决于组织内部意义建构的过程,其改变了整个组织的期望,使得组织成员能够改变他们对外部环境的认知和行为互动。

外部环境的动态性变化主要体现在复杂性（Complexity）、模糊性（Ambiguity）和多义性（Equivocality）。复杂性是职位需求的变化、重叠，以及潜在冲突引起的（Hatch and Ehrlich, 1993）。模糊性产生了新需求的不确定性，以及对此的错误理解（Warglien and Masuch, 1996）。多义性容易引起员工的困惑，尤其当工作需求变得多变，甚至矛盾时（Putnam, 1986）。所以，员工需要努力适应变革过程中角色、流程和关系的转变。在此过程中，如果没有一个明确的意义建构和价值观理解，很容易导致变革决策和变革行动无法执行（Davis, Maranville and Obloj, 1997）。

现有的价值观研究多采用组织文化的视角，强调价值观的导向作用，认为正确的价值观和战略导向，易于加强组织成员的责任心和明辨是非的能力，从而增加企业对内外风险的认知和应对，保证企业处于健康的运行状态。现有研究对于微观层面的价值观培育或者意义建构过程的理解存在明显不足，并有宽泛化的趋势（Maitlis, 2005）。例如，到底如何解释战略变革，如何培育和改变针对战略变革的解释框架和理念（Balogun and Johnson, 2004），尤其对于中国文化和情境下意义建构过程的理解（韩玉兰, 2010）。这些问题需要研究者给出明确的解释。

同时，战略变革情境下的价值观培育和意义建构过程研究虽然十分关键，但又非常困难。价值观管理和意义建构研究要求研究者采用更多的实时、实地、长期性的案例企业观察和比较研究。首先，企业采用的价值观培育和意义建构方法会随着应用过程中的持续的互动调整和情境变化而发生变化（Maitlis, 2005）。其次，处于变革过程中的管理者和员工有时并不愿意或者不能清楚地表述他们自己对于变革的理解（Argyris, 1993）。因此，对于企业内部变革过程中意义建构的研究和观察需要一种非常高度互动的方式（Balogun and Johnson, 2004; Lüscher and Lewis, 2008）。

意义建构如何影响组织内部员工的行为，哪些行为与新价值观或共享愿景（Shared Schemas）的形成有关，并由此影响变革绩效，是本章研究的核心问题。所以，本章的研究目的在于通过对于海尔集团的长期的、近距离的观察和互动，明确战略变革过程中意义建构的内容，及其如何进行有效传递，并最终形成组织秩序。

战略变革与资源承诺

战略管理研究强调组织结构和模式的稳定性，因为稳定性意味着资源的长期承诺（Ghemawat，1991）。在资源承诺的基础上，企业才能够基于进入壁垒、隔离机制等因素形成竞争优势。组织理论的基本逻辑和范式也在于通过建立组织结构和流程，从而寻求稳定（Stability Seeking），避免不确定性（Uncertainty Avoidance）（Rindova and Kotha，2001）。战略变革则意味着组织结构的改变，以及不确定性的增长，乃至长期资源承诺的变化。

战略变革的源起在于企业领导者对于外部环境的认知，确定环境风险，并发动变革计划。在实施战略变革的过程中，尤其在互联网和信息时代，企业的内外部关系将发生颠覆性改变，例如组织结构、资源分配方式等。按照"组织跟随战略"的观点，组织形式的变化更多指的是结构属性的变化，例如增加或者减少一个业务单元。本章认为战略变革指新技术环境下企业的全面转型，例如提供产品和服务战略的改变、资源和能力的重新构架等。在这种前提下，对于战略变革的研究不但需要明确企业如何通过变革追求新的竞争优势，而且还需要理解产品战略、服务战略等组织功能的改变，以及组织形式、结构、能力、资源的变化（Rindova and Fombrun，1999）。

企业边界与结构也在随环境动态变化，企业仅仅依靠内部资源和既有资源，已经很难再创造价值。在变革条件下，组织能够在利用既有资源的同时，并不断探索新资源，所以战略变革就涉及组织资源在不同主体间的再平衡过程。这就要求企业从社会化的角度认识资源，去认识企业的价值创造、传递以及获取。企业在"再平衡"过程中如何分配资源以支撑战略变革，以及在变革过程中，如何保证员工不同程度的参与等问题都将是新技术背景下企业进行战略变革需要回答的问题。本章将通过海尔战略变革案例研究，理解海尔"人单合一"双赢模式下，用户资源管理、组织结构、资源分配机制等方面的变化，重新定义战略变革情境下的组织边界和结构，以及由此决定的社会资源平衡过程。

战略变革与组织能力

战略变革的目标在于形成新的组织能力和竞争优势，企业可以藉此战略工具支撑战略内容的快速变化，并在动态的外部环境中展开竞争。战略变革激发了核心能力的重新塑造过程，每个员工都需要理清自己的预期和新现实之间的差别，并通过不断努力缩小此差距（Balogun and Johnson，2004）。组织能力的重构使得组织假设、规则、边界等问题不断结构化，并指导意义建构的过程，最终形成自然而然的组织惯例（Rerup and Feldman，2011）。

因此，随着对超竞争或迅速变化环境的认知程度增加，研究者也开始关注在此环境下组织能力，尤其动态能力的构建，以及如何和环境相匹配。例如，Eisenhardt 和 Martin（2000）认为，为满足组织结构优化这一目标所带来的挑战，不仅需要对外部环境的适应，也需要内部组织能力的提升。

组织在持续应对内外部环境问题的过程中形成了组织能力。根据 Kanter、Stein 和 Jick（1992）的研究，对于变革的管理是企业的终极管理责任，因为企业总是在进行着不同形式和不同程度的变革，例如组织边界的游移、组织结构的改变、决策流程的优化等。但是，绝大部分的战略变革计划难言"获得巨大成功"（Huy，2002）。除了价值观管理、资源保障，组织还应该采取有效的工作方式和方法论以保证组织形式、功能等内容跟得上快速变化环境的要求，可是现有的研究并没有对此给出详细的答案。

通过扎根理论方法对海尔进行案例研究，本章试图明确在战略变革中，企业如何采用有效的方法论提升新组织能力的形成，并逐渐获得固化的过程。

如何观察企业变革

变革情境

海尔是一个持续变革的企业，笔者对于海尔的变革历史进行了持续的跟踪研究，并且在每个变革节点上都能够与企业领导者和员工进行深入的讨论分析。从案例研究的角度而言，易于观察海尔变革过程中价值观的变化、资源分配机制的形成，以及体现组织能力的流程固化过程，例如价值观如何驱动变革、组织流程的变化与资源的重新分配等问题。此外，海尔自成立以来，企业领导者和高层管理人员的变化不大，这些人对于海尔历史上有关变革的思考都可以跟踪访谈。所以，本章所关注的研究问题是"透明的、可观测的"，这些因素为理论构建提供了理想的条件。

思维沟通

本章主要通过案例研究进行理论构建，每一步都依据多种数据来源和观点进行三角验证。Eden 和 Huxham（1996）强调三角验证的作用，采用不同角度的证据增加研究结果的可靠性和有效性。在意义建构研究过程中，数据和观点的多渠道来源尤其重要，因为研究者也面临着不同研究对象转换的挑战，并不断调整自己的解释框架。为理清案例企业各个研究细节，下文陈述和列举了与变革有关的组织特征事件、变革目标、关键的数据来源，以及在调研过程中逐渐发现的关于意义建构的体会。虽然本章的研究方法是基于扎根理论的案例研究，但是理论构建工作也贯穿了整个调研访谈，并随时依据获得的信息资料做出调整。

Pettigrew 和 Woodman（2001）认为，战略变革研究的关键问题在于将时间、历史、过程、行为纳入考量的范围，并在变革研究过程中建立学术界与实业界的合作伙伴关系。笔者自 2007 年起开始关注海尔集团的战略变革，那时海尔的"人单合一"双赢经营模式还处在雏形阶段，是企业关于变革思考的众多途径和方法之一。2009 年，海尔正式启动了以"人单合一"双赢经营模式为特征的战略变革过程。对于新模式，企业内部有的员工持乐观的态度，而有的员工也有很多困惑。在这种情境下，为了建立一个稳固的研究基础，我们试图首先理解海尔战略变革的时代背景，以及通过不断的事前交流和沟通，理清海尔的管理者和我们研究者之间的相互期望是什么？因为管理研究者和实践者之间也需要共同语言的构建（臧志和沈超红，2011）。在这个阶段，经过数轮讨论，并不断更改研究计划的内容，向海尔提交了题为"第三次工业革命和管理变革"的前沿判断和研究。双方在不断的沟通过程中，关于集团变革的思考越来越趋于一致。

在企业调研期间，数据收集工作主要包括半结构化访谈和文献资料。访谈主要关注海尔经理层和员工对于变革的感知、关注的领域，以及期望的结果等。访谈对象共计 18 位，包括普通员工、部门经理和企业高层，主要目的在于了解不同层次的员工对于战略变革的理解。文档资料主要包括海尔集团提供的公报、文章和书籍，例如《海尔价值观》手册等。最主要的文档资料是由企业文化中心编辑的《海尔人》，我们收集了一年以来的所有报刊，这些报刊详细记录了海尔实施战略变革一年以来的主要变化。由于其是一种历史性的文件，我们可以对于每个变革的重要节点进行回顾和分析，并对当事人进行确认，理清海尔关于变革过程的思考和变化。

通过对于这些基础数据的分析，逐步确认了我们关于变革驱动因素的理解。例如，在调研过程中各个层级的员工都提到"创新与创业"等变革思维，也经常使用"跟上企业变革步伐""不变就被淘汰"等反映企业经营理念和员工价值观的观点。研究者和管理者的互动还体现在访谈过程中，对于每一位对象的访谈设计，一般前半部分是干预阶段，我们更多提问和关注的问题是访谈对象的工作内容，以及假设种种条件的变化是否会对其产生影响。后半部分则是回顾阶段，更多强调其对于组织价值观的理解和判断。很多受访者也表示，访谈过程也是一个自我思考过程，思考自己、思考企业，并判断两者是否匹配。最后，大部分的受访者往往能够在企业价值观、自我认同两方面达成一致。

理论构建工作主要基于企业访谈和文档资料的整理。我们首先对海尔的相关文本资料做了大量的阅读和总结，在此基础上产生了半结构化访谈问卷。访谈也采用倒三角的模式，即首先从基层员工开始访谈，然后是部门经理和高管团队。采用这种方式的主要目的是，能够逐渐了解战略变革中员工的意义建构和价值观的形成过程，并最终比较企业各个层级对于变革的感知和理解，由此可以产生一些最初的判断和假设。最后，笔者访谈了海尔战略变革的发起者、首席执行官张瑞敏先生，再次以从上到下的方式印证对战略变革和意义建构过程的判断。

变革过程

明确价值观和资源平衡如何驱动战略变革，是变革过程研究的重点。通过文献综述，本章认为，价值观管理是战略变革的核心问题，而意义建构是价值观形成的重要途径。通过意义建构过程，企业向员工传达战略变革的重要性、变革方式、持续时间等内容，并在统一的价值观驱动作用下，提升企业的变革执行能力，促进战略变革的发展。战略变革还涉及组织边界和结构的改变，主要表现在资源再平衡的过程中，用户资源管理、组织内部资源的分配、企业间资源的协调等因素都有助于推动战略变革的实施。

最为重要的是，变革并不是企业所追求的最终目标，战略变革的结果还在于形成稳定和有效的组织能力，并建立企业的竞争优势。变革引起了组织内部的无序状态，新组织能力的形成依赖于基于战略变革的工作方法的应用，组织采用新的处理问题和解决问题的方法，在不断的实践和积累过程中，再次形成了组织惯例，而这也是组织能力建立的微观基础。在价值观驱动、资源再平衡、新组织能力的共同作用下，战略变革得以有效实施，并取得良好的绩效（见图 5 - 1）。

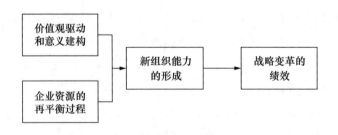

图 5 - 1 战略变革的驱动因素和逻辑

海尔的网络化战略变革

海尔集团创立于 1984 年，海尔历史上经历了三个战略转型期，即

20 世纪 80—90 年代强调产品质量和服务的快速发展期、2000 年前后进入的以流程再造为主要内容的调整转型期，以及近期正在进行的以"人单合一"双赢经营模式为代表的战略转型期。本章的研究重点在于海尔集团"人单合一"双赢经营模式下的战略变革。

从 2009 年开始，海尔确定了"人单合一"双赢经营模式，将用户价值放在了企业战略的核心位置，并对企业的组织结构和流程结构进行了一系列的变革，为其企业战略提供制度保障。目前海尔的业务布局采用"双支柱"模式，业务板块主要包括白电制造板块（上市代码 690）和销售渠道板块（上市代码 1169）。

海尔战略变革情境

海尔进行战略转型的原因主要受到两方面因素的影响。第一，顾客需求的变化。在互联网和信息化时代，需求逐渐呈现个性化特征，因为"顾客的需求在网上"，企业必须"能够跟上顾客点击鼠标的速度"。第二，制造模式的变化。在大规模生产时代，企业先生产出来产品然后销售给消费者，是一个从企业到消费者的过程。而进入大规模定制时代，企业开始强调用户的想法和需求，企业生产需要根据用户的反应迅速做出调整，这其中体现了从用户到企业的过程。

互联网带给企业的挑战，就是怎么解决信息不对称的问题，即企业了解用户到底要什么。此外，面对如何从大规模制造转变成大规模定制的问题，海尔也一直在探索一个能够适应互联网时代竞争的商业模式。正如海尔员工所言：

通过战略变革，海尔才能够不断向市场靠拢。有些企业的变革动因主要来自外部环境的要求，内在的因素少，是不得不变。海尔是一种主动变革，目前企业的经营状况很好，但是企业需要领先时代一步。企业变革不能够等到为时代所逼迫的地步。（集团战略部负责人）

海尔开始围绕整个行业的全流程价值链进行思索和探讨，着眼于提升用户价值，最大程度发挥每个员工的能力，降低企业内部成本和供应商的机会成本，从而扩大整个行业的价值空间。基于这种思考，海尔开始打造创新的运作模式，以发掘和创造用户价值为中心，由传统的关注价格转为关注价值，同时要求充分调动每一位员工的积极性，通过自主创新提高经营效率，培育企业竞争优势。

海尔战略变革的意义建构

意义建构是战略变革实施的首要问题，因为必须确保所有的变革参与者能够完全理解变革的意义，并确保战略执行行为有助于实现变革目标。通过案例分析，本章认为战略变革过程中意义建构主要通过观念、环境、机制、试点四个途径实现。意义建构体现了企业领导者如何将自己的变革思维向员工进行有效传递的过程。通过意义建构，企业员工逐渐摆脱变革带来的无序和模糊的状态，并就变革目标形成一致性。

"转观念"

海尔的倒三角组织结构下，一线员工从听命于领导转变为听命于用户，领导从给员工下达指令转变为给一线员工提供资源和平台支持。这其实是观念的颠覆，过去员工只要等着领导下命令，现在却要根据市场的变化在最短的时间内自己做决策。在访谈中了解到：

海尔为每次变革都做好了准备。变革之前首先要变观念，进行观念转变的培训。从上到下，统一观念，统一认知。大家对于变革的困难有所预料，对遇到的问题思考比较多。所以在进行变革时，尽管有问题，但是还能坚持变革。海尔是一个 8 万人的企业，没有这种做法，很难做到持续变革。(1169 板块负责人)

观念并不是自动就能够转变的。为此，海尔内部通过建立日清办公室和价值观经营体对转型过程进行推进。日清办公室是面对高级经理人，与之进行沟通，并协调组织其与 CEO 及总裁的"调频"会，以此保证集团高层在转型过程中观念的转变。对于员工，则通过在每个业务部门建立价值观经营体，通过转型期间正确观念、事迹等的宣传，保证员工观念的转变。

"造氛围"

海尔通过文化建设为"人单合一"双赢管理实践创造有利氛围。为了让内部员工认同"人单合一"管理模式，海尔企业文化建设通过不同载体进行，例如《海尔人》、海尔电视新闻、企业文化手册等。尤其《海尔人》是一个非常重要的变革促进媒体。《海尔人》第一版是围绕对高级经理人调研与沟通的社评，通常来自海尔周六例会的总结。周六例会是海尔的传统，参与者包括高层经理人和一线员工代表，社评内容侧重于会议内容的传达，但更多体现了批判精神和战略的方向性，使得员工能够第一时间理解企业领导者关于变革的思考。

通过不同的载体，海尔给员工搭建一个表达意愿、提出意见的平台，特别是在新管理模式实施之初，有很多员工不了解、不理解"人单合一"管理模式和方法，各部门通过上述方式及时沟通使新模式深入人心。在访谈过程中了解到：

海尔整体氛围是开放、透明、公平的。没有任何裙带关系，只以能力论英雄。海尔采取利益共赢的方式，与参与者、经营体等共同赢利。（国际商社负责人）

海尔文化的核心之一是坚决的战略执行力。当领导提出了自己的变革思路，首先要尽最大努力理解，即使不能完全理解，也要立即开始干，边干边理解，通过实践加深学习。关键是千万不能迟疑、不要怀疑，如果领导自己迟疑了，会进一步影响自己团队的进度。如果员工迟疑了，就会被其他反应迅速的员工所淘汰。（社区店负责人）

海尔变革面临的环境可以总结为公平的环境、竞争的环境、学习的环境，通过"干中学"，进行意义建构，并达到价值观统一和认同的目标。

"建机制"

通过倒三角结构变化，建立自主经营体，海尔为每一个员工的成长搭建了一个广阔的平台，培育了海尔人的企业家精神，"让每一位员工都能成为CEO"。

自主经营体有明确的用人标准和原则。在锁定经营体人工成本预算标准、经营体能挣够用人成本的前提下，用多少人，用什么岗位的人，经营体可自主决定。经营体引进的人是诚实可信的，是能够完成第一竞争力目标并能持续优化的人：①认同"人单合一"双赢的文化；②认同集团战略，认同岗位第一竞争力的目标；③有承接第一竞争力目标的预算和预案；④敢于承诺第一竞争力的目标。此外，人单酬也是一种非常重要的分配机制。例如，在访谈过程中了解到：

在集团"人单酬"机制下，员工不断积极进取，获得更多的用户，不仅提高了自身收入，即获得了薪酬的增长，同时也收获了个人的荣誉感和使命感。表现优异的员工可以参加集团最高层才可参与的"周六例会"，即使是一线员工也有机会和总裁直面交流。同时，通过和高层的交流提升对组织的承诺感和使命感。（企划部型体代表）

"做试点"

海尔在实施新模式的过程中采用点线面推进的方式。先做好样板点，再推广复制。海尔在最初推进三类三级倒三角结构的时候，分别从线体（冰箱线体）、型号（三门型号）和市场（青岛东城）各取一个经营体作为"试验田"，并把为这些一级经营体提供资源支持的部门整合为二级经营体平台，最后，把一、二级经营体升级并确定它们战略方向及战略绩效考核的主管和职能有机体作为三级。像这种先点后线最后到面的实践，不仅能够规避转型中组织结构突然变革所带来的风险，还能通过"样板点"带来效果的提升，激励全员对变革增加信心。例如在访谈中了解到：

海尔的基因在于创业和创新，如何变？还是方法论在变。例如战略损益表，员工需要承接集团的方法论，照着做，就可以达到目标。在没有想明白变革流程之前，海尔会"做样板"，然后确定是否符合战略目标，是否达到变革目标。（供应链负责人）

此外，在进行观念、环境、机制建设的同时，海尔认识到成长和发展是每一个人幸福的源泉，"人单合一"管理模式的终极目标是创造幸福型企业，只有内心幸福的员工才能永葆生机，才能持续焕发活力。

海尔战略变革的价值观管理

通过对访谈资料的整理，本章认为在战略变革过程中，意义建构的目标在于形成与变革相匹配的企业价值观，而企业价值观则需要体现全体员工在变革意识、变革要求、变革机制等方面的高度认同和一致性。

变革意识认同

变革意识体现了员工对于企业价值观的认同。海尔对于战略变革的价值判断可以归纳为"创新与创业"，通过持续的创新与创业，海尔在历史上能够实现一个个突破。在访谈过程中了解到：

海尔的价值观是坚持以用户为中心的创新。海尔经常"干得好好

的，突然要变"，但事后看来都理解变革：自己打败自己的成本远远低于对手打败自己的成本。（1169 板块负责人）

海尔的核心价值观在于创新和创业。海尔人需要有不断否定自我的创业心态，通过归零，实现重新创业，完成新的挑战、新的目标。（集团战略部总监）

海尔的文化核心之一就是"变"，这是一种积极的创新文化，从总裁至员工，这种"变"已植根于所有员工的心中。收益好的时候要"变"，变出收益更好的模式；收益不好的时候更要"变"，用"变"改变现状。（三门冰箱线体代表）

通过访谈发现，变革成为海尔集团的价值观基因，不同层次的员工都在求变。价值观在战略变革过程中起到"基因"的作用，如果基因不对，企业肯定发展不好。变革的核心在于观念的改变，而不是设置一个机构就能够帮助组织完成变革。从 1995 年海尔实施多元化战略以及服务战略，到 1999 年实施"现款现货"的经营策略，到 2000 年实施渠道整合战略，剥离大批发商，建立自己的渠道，所有在初期都不曾被人们看好的变革行为，时间证明都是正确的。海尔一直在变，是适应客户的需要，不断进行调整。因此，体现"变革"基因的价值观能够有效促进企业战略变革的进程。

变革要求认同

变革要求认同体现了企业员工对于战略变革的理解。若对变革要求的必要性认识不足，员工会对变革产生抵触、困惑，提出反对理由，并觉得难以参与等，最终导致员工不会相信变革会带来利益。由于在各个历史阶段经历了多次变革，海尔员工加强了对于变革要求的理解。在访谈过程中了解到：

海尔员工必须做到"战战兢兢、如履薄冰"，跟不上集团变革的步伐，就会成为障碍。每个人在战略的承接上不能够有任何迟疑。（供应链负责人）

变革是生存发展的需要，海尔是时代的企业，必须与时代同步。（1169 板块负责人）

海尔的价值观可概括为创新、创业、与时俱进。在互联网环境下创新、实现盈利，每天都要有一点进步。员工需要具备开放的心态，与时俱进的意识，抱着"昨天的不一定是对的"想法工作。（企划部型体代表）

因此，当面对一个快速变化的环境时，企业价值观应能增加员工对于变革紧迫性的理解，让员工明白如果不及时进行战略变革，企业的生存和发展将受到威胁，让每个员工从心态上接纳战略变革的重要性。因此，对变革要求的认识越充分，就越会认同战略变革，从而增加变革的执行力。

变革机制认同

变革机制认同是成功实施战略变革的保障。若员工对未来的状态不了解、不认同，企业也不能够建立有效的分配机制，则将使企业员工面临冲突和压力，表现为观望、困惑、消极怠工等抵抗行为。所以，尽管员工已对战略变革要求有了充分的认识，但由于不同个体对战略变革结果认知的不同，对战略变革的态度也就不同，甚至对战略变革引发的新变化不满和抵触，从而导致战略变革的失败。海尔对于战略变革的持续推进，首先就解决了机会公平和分配机制问题。在访谈中了解到：

经营体的动力来源主要有：第一，分享机制，例如成员收入的增长。第二，个人发展空间。随着行业知识的积累，经营体成员有成为"鲶鱼"的可能，可上升至其他区域的经营体长。第三，对企业的责任。经营体长都是通过"官兵互选"的形式产生，因此团队的责任十分重要。（市场经营体代表）

"人单合一"模式还提高了员工的整体素质和水平，形成了知识型员工并推动其全方位的发展。员工开始思考自己的知识架构。海尔总在变化，从市场链、流程再造到"人单合一"模式，创造出员工机会，有了吸引力，战略才能够被驱动。（集团战略部负责人）

"人单合一"模式解决了一个问题，即人人都有一个清晰的目标，不吃大锅饭。在新模式下，资源、价值、酬劳都逐渐变得清晰，解决了机会公平的问题。（1169 板块负责人）

在保证每个员工参与机会公平的前提下，建立有效的资源保障机制、酬劳分配机制等，都有助于提升员工对于战略变革的认同，并增强了执行力。所以，有效的变革机制增加了员工对于变革认同和变革状态的理解，从而提升了实施变革的执行力。

海尔战略变革的资源平衡

战略变革引发了组织结构的改变，并由此带来资源配置机制的变化（Floyd and Wooldridge，1997）。战略变革是一种处理企业与用户、组织层级、组织间合作三者之间资源平衡与协调的过程，此过程越有效、越清楚，则变革成功的概率越大。海尔战略变革对于资源配置机制的平衡过程体现在用户资源管理、管理层级资源分配、组织间资源协调三个方面。海尔变革机制设计体现了资源的再平衡。首先，用户资源的再平衡。正如前文提到的大规模制造向大规模定制模式的改变，就体现了以"生产"为中心到以"用户"为中心的改变，"用户资源"内化成为企业战略资源。其次，资源在层级间分配的再平衡。以"用户需求"为中心，则强调组织资源从高层向一线员工的倾斜，组织资源直接配置到一线自主经营体。最后，组织间资源的再平衡。海尔强调开放式的创新模式，通过全球五大研发中心的布局，利用及整合全球资源支持产品的创新，通过企业和机构间合作的方式实现持续创新的目标。

用户资源平衡

按照社会资源"再平衡"的变革逻辑，消费者（用户）资源应内化为企业的战略性资源。为了实现大规模定制的目标，海尔进行了流程改造和 InStore 信息系统建设，完全实现客户定制生产，把库存周期从40天降低到6天左右。在渠道建设方面，海尔通过开发"社区店"模式，保证企业与用户之间的零距离。在创新方面，把用户需求和想法纳入产品创新过程中来。

在原有的用户关系中，以企业为中心，进行大规模制造，然后把产品出售给消费者；现在则是消费者参与生产，实施大规模定制。"互联网是平台，产品是道具，用户是演员。"用户的体验能够让企业少犯错误，或者不犯错误，增加企业的盈利能力。企业的价值只有在用户满意的情况下才能够实现。例如，在访谈过程中了解到：

海尔白电的战略定位在于引领用户需求和制定行业规则，海尔要能够赶得上用户点击鼠标的速度。因此，企业发展战略需要做相应的调整。在产品方面，通过"产品＋服务"的模式为用户提供全面的解决方案；在渠道方面，要直达消费者，实现海尔家电的社会化。海尔的自主经营体包括线体、型体和市场体，这三种经营体互相咬合、互相倒逼，适应市场，满足用户需求。（集团战略部负责人）

现在自己"黏用户"，对各个社区用户需求了如指掌，例如社区用户的住房户型、家庭成员、年收入等数据都是可以获得的，在这些信息的基础上制定销售目标。另外，经营体平台的复制机制，为经营体成员提供了上升空间。所以，现在大家都争着跑用户，挖掘用户资源。（市场经营体代表）

从以前的买产品给用户，到现在根据用户需求，提供用户需要的产品和服务。服务在以前等同于售后维修和处理客户抱怨，现在则是把服务移到前端，提供用户解决方案。（市场经营体代表）

在互联网时代，用户选择呈现多样化。所以为了准确把握用户需求，提供独特的解决方案，海尔集团发展出了用户参与机制，虚实网结合从多方面和用户交流，以此来激发、创造独特的用户需求。产品要做到引领而不是跟随，要成为整个行业的引领者，即要推出带动整个行业发展的产品，同时要形成突破性的持续性的领先。企业战略变革的关键在于满足用户需求，并有效平衡用户资源，藉此改变企业和用户之间的联系。所以，用户资源平衡的途径越有效，战略变革成功的可能性越大。

组织层级资源平衡

企业既有的资源分配结构有可能会成为价值创造的障碍，因而更应聚焦在创新资源上，打破层级实现资源下沉也成为企业内部协同的重要路径。围绕"用户需求"这一目标导向，海尔通过实施倒三角组织结构实现了组织资源向一线员工的倾斜，打破原有层级制下组织资源由上到下的分配模式。在访谈中了解到：

原有的资源配置方式，通过高层分解目标，针对目标配置资源，这种机制对等于权力和层级。现在则是抢占资源、倒逼资源，或者资源互换的模式。一级经营体提出资源需求，二、三级满足。（集团战略部负责人）

战略变革体现了组织内部资源配置的变化，而变革的成功则取决于组织内部资源配置方式的有效性。围绕满足"用户需求"的战略变革目标，组织资源必须为那些最靠近用户的组织单元所拥有和支配。因此，组织层级间资源平衡配置的途径越有效，战略变革成功的可能性越大。

组织间资源平衡

企业与企业之间应该寻找有效的"资源互补"，共同为消费者创造价值。海尔强调开放式创新和共赢共享的模式。海尔以全球5大研发中心为平台，寻找与整合全球的创新资源，通过企业间合作实施产品创新。海尔研发中心作为一个基础构架，通过此平台展示对外部资源的整合能力、使用能力。海尔有庞大的外部专家团队，通过"接口团队"实现对外部资源的整合。在访谈过程中了解到：

整个体系也变得更加开放，而在互联网条件下的体系，开放是其最重要的趋势。变革就是要通过开放体系整合创造竞争力。（企划部型体代表）

资源互换体现了企业的开放性，6门冰箱是一个资源互换的例子。中国市场有订单需求，但是企业内部的设计方案不行，所以通过市场资源交换日本团队的设计资源，最后分享利益。（集团战略部负责人）

海尔工作模式的目的是希望能形成一种文化：一是不断进步的开放文化。开放的资源视野，即时刻关注外部是否有更好的资源。二是模块化。通过整合国外更好的资源，也把它变为可供选择的模块。（国际商社负责人）

开放性创新的核心在于"共赢共享"。共赢是不同利益相关方的共赢，共享则是一种机制的建立。尤其当企业的创新资源分散在企业外部时，创新合作能够有效提升企业战略变革成功的可能性。因此，相关组织间资源利用的效率越高，战略变革成功的可能性越大。

资源平衡机制

对于企业外部资源，海尔通过"节点网络"机制实施开放性的企业间合作创新。每个经营体都是一个节点，每一个节点就是一个企业"接口人"，可以通过比较的方式选择企业内部平台资源，还是更加具有竞争力的企业外部资源。例如海尔在海外项目中实施的数字电视解决方案，海尔只有电视机和机顶盒部门，所以整合了中关村数字产业联盟（海尔是成员之一），把许多公司和企业整合进来，合作资源整合中要把握好两个原则：一是找最好的，二是找最合适的。例如，访谈中了解到：

在节点网络组织结构下，作为一个接口人，实际能控制千军万马，一方面寻求好的供应商资源，另一方面寻求海外的用户资源。所以，接口人必须具有两方面的能力，即了解需求的能力和转化需求的能力。（国际商社负责人）

对于企业内部资源，海尔通过"倒逼机制"保证组织资源服务于战略变革目标要求。海尔设计了"全流程倒逼机制"来保障经营体目标的实现。倒逼机制是指经营体一线员工根据用户需求"倒逼"企业内部全流程的人员来提供资源支持。具体执行中，倒逼机制有两个层次，一是一线员工接受用户需求的倒逼，二是一线员工为了实现用户需求倒逼企业内部提供资源。

在倒逼机制要求下，原先的二级功能型平台实体逐渐消失，携带其原有功能（诸如人力资源、财务、研发等）融入一级平台中，成为为整个一级平台提供资源的资源大平台，提供创新的解决方案配合一级平台满足用户需求。组织结构只是一种形式，战略变革的关键在于满足"端到端"的业务模式，即从后端资源平台直达前端用户。

同样的倒逼机制也存在于与各个不同类型自主经营体的协调与沟通中。例如，访谈中了解到：

原先的模式是用户有需求，向市场体提出诉求；接着市场体将其发现的客户需求告知线体；线体自此开始根据用户需求生产供应产品。现在的倒逼模式是：线体需要积极探索新的、潜在的客户需求以生产供应更多的产品，所以它敦促市场体尽快深入了解用户，满足其探索用户需求的需要；市场体为了发现更多的用户需求，积极主动地深入用户群中，甚至发展为黏用户的社区经营模式。在此倒逼态势下，所有自主经营体进入一种积极主动探索其在所在经营体获得更多酬劳的良性循环中。（三门冰箱线体代表）

节点网络和倒逼机制是海尔在变革过程中保证企业内外部资源平衡的重要方法。机制设计并不单单是组织流程和规则的改变，在变革过程中，企业需要设计促进"竞优体系"建设的规则，不断促进资源配置的优化及其在各个利益相关方的分配平衡。所以，有效的机制建设能够促进资源在各个利益相关方之间的平衡，并进而提升战略变革执行力。

海尔战略变革的组织能力形成

战略变革激发了核心能力的重新塑造过程，每个员工都需要理清自己的预期和新现实之间的差别（Balogun and Johnson，2004），并通过不断努力缩小此差距。组织能力的重构使得各个假设、规则、边界等问题不断结构化，并指导意义建构的过程，最终形成自然而然的组织惯例。

海尔采用了"战略损益表"作为核心能力塑造的方法。战略损益表就成为一种思考模式，也是一种意义建构的方法。战略损益表的四个象限分别是战略定位、经营体、预算流程和人单酬。战略损益表是全新的理念，每一个经营体都有自己的战略损益表。企业采用的意义建构方法会随着应用过程中的持续的互动调整和情境变化而发生变化（Maitlis，2005）。例如，战略损益表并不是人为设计，或者随着"人单合一"双赢模式的变革而提出的，战略损益表是对于海尔以往"日清日毕"等工作方法的总结，是随着企业经营业务的发展逐渐摸索和学习的结果。战略损益表也在不断地精练和发展，例如基于战略损益表而提出的"三预"（预通、预赢、预酬）和"目团机"（目标、团队、机制）等，都是工作方法的新总结。在调研中了解到：

"三预"在社区店经营体中表现为"算赢"：根据市场的品牌认可程度，估计市场容量有多大？用户需求是什么？切入点和创新点在于"预通"，即明确具体的办法是什么？团队以月、周、天为单位对目标进行分解。如果放入战略损益表，则"预通"是第一象限，知道用户是谁？"预赢"则是第二、第三象限，即团队和预算；"预酬"则是第四象限。（三门冰箱线体代表）

资源的有效整合通过"目团机"的方法实现。瞄准"规则制定者"的目标，在研发过程中进行量化和细化。例如，作为引领者，白电的市场份额应该大于35%，此外，品牌和口碑都有可量化的指标。（企划部

型体代表）

　　企业价值观的形成是一个从被动到主动自我认知的过程，这也是意义建构的重要内涵。战略变革从对方法论的被动执行开始，到一定的程度，组织个体自己会主动学习，并逐渐理解工作方法。当变革要求从约束成为习惯时意义建构就已经形成。战略变革是"习惯"的再变化，当员工"习惯"了变革思考，心理也会认同。因此，基于意义建构的工作方法设计，构成变革条件下组织能力形成的基础，并促进战略变革的实施。

价值观引领的变革

　　管理形式的演化趋势是从指令管理到目标管理直到现在的价值观管理（Managing by Value）的发展过程（Dolan and Gacia，2002）。价值观代表着企业对价值的独特主张，结合新旧资源的再平衡过程，企业通过驱动战略变革实现了新的价值创造方式。这些内容都可以从海尔战略变革案例研究中得到验证。

　　战略变革是价值观变革、资源再平衡以及新组织能力形成三种条件下的环境与组织动态匹配的过程。当准备实施变革时，企业需要在价值观、结构和能力三方面有效应对。首先，组织必须树立和变革方向一致的价值观，作为变革的思想和文化准备，并使得员工在利润分享的模式下进行组织学习，通过学习强化价值观，使其植根并内化于组织和员工中间。其次，根据战略调整组织结构，重新配置组织资源，以更合适的结构为战略变革提供条件，促进变革的成功实施，增强战略变革效果。最后，在价值观和结构调整的同时，需要培养新的组织能力，实现组织能力与环境的动态匹配。

　　通过对海尔案例内容的分析，以及结合企业领导者的思考，本章认为战略变革的动力机制在于"价值观驱动"和"资源再平衡"两个维度的内容。海尔的价值观包括"创新与创业""开放性""公平与公正"等内容，并持续体现在企业的经营过程中。海尔时刻保持着"战战兢兢，如履薄冰"的危机感，员工具有强烈的"发现机会和抓住机会"的意识，认为"不能成为企业变革的障碍"，所以海尔成为一支"纪律严明的部队"。在价值观驱动下，企业通过"倒逼机制"和"节点网络"机制整合与平衡内外部资源，通过实施"战略损益表"方法形成新的组织能力，战略变革的执行绩效获得提升。所以，结构和能力是战略变革面临的两类挑战。海尔正是在价值观驱动下，平衡企业内外部资源，围绕组织结构和能力实施新管理模式下的变革过程。

通过分析海尔战略变革的进程，发现战略变革的动因来自企业领导者对于外部环境的认知，环境中技术条件、市场需求、竞争资源的改变，使得企业管理者意识到战略变革的迫切性和重要性。企业领导者对于战略变革的思考会通过意义建构（Sensemaking）的方式向企业经理层和员工进行传递，通过资源平衡机制保障变革实施的条件，并通过方法论形成新的组织能力，最终完成变革的目标，如图 5-2 所示。

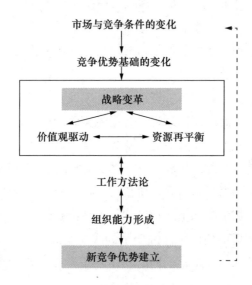

图 5-2 海尔集团战略变革实施流程

虽然战略变革的动因在于企业领导者对外部环境动态性的认知，但是内在的"价值观驱动"和"资源再平衡"两个维度才是驱动战略变革的根本动力。基于这个假设，本章对于海尔集团以"人单合一"双赢模式为特征的战略变革过程进行了观察，通过案例分析，本章的主要研究结论如下。

第一，战略变革的动因在于企业对于持续满足用户需求目标的追求。当技术环境和用户需求发生变化时，企业必须启动变革计划，通过组织结构和资源配置机制的调整，推动战略变革过程的实施，并最终形成新的竞争优势。

第二，意义建构过程是推动变革理念和价值观形成的重要方式。通过海尔案例分析，本章认为满足变革要求的意义建构过程主要包括观念转变、变革氛围、变革机制、试点学习四种方式。意义建构也促进了变革过程中的学习机制和工作方法构建，促进新组织能力的形成，并提升变革绩效。

第三，基于意义建构的价值观管理促进企业价值观的趋同和统一，进而驱动战略变革。企业价值观的趋同主要体现在员工的变革意识认同（变的基因）、变革要求认同（自以为非）、变革机制认同（机会公平），价值观趋同提升了变革实施的有序性，提升了变革执行力。

第四，资源配置和平衡是实施战略变革的重要保障。资源再平衡包括不同利益相关者之间的资源平衡，主要包括用户资源、组织层级资源、组织间资源三方面的平衡。面对内外部关系的颠覆性变化，在全新的"商业生态系统"中，需要正确处理企业内部资源和消费者（用户）资源的关系、企业和企业之间的资源协同整合的关系、企业既有资源和新创资源的关系、企业内部中高层资源和基层资源的关系，这就是社会资源"再平衡"。

第五，新组织能力的形成能够促进战略变革的实施。战略变革改变的是企业的能力基础和竞争优势基础，变革的目标在于形成新的组织能力。海尔在"人单合一"双赢经营模式的变革过程中，采用战略损益表作为工作方法。战略损益表的应用形成了工作模式和方法惯性，但凡遇到问题，立即考虑用户是谁，能给用户创造什么价值，差异化商业模式的盈利模式是什么，增值空间在哪里，内部利益空间增值点、分享点在哪里，能给企业、团队带来什么利益，由此开展工作。在战略损益表这一工作方法的指导下，构成竞争优势基础的组织能力快速形成，同时与意义建构过程相结合，战略变革实施得以持续推进（见图5-3）。

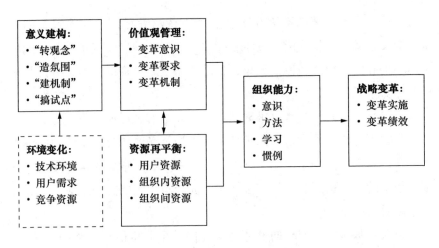

图5-3 海尔战略变革研究框架

变革中的组织结构、关系和角色

战略变革对于企业的影响主要体现为结构、关系、角色三方面的变化（见图5-4）。

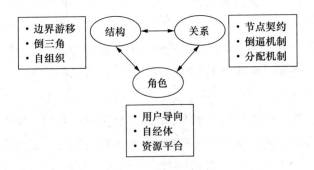

图5-4 战略变革过程对于组织的影响

第一，结构的变化。海尔在"人单合一"双赢经营模式下，采用自主经营体的组织单元，从"竞岗竞单""官兵互选"到人事权和分配权的自主等特征，已经体现出复杂环境下企业的自组织特征，而自组织特征有助于战略变革的执行和实施。此外，服务于新的经营模式，倒三角组织结构有效支撑了企业的变革与发展。作为一种持续演化的长期过程，战略变革的实施倾向于借助具有"自组织"特征的项目式组织结构，或者网络结构形式加以组织，以解决涉及不同领域的临时性任务要求。

第二，关系的变化。海尔在变革过程中内部关系的建立依赖于满足用户需求以及对于用户资源整合，企业与用户的关系更加紧密，强调"黏用户"，以用户需求促进企业变革。在新的经营模式下，倒三角组织结构首先打破了原有的层级制度，通过倒逼机制实现组织资源向一线经营体倾斜，达到组织层级资源的再次平衡。在这个基础上，海尔采用节点网络整合企业内外部资源，进行创新和变革，实现组织间资源的平衡。

第三，角色的变化。海尔战略变革过程中，在用户需求导向下企业员工角色也发生了变化。自主经营体的成立使得"每个人都是自己的CEO"，资源、责任、酬劳等要素更加明确，整体目标更加清晰，创造价值增加，个人收益提高，员工积极性也更强。职能部门则变成向一线经营体提供服务的资源平台，并通过倒逼机制增加了对资源平台的约束。

意义建构、倒逼和变革工具

首先，强调基于意义建构的价值观管理对于战略变革的推动作用。通过对海尔案例的研究，本章发现，强调机会均等和参与的自组织模式有助于将企业家精神引入每一位员工，从而使得意义建构过程更加具有有效性，并通过观念、氛围、机制、样板的引导，完成企业价值观的统一和认同。在自主经营体模式下，每一位员工在为用户提供价值的同时实现自身的价值，"人单酬"的机制也使员工对自己负责、对企业负责，培养出员工很强的使命感和责任感。所以，价值观驱动战略变革并不是一个泛泛的企业文化的概念，在微观层面的意义建构过程才是价值观驱动变革的主要动力来源。

其次，强调倒逼机制下资源配置过程对于战略变革的推动作用。一般认为，企业领导者所发起的战略变革计划是通过中层经理人逐层向下进行传递，就是说意义建构是一个自上而下的过程（例如 Balogun and Johnson，2004；Huy，2002）。但是，海尔战略变革的一个核心问题就是分配机制的变革，即把"职位酬"变成"人单酬"。在这种理念下，职能部门或者中层经理的利益首先受到影响，并缺乏变革的动力。海尔设计了"倒逼机制"，必须按照用户需求和一线经营体的要求，由职能部门构成的资源平台提供有竞争力的资源。倒逼机制决定倒三角结构中组织层级资源的分配，并保证这种分配机制紧紧围绕战略变革目标。此外，海尔还通过自主经营体模式实现了对用户资源的管理，通过节点网络实现了对于外部创新资源的整合。

最后，强调以方法论为基础的组织能力建设对于战略变革的推动作用。海尔战略损益表是意义建构与组织能力之间的纽带。通过海尔案例研究，本章发现在组织层面，战略损益表模型其实是海尔一种内在的思考方式，这种思考方式在海尔内部一直就存在。以战略损益表为方法论，海尔逐渐建立起有效的组织能力，并推动战略变革的实施。战略损益表还体现了企业对于个人价值的尊重。随着企业员工结构的年轻化，对自我价值实现的要求也更加迫切，希望通过自己的努力得到认可和尊重的愿望也很强烈，传统的管理模式日益受到挑战。企业核算体系从以"资本"为中心变为以"人本"为中心，以"人单合一"的机制激发员工的创新力，让员工创造用户价值，创造市场资源，达到用户、企业、员工的共赢。

海尔以"人单合一"双赢模式为特征的战略变革还处在调整实施阶段，企业也通过"样板"建设以积累战略变革的经验。由于在海尔战略变革的现阶段，一些重要的变革内容依旧是变化和动态调整的，例如倒三角的组织结构、资源配置机制等。在未来研究中，需要更加密切关注海尔发生的变化，并及时就研究问题和方向做出调整。例如，海尔节点闭环网络和平台型企业的建设问题，节点闭环网络是新阶段战略承接的组织载体，是与未来海尔平台型企业发展方向紧密相连的，是一系列"新契约关系"的重建和网络治理规则的形成。此外，虚实网融合是海尔逐步成为平台型企业的一个重要途径，是"双支柱"模式产生协同效应的关键。

参考文献

［1］陈传明、刘海建:《企业战略变革：内涵与测量方法论探析》,《科研管理》2006 年第 3 期。

［2］Hannan, M. T. and Freeman, J., "Structural Inertia and Organizational Change", *American Sociological Review*, 1984, 49（2）: 149–164.

［3］Barnett, W. P. and Carroll, G. R., "Modeling Internal Organizational Change", in J. Blake ed., *Annual Review of Sociology*, Vol. 21, Palo Alto, CA: Annual Reviews, 1995.

［4］Baum, J. A. C., "Organizational Ecology", in S. R. Clegg, C. Hardy, and W. R. Nord eds., *Handbook of Organization Studies*, London: Sage, 1996.

［5］Dobrev, S. D., Kim, T. Y. and Hannan, M. T., "Dynamics of Niche Width and Resource Partitioning", *American Journal of Sociology*, 2001, 106: 1299–1337.

［6］Rajagopalan, G. and Spreitzer, M., "Toward a Theory of Strategic Chance: A Multi–Lens Perspective and Interrative Framework", *Academy of Management Review*, 1996, 22（1）: 48–79.

［7］Gioia, D. A. and Chittipeddi, K., "Sensemaking and Sensegiving in Strategic Change Initiation", *Strategic Management Journal*, 1991, 12: 433–448.

［8］Weick, K. E., *Sensemaking in Organizations*, Thousand Oaks, CA: Sage, 1995.

［9］Balogun, J. and Johnson, G., "Organizational Restructuring and Middle Manager Sensemaking", *Academy of Management Journal*, 2004. 47: 523–549.

［10］Huy, Q. N., "Emotional Balancing of Organizational Continuity and Radical Change: The Contribution of Middle Managers", *Administrative Science Quarterly*, 2002, 47: 31–69.

[11] McKinley, W. and Scherer, A. , "Some Unanticipated Consequences of Organizational Restructuring", *Academy of Management Review*, 2000, 25: 735 – 752.

[12] Maitlis, S. , "The Social Processes of Organizational Sensemaking", *Academy of Management Journal*, 2005, 48: 21 – 49.

[13] Hatch, M. J. and Ehrlich, S. B. , "Spontaneous Humor as an Indicator of Paradox and Ambiguity in Organizations", *Organization Studies*, 1993, 14: 505 – 506.

[14] Warglien, M. and Masuch, M. , *The Logic of Organizational Disorder*, New York: De Gruyter, 1996.

[15] Putnam, L. , *Contradictions and Paradoxes in Organizations. Organization Communication: Emerging Perspectives*, Norwood, NJ: Ablex, 1986.

[16] Davis, A. S. , Maranville, S. J. and Obloj, K. , "The Paradoxical Process of Organizational Transformation: Propositions and a Case Study", in W. A. Pasmore and R. W. Woodman eds. , *Research in Organizational Change and Development*, Vol. 10, Greenwich, CT: JAI Press, 1997.

[17] 韩玉兰:《中国情境下的意义构建:中层管理者的管理知觉及其影响》,博士学位论文,北京大学,2010 年。

[18] Argyris, C. , *Knowledge for Action: A Guide to Overcoming Barriers to Organizational Change* , San Francisco: Jossey-Bass, 1993.

[19] Lüscher, L. S. and Lewis, M. W. , "Organizational Change and Managerial Sensemaking: Working through Paradox", *Academy of Management Journal*, 2008, 51: 221 – 240.

[20] Ghemawat, P. , *Commitment: The Dynamics of Strategy*, New York: Free Press, 1991.

[21] Rindova, V. P. and Kotha, S. , "Continuous 'Morphing': Competing through Dynamic Capabilities, Form, and Function", *Academy of Management Journal*, 2001, 44 (6): 1263 – 1280.

［22］ Rindova, V. and Fombrun, C., "Constructing Competitive Advantage: The Role of Firm – Constituent Interactions", *Strategic Management Journal*, 1999, 20: 691 – 710.

［23］ Rerup, C. and Feldman, M. S., "Routines as a Source of Change on Organizational Schemata: The Role of Trial – and Error Learning", *Academy of Management Journal*, 2011, 54（3）: 577 – 610.

［24］ Eisenhardt, K. M. and Martin, J. A., "Dynamic Capabilities: What are They?", *Strategic Management Journal*, 2000, 21: 1105 – 1121.

［25］ Kanter, R. M., Stein, B. A. and Jick, T. D., *The Challenge of Organizational Change: How Companies Experience and Leaders Guide It*, New York: Free Press, 1992.

［26］ Eisenhardt, K. M., "Building Theory from Case Study Research", *Academy of Management Review*, 1989, 14: 532 – 550.

［27］ Pettigrew, A. M., Woodman, R. W. and Cameron, K. S., "Studying Organizational Change and Development: Challenges for Future Research", *Academy of Management Journal*, 2001, 44（4）: 697 – 713.

［28］ Eden, C. and Huxham, C., "Action Research for Management Research", *British Journal of Management*, 1996, 7: 75 – 86.

［29］ 臧志、沈超红:《管理研究者和实践者共同语言的构建》,《管理学报》2011 年第 8 期。

［30］ Floyd, S. W. and Wooldridge, B., "Middle Management's Strategic Influence and Organizational Performance", *Journal of Management Studies*, 1997, 34: 465 – 485.

［31］ Dolan, S. L., Gacia, S., "Managing by Values: Cultural Redesign for Strategic Organizational Change at Dawn of the Twenty – First Century", *Journal of Management Development*, 2002, 21（2）: 102 – 117.

第二部分

互联网时代的战略创新

第6章 "互联网是我们最大的竞争对手"

2013年张瑞敏去东京本田,参加了当地本田的研讨会,跟本田很多高管在一起,讨论现在企业最大的威胁到底来自哪里。讨论中,有人说是特斯拉,是电动车。汽车制造产业价值链发生了巨大变化,而且整个生态系统也变了。本田的另外一些高管说,特斯拉并不是对他们的最大威胁,谷歌威胁最大。因为谷歌通过云技术,改变了整个生态系统。第三组的人说,最大的威胁是以后的人们都不会再去买汽车了,他们会互相分享汽车,就是说"租",或者说大家一起共享,不会买单独的汽车。本田公司有三种不同的想法,作为企业的决策者,如果不能够看清自己的挑战到底在哪里的话,怎么能作出一个正确的决策呢?所以,对于日本汽车制造企业,竞争对手是特斯拉,或者是谷歌。

但是,张瑞敏认为都不对,他认为对于传统企业来讲,竞争对手只有一个,就是互联网。2013年8月去谷歌,张瑞敏看了无人驾驶汽车、谷歌眼镜。其实,无人驾驶汽车已经跳出了汽车的范畴,比方说丰田,在传统的技术轨道上研究这个汽车怎么做,但是无人驾驶已经不是研究汽车,研究的是交通秩序,研究的是解决堵车的问题。无人驾驶汽车上路之后,自动生成最为经济的驾驶路线、最短的路径,所以它解决的并不是汽车本身的性能问题。无人驾驶把汽车变成一个互联网的终端,这个才是最关键的,这就是互联网的思维。

海尔从家电制造商向智慧家庭方案提供者转型,首先是基于对互联网时代特征的思考,其次是转型过程中海尔也注意到跨界、协同等创新趋势,并试图与相关企业合作,构建新的商业生态。

互联网时代的市场需求

互联网时代消费者的需求在变。单纯的产品技术或者价格优势已经不足以吸引消费者，这种情况下差异化服务体验就显得尤为必要。"虚实融合"所开辟的互联网服务新模式无疑是种创新，足不出户即可满足家电购买需要的要求，对消费者来说也是一种更加新鲜、便捷的购物方式。此外，海尔核心的家电产品虽已涵盖六大品类，但近年来在激烈的市场竞争中承受的压力也越来越大，所以通过选择增值更高的下游服务领域，逐步走向服务型企业的道路。

互联网时代，用户的需求和体验是全流程的。在线上，用户要求参与和购买；在线下，用户需要实体店的体验，快捷的物流和送装一体。只有通过线上和线下的虚实融合，才能够满足多样化的用户需求。在虚实融合的模式下，传统的商业准则已经发生改变。企业需要建立起互联网思维，通过平台战略而非产品战略，强调范围经营而非规模经营，采用拉动而非推动消费的方式，实现经营灵活性而非效率的优化。所有这些内容，最终的目标都在于满足用户体验。

线上线下的虚实融合正在成为互联网时代的主导商业模式。互联网思维对于企业能力提出了全面的要求，这种能力体现在，通过线上和线下的融合不断创造用户价值。虚实融合已经体现出平台的特征，企业需要从产品设计到渠道营销，再到配送安装，全流程吸引用户参与，引领创新，满足用户个性化的体验和需求。

互联网时代用户体验的体系

互联网时代的用户需求。对于线上和线下之间关系的传统理解可能会出现一些偏差，例如，认为对于消费者是线下体验、线上购买，对于企业则是线上和线下渠道的差异化，这是一种割裂的思维。在互联网时代，用户的需求是"个性化的全流程体验"，这表现为用户参与产品设计、友好的购物界面、全流程信息可视化、快捷的配送和安装服务。在线上，用户不仅需要友好的购物界面，还需要参与产品的设计；在线下，用户不仅需要实体店良好的购物环境，还需要快捷的配送和安装服务。线上线下虚实融合的内涵已经不断得到扩张，只有全流程地给予用户最佳体验，才能满足互联网时代的用户需求。

用户参与产品设计。线上的含义变得更加宽泛，不再仅仅是渠道和购买的概念，用户在线上越来越多参与到产品设计中来。用户自己设计的产品，更加能够满足其需求。用户参与设计的产品，更容易获得用户的认同，用户购买后愿意给朋友推荐。由于采用用户口碑营销，从而降低了企业的营销投入。例如，海尔在用户参与产品设计方面也不甘落后，靓丽的水晶洗衣机、圆柱形的帝樽空调都是在网上和用户的不断互动过程中所产生的产品创新设计方案。

友好的购物界面。在线上，天猫、京东、苏宁易购、亚马逊等电商平台的用户界面已经非常友好和完善，海尔商城不断吸收这些企业的运营经验。首先，产品推荐管理。电商平台采用大数据应用，发现用户的购物偏好，并向用户推荐其可能要发生购买的产品。其次，管理用户预期。用户从网上下单那一刻开始，想在最短的时间内拥有产品。亚马逊的做法是在用户下单时，就给出预计的到货时间，使得用户有个心理预期。最后，全流程信息可视化。在网站上，持续更新产品出库、物流等订单信息，并随时通过邮件和短信的方式告知用户，保证用户全流程信息的可视化。由于信息的透明，用户了解产品的物流状态，消除了很多不必要的用户抱怨。

良好的线下体验环境。在线下，实体店需要有良好的购物环境，更多是氛围的体验而不是产品的展示。因为来到实体店的顾客，可能事前已经在网上充分了解了产品的价格和功能。例如，海尔专卖店引入了麦当劳的店面设计经验，希望实体店的设计有一种文化氛围。通过研究比对商圈店和社区店进店人数和成交率的关系，海尔发现在商圈店顾客对于轻松舒适的休息区域要求更高。在做了店面调整之后，顾客在店面逗留的时间明显加长，从而成交率也相应提高。

快捷的配送和安装服务。"最后一公里"是电商平台所面对的主要难题。现在，用户越来越多地在网上购买大件产品，例如，冰箱、电视等大家电，但物流的准时送达还是非常困难的，而且用户不但要求短时间内送达，还要求送装一次完成。通常的行业做法是，用户需要物流公司送货时在家签收一次，售后服务的安装又需要请假一天，这给用户造成了极大的不便。海尔日日顺物流通过与用户沟通和互动，推出了"24小时按约送达，超时免单，送装同步"的服务，承诺在全国任何一个地方，只要用户购买产品就都能按约定时间送达，这个产品如果送晚了，就承诺"免单"，把订购产品免费赠送给用户。送装一体表明物流不仅仅是配送问题，预约安装、售后服务全部都要在配送的时候完成，而海尔完善的营销和服务网络是完成这一承诺的主要支撑要素。

互联网时代的企业战略

互联网时代的商业思维。互联网思维强调开放性和创造性，线上线下不再单单是渠道的概念。首先，只有通过线上线下的虚实融合，才能够实现产品和服务的引领。海尔"和用户交朋友"，通过开放性的用户交互，产品和服务实现了升级和创新的目标。其次，虚实融合需要依靠平台战略得以实现。互联网企业是一种平台型思维，所有的人都可以进来。虚实融合的平台要求多元化的全品类经营，才能够吸引用户，并形成用户和企业之间的互动。海尔日日顺物流正是因为为所有的家电品牌提供深入乡镇市场的配送服务，规模和范围的优势保障了其24小时按约送达承诺的实现。最后，围绕着平台建设，企业需要完善自己的核心能力。企业只有具有互联网精神，才能够深刻理解虚和实的内涵，把虚实两方面的能力提升并融合起来，实现向互联网企业的转型，提供具有全流程灵活性的用户价值和体验。

核心能力的扩张。线上线下的虚实融合对于企业的核心能力提出了更高的要求，线上/线下企业的核心能力要逐渐向线下/线上互相延伸。很多电子商务平台首先是一个互联网企业，线上的能力可能很强，但是线下的能力是很多互联网企业所不具备的。亚马逊是一个互联网企业，在美国的物流业务依赖于 UPS、DHL 等企业。但是，随着新鲜食品配送业务的拓展，第三方物流逐渐不能满足企业的配送需要，亚马逊也在美国市场建立自己的配送团队。

线上企业和线下企业之间可能存在能力互补，它们有可能形成联盟关系，例如亚马逊和海尔日日顺。亚马逊通过收购卓越网进入中国市场，但保留了"线下"的物流团队，并在过去几年继续建了很多仓库，以求更接近消费者。反过来再看海尔，在国内市场有几万个销售和服务网点，通过协调优化可以实现大家电的配送和安装同步服务，其他企业也难以模仿。但是，海尔作为传统的制造业企业，又需要增强自己的"线上"能力。基于能力互补的企业联盟，正在成为虚实融合模式下的战略选择。

业务范围的扩张。多元化的平台服务内容，能够提升网络效应。平台企业直面用户需求，提供多元化的产品组合与服务组合，例如亚马逊、京东商城、1 号店、淘宝等电子商务平台，除了产品的销售，一些其他的服务内容也在形成。此外，虚实融合的平台还强调开放性，例如海尔的日日顺电器也在经营非海尔家电品牌产品，日日顺物流也为这些家电品牌提供深入县乡一级市场的配送服务。在亚马逊平台上，还有很多店中店经销商，在用户进行产品搜索时，如果这些商户能够提供比亚马逊自营产品更低的价格，平台信息系统也会主动显示和推荐。

用户交互拓展了传统电子商务对于"线上"这一概念的理解。一般认为，线上的概念就是指电子商务平台和用户的购买，如今线上的概念已经扩展到用户购买之前，把用户的意见吸纳到产品设计中来。通过用户交互，用户不一定主导产品的设计，但是至少企业可以通过用户交互判断消费者的需求，以及检验自己的技术方向是否正确，并通过网络效应放大既有技术的价值。

虚实融合还改变了企业的管理方式。在虚实融合的思路下，企业的研发组织流程和资源配置的方式会发生相应的改变。海尔大幅削减自己在媒体广告上的投入，采用倒逼的方法迫使员工向"交互实现引领"的战略转型，而不是依旧采用大规模制造时代铺天盖地的广告战方式进行产品推介和营销。

虚实融合模式存在的问题。虚实网融合模式在具体的操作过程中可能会遇到一些困难。第一，如何吸引更多的用户参与到虚网的互动活动中来。虽然，网络是年轻人的天下，但是像冰箱、洗衣机等家电产品是否对他们有足够的用户吸引力？小米手机和小米电视是用户交互创新的产品代表，但是年轻的互联网用户是否对于其他家电产品有浓厚的兴趣。第二，日日顺电器之前布局以二、三线乃至农村市场为主，实网的能力已经凸显，但是这类市场中的消费者对虚网络接受程度无疑更低，同时农村渠道的建设是否真能做到尽善尽美，也需要时间来检验。第三，虚实融合提供的差异化体验和用户价值是否足够具有吸引力，这种新型的服务模式价格相比传统卖场到底有没有更大的优惠，这也是消费者最为关注的。

第7章 海尔如何实施互联网战略转型

在第三次工业革命中，企业创新的内容和形式快速变化，对市场和技术变化的反应更为敏感，可以在较短时间内以低成本整合各种技术资源。党的十八届三中全会的报告指出，实施创新驱动发展战略，以全球视野谋划和推动创新，提高原始创新、集成创新和引进消化吸收再创新能力，更加注重协同创新。这正是对新工业革命背景下，科技创新发展新趋势的反映。信息交互和知识分享等互联网思维正在改变着中国的制造业。通过构建"平台型企业"，海尔一边聚集着引领企业创新的用户需求，一边连接着供应商资源和解决方案，形成创新生态系统，通过开放式资源整合，不断创造用户价值。在推进企业平台化发展的过程中，海尔的利益共同体机制、接口人机制和商业生态圈机制等构成了管理平台的核心能力。

当今，全球范围内工业领域正在经历的第三次革命，以大数据、智能制造和移动互联为基础的新技术范式正在改变企业的生产方式和创新模式。第三次工业革命促使产业组织方式网络化、虚拟化。借助于发达的信息、通信手段以及全球化网络平台，企业创新的内容和形式快速变化，对市场和技术变化的反应更为敏感，可以在较短时间内以低成本整合各种技术资源，创新具有很强的灵活性与开放性（中国社会科学院工业经济研究所课题组，2012）。面对创新的开放性、平台化特征，中国制造业企业如何理解互联网思维？如何利用互联网工具带动企业的转型和升级？如何推动企业平台化发展？如何整合资源进行创新？

海尔日日顺物流推出的"最后一公里"服务模式能够为中国制造业企业转型带来一些经验启示。日日顺是海尔电器旗下的渠道品牌，日日顺"最后一公里"战略瞄准大件家电物流的"送装分离"现状，以

"差异化用户体验"为核心，形成了营销网、物流网、服务网和虚网为主的四网融合业务模式。海尔日日顺携"四网融合"的核心能力，不仅覆盖第三方电器零售，还以"渠道综合服务"之名，目标直指开放平台，以创新思路脱颖而出。

经营思维："触网"

互联网时代的企业战略

"没有成功的企业，只有时代的企业。"在互联网时代，海尔正在用开放交互实现企业无边界、员工人人创业创新实现企业无领导、以用户需求为中心作为供应链的尺度等形式，思考互联网对制造业发展带来的影响。

互联网时代，用户的需求和体验是全流程的。在线上，用户要求参与和购买；在线下，用户需要实体店的体验、快捷的物流和送装一体。只有通过线上和线下的虚实融合，才能够满足多样化的用户需求。在虚实融合的模式下，传统的商业准则已经发生改变。企业需要建立起互联网思维，最终的目标都在于满足用户体验。现在，海尔正在采用互联网思维改造传统创新管理模式。通过构建"平台型企业"，海尔一边聚集着引领企业创新的用户需求，一边连接着供应商资源和解决方案，形成商业生态系统，通过开放资源整合，不断创造用户价值。

"最后一公里"利共体

互联网尤其移动互联已经深刻影响人们的生活，企业需要充分考虑这个时代用户的习惯与偏好。"最后一公里"利共体是海尔日日顺物流的业务单元，消费者在电子商务平台购买大件家电时，"最后一公里"服务问题尤为突出，如送不到、送得慢、多次上门、不入户等。海尔物流认为，如果突破最难的"最后一公里"，不仅可以凭借优质的产品和服务引领市场，更重要的是抢占到新的战略制高点。"最后一公里"利共体的概念清晰地定义出互联网时代海尔物流战略的导向，就是抓"最后一公里"这一电商物流难题，攻破难度最大的大件产品物流配送。为此，"最后一公里"利共体提供 24 小时按约送达、送装一体的物流服务。

业务扩张：服务化

海尔正在从一家传统制造企业转变为服务型企业。除了家电产品制造业务，海尔还建立了营销网、服务网、物流网，再加上海尔商城等"虚网"渠道，海尔提供"虚实融合的用户全流程体验"。在互联网时代，海尔认为用户的需求是"差异化的全流程体验"，这表现在整个产品生命周期中，即用户参与产品设计、友好的购物界面、全流程信息可视化、快捷的配送和安装服务。

四网体系

海尔不再是单纯的制造业企业，依托四网——虚网、营销网、物流网、服务网，构筑虚实融合的全流程用户体验驱动的竞争优势。

"虚网"指海尔为用户搭建了日日顺交互平台、海尔商城等互联网平台。通过互联网平台与用户交互，获取并满足用户需求。"营销网"指海尔在全国建立的线下专卖店和体验店，做到了"销售到村，送货到门，服务到户"。"物流网"指海尔为用户提供"最后一公里"差异化解决方案，提供 24 小时按约送达、送装一体。"服务网"为用户提供持续贴心关怀解决方案。

虚实融合

线上线下的虚实融合正在成为互联网时代的主导商业模式。互联网思维对于企业能力提出了全面的要求，这种能力体现在，通过线上和线下的融合不断创造用户价值。虚实融合已经体现出平台的特征，企业需要从产品设计到渠道营销，再到配送安装，全流程吸引用户参与，引领创新，满足用户个性化的体验和需求。

海尔所搭建的虚实融合平台，主要有交互、交易、交付三大功能。交互是指企业与用户之间的互动，用户参与产品的设计和更新、参与服务内容的设计；交易是指电子商务平台和支付完成的方式；交付是指物流送达所体现出的"最后一公里"服务。三大功能缺一不可，共同发挥强大的网络效应，提供差异化的平台服务，并以较高的转换成本"黏住"用户。

用户体验：差异化

海尔"最后一公里"利共体最终将战略定位于大件物流，致力于通过提供差异化的用户体验，打造大件物流第一品牌。"最后一公里"物流利共体在满足海尔内部物流需要的基础上，社会化物流业务比重也在逐步攀升。

精准物流

差异化的用户体验主要体现在日日顺物流的战略定位上。日日顺物流的用户体验瞄准大件物流，实施 24 小时限时到达，送装同步。大件物流配送需要建立完全独立的物流体系，在全流程的各个环节明显与小件物品的快递业务不同。与物流行业的传统快递和配送服务不同，"最后一公里"利共体在大件物流业务上的深度，已经下沉到乡镇市场层面。

"最后一公里"利共体保证物流信息"全流程可视化"。海尔从成立日日顺之初就投入巨大资金引进物流信息系统，以不断提高物流管理的信息化程度，同时制定和执行严格的物流信息化操作流程，将小件快递的"全程可视化"移植到大件产品上，为用户提供了差异化的物流信息化体验和预期管理。

范围和深度

电子商务平台强调开放性，提供多元化的产品组合与服务组合。多元化的平台服务内容，能够提升网络效应。例如，海尔日日顺物流也为非海尔家电品牌提供深入覆盖全国 2500 多个县乡一级市场的配送服务。虚实融合的平台要求多元化的全品类经营，才能够吸引用户，并形成用户和企业之间的互动。海尔日日顺物流正是因为为所有的家电品牌提供深入乡镇市场的配送服务，规模和范围的优势保障了其 24 小时按约送达承诺的实现。

组织保障："生态圈"

从组织结构来看，海尔正在成为一个无组织边界的聚散资源平台。在平台上，以利益共同体为创新单位，衍生出共创共享的商业生态圈。

利益共同体

海尔的自主经营体为大家所熟知。利益共同体（简称利共体）则是由多个自主经营体组成的项目经营体或者创业型组织。围绕用户需求，利益共同体容纳了研发、产品设计、销售、服务等所有的利益相关者，保证用户参与设计、渠道购买、物流送货、售后服务等全流程的用户体验。由此，避免了面对用户需求时各个业务环节之间的脱节、推诿或者沟通不及时等状况发生。

例如，"最后一公里"利共体就是一个虚拟团队，成员来自海尔的营销、销售、服务、供应链等多个业务部门，它们"因单聚散"，独立核算，共同面对市场风险，同时也享有很大的自主权和分享权。

接口人机制

每个利共体都有"接口人"，接口人的任务是通过"内建机制，外接资源"建立用户交互和产品引领的开放生态圈。开放的生态圈有两个评价标准，一是外部资源的无障碍进入，二是所有相关方实现利益最大化。每个利共体都可以根据引领目标吸引外部资源，而不是通过企业层面的跨组织边界结构，例如仅通过企业研发部门来接入创新资源。

接口人机制类似在两个不同企业之间建立起"集体桥"而不是"独木桥"，通过这个分散的跨单元结构，每个人都可以面对市场，每个人都可以发挥自己的价值，每个人都可以拥有自主权。"接口人"连接着供应商资源，这种连接由两个企业中成员广泛而直接的跨边界联系构成，实现了跨单元专业知识最短的联系距离，减少知识的损耗、失真和延迟。接口人的激励优势在于参与者被授权并拥有自主性，以及社会关系和信任的建立。

商业生态圈

在互联网时代要建立平台生态圈。海尔的网络化就是组织结构的扁平化、网络化，它把企业各部门之间的关系变成协同的关系，把与供应商之间的关系变成合作关系，把用户体验纳入产品全流程，形成以利益共同体为基本单位的平台生态圈。所谓生态圈，就是组织不是固定的，人员也不是固定的，资源也不是固定的，根据用户需求和创新需要随时改变。海尔认为没有建造生态圈的利共体都不应该存在。

管理平台和生态圈的能力成为企业的核心能力。平台的吸引力在于动态调动创新资源，保证全流程的用户体验。

互联网时代的海尔

总的来说，家电制造商整合三、四级市场渠道的困难有二：渠道能力不足，缺乏模式创新。海尔日日顺的创业和创新，充分体现了互联网时代企业资源整合、供应链管理、服务创新、信息（数据）应用四个能力的形成和提升。本着搭建平台与开放的创业思维，日日顺从无到有，从渠道到物流，从家电到家居逐渐形成了目前用户交互引领渠道创新的发展模式。日日顺整合虚网、营销网、物流网、服务网四网优势，通过虚实融合战略，打造物流服务商业生态圈，为用户提供全流程一体化的解决方案。

日日顺物流生态圈是一个独立的平台和体系。"最后一公里"服务体现了日日顺物流在渠道方面的深度，行业当中缺少提供类似服务的物流公司。藉此优势，海尔"最后一公里"利共体以开放的心态承接社会化业务，不断说服其他品牌接受日日顺物流服务模式，由海尔提供物流服务，拓展了海尔竞争优势的基础，保证了日日顺物流社会化平台的建设。

日日顺物流生态圈的核心优势在于海尔这个大平台。通过对细分市场的挖掘，"最后一公里"利共体打破了原有的家电物流渠道的生态结构，构建了独立的服务体系和生态圈。在日日顺物流生态圈中，各种外部资源被动态地接入进来，形成了有效的服务平台和体系。在用户资源方面，全国范围乡镇市场的销售商都被吸引和纳入到生态圈中。

日日顺物流创造出新的利润空间。通过发挥海尔配送和营销网络优势，建设日日顺物流的内部能力，"最后一公里"利共体突破行业的能力瓶颈，将物流渠道下沉到乡镇一级的市场。实施"直配到镇"，海尔避免了在产品市场的竞争烈度，把握和创造出乡镇级物流市场的利润空间。

所以，从企业创新的角度看，面对创新的开放性、平台化特征，中国制造业企业如何理解新工业革命下的互联网思维？如何利用互联网工具带动企业的转型和升级？从政策制定的角度看，如何构建"创新生态系统"并促进持续运行？如何加强网络效应并促进协同创新的产生？如何理解需求面政策对于创新的拉动？海尔的创新管理模式能够为中国制造业企业转型和创新带来一些经验启示。

思维："触网"

信息交互和知识分享等互联网思维正在改变着中国的制造业。现在，海尔正在采用互联网思维改造传统创新管理模式。通过构建"平台型企业"，海尔一边聚集着引领企业创新的用户需求，一边连接着供应商资源和解决方案，形成创新生态系统，通过开放式资源整合，不断创造用户价值。在推进企业平台化发展过程中，海尔员工实现自主创业和创新的价值，从传统科层制下的执行者变成平台上的自驱动创新者，创新支撑并非局限于海尔内部，而是由围绕平台形成的创新生态圈提供。简而言之，互联网时代的制造业企业转型就是企业平台化、员工创客化、用户个性化。

业务：服务化

海尔正在从一家传统制造企业转变为服务型企业。除了家电产品制造业务，海尔还建立了营销网、服务网、物流网，再加上海尔商城等"虚网"渠道，海尔提供"虚实融合的用户全流程体验"。虚实融合正在成为互联网时代的主导商业模式。互联网思维对于企业能力提出了全面的要求，这种能力体现在，通过线上和线下的融合不断创造用户价值。

创新：平台化

"用户零距离，企业网络化"是海尔对于互联网思维的理解，并积极推动企业平台化发展。现在，通过与 6 – Sigma 等企业合作，海尔正在搭建"全球研发资源整合平台"，整合了 10 万个全球高校、知名专家、科研机构，涉及电子、生物、动力、信息等诸多领域，海尔只需要将自己的研发需求放到这个平台上，就可以坐等科研资源找上门，提供相应的解决方案。海尔搭建的"全球研发资源整合平台"，不但整合了诸多领域的技术资源，还可以快速配置资源。利用平台形式，海尔正在把员工、用户、供应商之间的关系变成合作共赢的商业生态圈，共同创造市场价值。采用专利授权或者委托研发的模式，海尔与全球的科研机构结成了一个"利益共同体"。海尔正在整合全球资源实施创新，正如张瑞敏所说，"世界就是我的研发部，世界就是我的人力资源部"。

资源：社会化

海尔正在把企业变成一个开放的体系，全方位引进最优秀的资源。为了实现平台化发展，海尔把研发变成一个开放的平台，完全发挥平台的网络效应。随着创新和研发资源的社会化，全球资源都可以整合到企业的创新体系中。海尔创新模式的特征是"发现用户需求，并快速满足"。例如，天樽空调的缘起是用户抱怨"空调出风太凉"，很多用户习惯在空调旁边开着电风扇，以使空调凉风和室内空气尽快中和。为此，才有了天樽空调"环形出风口"设计。"快速满足"是整合资源的终点。科研机构有更好的制冷技术，但是无用户需求。海尔把用户需求放在资源整合平台上面，采用开放式创新和集成创新的思维，吸引全球技术资源满足用户需求。天樽空调的空气射流技术是与中科院合作的成果，智能调温技术则联合中国标准化研究院共同推出。

促进创新生态系统的形成

从海尔的创新经验来看，应该以更广阔的视野研究创新，形成创新生态系统。培育友好的"创新生态系统"，即培育创新的环境，创造创新的机会，尊重和激励创新，引致创新行为不断涌现，相关各方共生演进。强化企业主体地位，增强我国企业创新过程中网络连接的可能性，构建创新生态系统，推动协同创新，并加强彼此之间的互动，利用网络效应，加强协同创新。

平台的网络效应能够有效促进创新发生。很多好的创新技术、解决方案摆在那里，却无法实现商业化。同时，一些企业实施自主创新、埋头搞研发，却不知自己三五年都解决不了的问题，别人那里却早已有了解决方案。平台型创新支撑体系的优势在于，通过用户交互能够找准用户需求，通过整合资源能够找准满足用户需求的技术方案。采用平台的形式，协调建立能够实现战略、科技、商业模式等创新的综合平台，加速促进重大、突破性创新的产生。

第8章 海尔"商业生态圈"的治理

围绕海尔的生态圈已经形成，并表现出新颖和不断优化的特征。商业生态系统是多主体、多方位的交错和联结，只有完善商业生态圈的关系治理才能够形成平台竞争力。生态圈里不应是"刀光剑影"，和谐的生态圈需要处理好不同主体间的互补、平衡和支配三种关系。海尔一头接口用户，一头接口资源，只有依靠"三预"机制才能够把用户与资源连接起来，才能够不断产生高单，平台的能力才不会丧失，生态圈才会发展。

新颖并优化的生态圈

在海尔为用户创造价值的过程中，越来越多的主体参加进来，形成了商业生态圈。通过完善商业生态圈的构建，海尔正在完成从企业自身创造价值到商业生态系统创造价值的转变。

从企业内部来看，海尔正在完成从科层组织到网状组织的变化。虽然名义上还存在大、中、小网主，但组织中的信息传递过程已经网络化、平面化。通过平台型企业建设，海尔要把大公司变小，小公司变成"小微"。以销售网为例，首先形成区域小微，逐步弱化与海尔的雇佣关系。小微依附于海尔平台，而平台的价值在于提供互补性的资源，例如物流和服务。

从企业外部来看，平台型企业是以利益共同体为创新单元的动态组织。外部的利益方也要进入"利共体"，与平台共同创造价值。以供应商为例，在平台上，供应商和用户需求实现直接对接。过去要求质优价廉的供应零部件，现在则需要提出更好的解决方案，为平台带来更多的创新和盈利。

从维护机制来看，海尔商业生态圈主要依靠用户考核倒逼改进。平台允许利共体"欲望无止境"，但关键还是用户订单。在生态圈里，用户最大！无论"最后一公里"利共体，还是水晶团队，都需要实现引领，创造用户价值，并形成从用户需求开始到用户评价结束的闭环优化过程。

所以，商业生态圈是一个隐形的网络——由供应商、渠道、用户、合作伙伴，以及行业内其他的相关组织组成，它决定了企业的命运，是繁荣，还是衰落。所有的成功企业都是利用了它们的"关键优势"，有效完成生态圈关系的治理，通过整个商业网络的共同创新（Co‑Creation）来获得竞争力。

生态圈中的关系治理

只有完善商业生态圈的关系治理才能够形成平台竞争力。这是因为，在商业生态圈中，企业创新往往不是单个企业可以完成的，而是要通过它与伙伴企业的互补性协作，才能打造出一个真正为顾客创造价值的产品或服务。

商业生态系统是多主体、多方位的交错和联结，各主体之间的关系也呈现出新的形式。需要思考的是，在海尔商业生态圈中，各个主体之间的关系如何治理？对于"小微"或利共体，如何理解一体化与市场化之间的互补关系？对于合作创新，如何决定开放与封闭之间的平衡关系？对于治理机制，如何处理信任和权力之间的支配关系？

生态圈里不应是"刀光剑影"，和谐的生态圈需要处理好不同主体间的互补、平衡和支配三种关系。在构架商业生态圈的过程中，应该侧重系统思考，抓住主要矛盾，并做好预案。

海尔与"小微"：市场化还是一体化？

义乌小商品市场的管理者想把市场中的 7 万个商户当成自己的员

工，与此不同的是，海尔希望把自己的 8 万名员工变成若干个独立经营的"小微"。到底是一体化，还是要市场化，是在商业生态圈中需首要明确的关系。

理想的状况是，小微由不同的利益相关者构成，一个个小微在海尔平台上独立运营。所以，在未来海尔和小微之间会形成一种"松散联盟"的关系，这种关系介于市场化和层级组织形式之间，既能在科层管理成本没有显著增加的情况下，提供较科层组织更高强度的激励机制，又比市场组织形式具有更高的适应性。

小微以较低的协调成本实现了组织适应性。在生态圈中，平台与主体间的关系不一定非此即彼，而是呈现出多样化，以河南郑州社区店小微为例，既有完全的 OTO 委托运营管理模式，又有独立的标准运营模式，在价值分享和利益纽带的连接下，实现了海尔"人单合一"管理模式向市场端的延伸。海尔不仅是经销商的管理者，还是经销商的资源超市。海尔塑造了平台和小微（如各利共体、社区店等）之间的联盟关系、共赢关系，通过节点网络降低组织成本，保持协调和适应的能力。值得注意的是，小微的组织形式可能面临利益分配风险，节点的价值贡献变得难以确定和衡量，因为每个参与者都会追求自身利益的最大化。

创新合作：生态圈的开放和封闭

生态圈的理念改变了企业经营和创新的模式。企业领导者不但要关注企业自身的经营活动，还要体察整个商业生态系统的发展变化，不断调整企业的发展方向。企业应该学会通过构建和管理创新的生态系统，来实践更适应环境的"开放式的创新"。

继续保持封闭式创新肯定行不通。封闭式创新会遭遇一个致命的危险，就是企业受到既有思维的限制，丧失了对整个外部生态环境的敏感，造出一些"低单"和零超利产品。所幸的是，海尔在帝樽空调的开发过程中已经展现出开放性，也许在封闭的条件下，帝樽的设计只会是更加流线的方形，而不会是用户选择的圆柱形。但是，生态圈或者平台到底应该有多开放？如何在开放的条件下保持差异化和多样性？在实现多样化的同时，如何聚焦于企业的核心竞争力？"李华刚之问"把所有的海尔人推到了悬崖边缘，开放难道就是要推倒重新来过吗？

生态圈需要明确开放和差异化的界限。其实在保持开放的条件下，可以有多样化平台并存，各自选择差异化的市场定位获取竞争优势。例如美乐乐就是海尔平台从家电向家居市场的延伸，"最后一公里"战略定位于大件物流的差异化体验。当生态圈的差异化扩张，已经远离了原有的核心能力时，就会丧失市场优势地位，例如美乐乐广场可能会面对平台包络竞争（Platform Envelopment）的风险。简而言之，就是从行业的角度理解，谁的平台更加具有吸引力？到底家居整合家电，还是家电整合家居的模式更加有效？对于美乐乐模式而言是必须首要回答的问题。

生态圈的驱动机制：信任和权力

信任与权力在维系生态圈内部的关系上同等重要。所以，除了用户考核的倒逼机制，平台还需要思考由其规模属性决定的基于信任和权力的支配关系。

在生态圈的关系治理中，信任与权力共同发挥作用。企业之间的信任度高，每个参与者都会考虑其他伙伴的利益，考虑自己的行为可能对其他企业造成的影响。但是，作为具有规模的平台企业，在通过信任协调与其他企业间关系的同时，也依赖于其在行业内的领导地位带来的权力。在生态圈中，如果平台企业的规模超越了其他所有相关主体的总和，与合作者的地位相去甚远，其权力在其中的作用不容忽视。

占据支配地位的力量最终指导企业的行为。生态圈中，平台和参与者之间的信任程度不同，从自然的信任到刻意的信任，从操纵的信任到强加的信任。在这些信任关系中，生态圈中共享的机制还存在。真实的信任使得供应商能够获利，例如，商业生态圈要求供应商能够直面用户需求，参与创新，这是在一定程度上权力向供应商转移的结果。但有时占据支配地位的平台企业可以将信任强加给不同的对象，其他参与方也明确这一点，但仍旧按照支配方的意愿行事。例如，要求供应商的就近布局，呈现出信任和一定权力的混合使用，既存在一定程度的权力的使用，还存在一定程度的真实的信任。

生态圈中的平台企业权力与信任的平衡使用最终会带来双赢的结

果。是否平衡取决于自愿加入生态圈的供应商数量。供应商是平台的又一主要角色，但供应商的能力并不是排他的，在"竞标定配额"的方案下，绝大多数企业都可以轻易获得。那么，企业如何通过非排他的供应商能力获取竞争优势、改进绩效呢？海尔应该聚焦在更强的用户生态圈和供应商生态圈的运作能力上，以增强自身的"吸引力"，不断产生高单。

未来：用"三预"机制连接用户和资源

在生态圈中，领导地位既是一项恩惠也是一项诅咒。领导企业必须为未来做准备，即使它们现在的业务非常成功。商业生态系统中的所有企业以共同创造用户价值为纽带，通过整合生态系统的资源使各成员企业发挥其创新能力和作用，并获得所期望的创新价值回报，满足各成员的发展要求，实现经营活动的良性循环。

把用户与资源连接起来，平台的能力才不会丧失，生态圈才会发展。从目前来看，人单酬索引、价值分享仍然是制约生态系统健康发展的主要因素。只有做好"三预"机制，才能够实现生态圈内部的价值分享与协同。依靠"三预"，海尔使得生态圈中所有企业之间的联系更加公平和紧密。海尔把小微变成生态圈中的独立参与者，又通过利共体的方式把渠道和供应商整合进生态圈。这样，通过内与外的结合，增加信任，减少权力的转移和支配，保持利益共同之下的信任和权力平衡，共同实现价值创造。

第9章 "人单合一"是新的管理意象

变革经常面对着组织惰性带来的无奈。张瑞敏形象地说，"我说'向左转'，很多员工只是头向左看了一下，身子还朝前走"。企业变革需要新的管理意象，形成挂在每个员工前方的"胡萝卜"，引导各个员工脱离原来的路径依赖。

变革已经成为企业经营的常态，变革的目的在于形成新的"意象"。在网络化战略阶段，海尔提出"人单合一"双赢模式推动企业的战略变革过程。作为一种新的管理意象，"人单合一"双赢模式引导企业资源的配置和平衡，促进员工角色的快速转换和定位。以海尔集团为案例研究对象，本章认为变革过程要求形成新的管理意象，统一、明确的管理意象，能够引导变革的实施，规范员工的行为和努力方向，从而提升变革实施的效率。

海尔提出了"人单合一"双赢管理模式，一时间外界褒贬不一，赞扬者说这是"中国式管理"的创新，贬低者说这是毫无创新的"承包制"。对于这两种观点，海尔的内心恐怕都不敢苟同。因为作为一种新的"管理意象"，"人单合一"双赢模式在海尔内部的意义和内涵正在变化中丰富和发展，外界对于其理解的误差也是理所当然。

管理意象的引领

管理意象能够激发和塑造变革行动。所谓意象（Schema），简单地说，一幅以词语表现的"画"。在管理学研究中，管理意象更多是与价值观、解释框架、心智模型这些词汇联系在一起。

海尔希望"人单合一"成为企业变革过程中的管理意象。管理意象是一组共享的假设、价值观、参考框架,其能够赋予员工日常行为意义,并指导组织成员的思考和行动。所以,意象就好像一个信息漏斗,指导员工的行为,使得员工能够在复杂和迷惑的情况下游刃有余地工作和决策。所以说,管理意象体现了隐喻在传播交流中的作用。通过恰当的意象隐喻方法,可以把要表达的已具备真正意义的事物联系在一起,直接触及人的心灵,揭示出该含义的真谛。尤其是在描述一个创新的观念或一个有创造力的想法时,意象隐喻能表达用理性的抽象的语言无法表达的想法,例如法约尔的"桥"、沙因的"文化洋葱"等。

为什么有"人单合一"

领导者的管理思维也在影响着企业的发展。结合自己个人求学的经历,到对日德管理模式的吸纳,再到对德鲁克"创造用户"哲学的膜拜,在不断吸收先进管理经验的同时,加上自己对于人性的深刻理解,张瑞敏提出了自己的管理思想——企业即人,管理即借力。人即是员工和用户,借力即是机制。正是基于对人的价值的尊重,才有了海尔的"人单合一"双赢模式。

另外,海尔需要准确把握时代的节奏。海尔处于竞争激烈的消费类电子产品市场,企业成长过程可以说就是一个经常性变革的过程,因为海尔看到太多"巨人倒下,身体尚温"的故事。海尔的五个战略阶段正是体现了这种频率性的变革,从最早的班组制到现在的自主经营体也体现了组织对于战略的跟随。适者生存,企业要想生生不息,必须建立正确的管理模式和机制,才能保证适合创新和创业的土壤。机会公平、利益和风险的均衡成为"人单合一"双赢模式的核心,"每个人都是自己的CEO"。"人单合一"的本质是员工有权根据市场变化自主决策,员工有权根据为用户创造的价值自己决定收入。

什么是"人单合一"

"人单合一"是海尔变革管理的意象。海尔认为，在互联网时代企业生存和发展的权利不取决于企业本身，而取决于用户。企业要完成由制造到服务的转型，员工必须转型，从听命于上级，转向听命于用户。为此，海尔必须改变传统的经营模式，搭建一个能够将用户需求、员工价值自我实现和企业发展有效融合的崭新管理模式，即"人单合一"双赢管理。

海尔的"人单合一"双赢管理中的"人"指的是认同海尔理念的所有人，"单"不是指狭隘的订单，而是指市场用户需求。"人单合一"双赢管理将员工与市场及用户紧密联系在一起，使得员工在为用户创造价值中实现自身价值，从而建立起一套原创性的由市场需求驱动的全员自主经营、自主激励的经营管理模式。

围绕"需求"进行创新

在移动互联时代，用户的消费习惯和内容已经大幅改变。互联网正在改变着人们的生活，用户有了更多的话语权和选择权。互联网时代，各种创新层出不穷，哪个创新才能够变成真正盈利的产品和服务呢？看不懂用户的喜好是每个传统企业的最大担忧。因为，无论全新模式、创意经济，还是用户大数据分析，最根本的问题是到底用户在未来的经济模式中扮演何种角色，企业如何向用户学习，并吸引用户形成围绕企业的用户圈和社区，以及如何进行"用户管理"，这些问题都需要管理者进行深入的思考。

移动互联浪潮下，传统企业缺的不是工具，而是互联网思维。传统企业内部对创新总是存在犹豫，理由是原来的流程已经很好，为什么还要改变？企业在工业化时代做得太好、管理得太好，以至于不能够理解什么是移动浪潮。面对"社区""粉丝"等，已经不能继续采用工业化时代的思维，简单把用户归结为"消费者"。在移动互联时代，对于每个有竞争力的企业、每个人，必须保持学习，能够利用其他知识并将之活学活用于互联网。

从"倒三角"到网络化

海尔正在通过"倒逼机制"形成新的组织惯例。对于企业内部资源，海尔通过"倒逼机制"保证组织资源服务于战略变革目标要求。海尔设计了"全流程倒逼机制"来保障经营体目标的实现。倒逼机制是指经营体一线员工根据用户需求"倒逼"企业内部全流程的人员来提供资源支持。

海尔建立了倒三角的组织结构，因为变革必须打破中层阻碍，建立"网络化"组织。网络化是创新型组织结构的最大特点，大企业与小企业在网络中的合作能够对不断变化的市场需求和优化资源配置做出快速反应，能很好地对付不确定性和技术创新风险。在产业组织方面，用户个性化的需求正在对传统大规模制造模式形成"倒逼"。企业必须为此积极做出调整，在组织结构方面，海尔从倒三角演变到网络化组织；在营销方面，海尔停止传统纸媒单向营销广告的投放，转向即时优化的交互。因为，海尔的战略是通过交互实现产品引领，只有停止传统广告的投放，才能"倒逼"员工积极采用用户交互的方式发现用户需求，并进行产品和服务创新。

多层次的平台和生态圈

通过构建平台型企业，海尔一边聚集着引领企业创新的用户需求，一边连接着供应商资源和解决方案，形成创新生态系统，通过开放式资源整合，不断创造用户价值。在推进企业平台化发展过程中，海尔员工实现自主创业和创新的价值，从传统科层制下的执行者变成平台上的自驱动创新者，创新支撑并非局限于海尔内部，而是由围绕平台形成的创新生态圈提供。

企业要变为平台，聚合用户需求和满足它的资源；员工以"自主经营体"为单位，实现"人单合一"；员工与平台之间的互动关系是"按单聚散"，围绕"单"（用户）不仅形成内部的自主经营体，还要整合外部资源，形成"利益共同体"。另外，平台是多层次的。海尔集团是平台，青岛海尔和海尔电器各自是产品创新平台、虚实融合平台，乃至一个产品、一项服务都能构成平台。

变革的哲学

变革是所有企业管理的中心主题。在变革过程中，通过建立管理意象可以引导变革的实施，其基本假设是，通过认知层面的干预，组织意象可以被改变。本文主要从管理意象建构的角度介绍了海尔"人单合一"双赢模式的主要内容、形式和机制，可以得到以下几个结论。

首先，变革过程要求形成新的管理意象，统一、明确的管理意象，能够引导变革的实施，规范员工的行为和努力方向，从而提升变革实施的效率。其次，变革必须改变组织惯例，以形成新的组织能力，而组织惯例的改变能够"倒逼"变革的执行和实施。最后，战略变革还需要机制的保障。周例会、利益共同体、接口人机制等都是机制构建的内容。尤其海尔集团周例会是一种典型的意义构建方式，通过周例会海尔试图开发一种意义框架，以正确理解正在进行战略变革的本质。

海尔"人单合一"双赢管理模式体现了企业的管理哲学，体现了海尔对于互联网时代变革节奏的把握、对于人力资本价值的尊重和对于用户创新的理解。用"人单合一"来概括海尔的管理模式，并不全面涵盖，也并不完全准确。海尔的管理体系从最初的日本管理思想开始，到"日清日高"，再到"市场链"，再到现在的"人单合一"，是一个历史积累的过程，体现了企业对于时代节奏的把握。只有通过管理模式的探索，才能不断进行创新创业，才能引领海尔的持续变革。

第三部分

平台战略创新

第 10 章　双边市场和平台企业

　　现有与平台相关的研究可以分为两类，即双边市场平台研究和产业创新平台研究。基于经济学视角的双边市场平台研究主要关注网络效应的产生、双边市场的治理等问题，例如平台的定价和平台市场的进入等研究问题。关于产业创新平台研究，管理学者们则从创新的角度做了一些研究，例如在产业平台中，系统的成员可以利用公共技术平台、工具平台或服务平台提升自身的创新绩效水平。采用战略管理相关理论理解平台型企业的成长和竞争，有助于拓展平台战略研究的理论基础，能够让更多管理实践者理解平台战略的含义。

　　新工业革命正在改变企业的生产方式和创新模式，平台正在成为一种普遍的市场形式或行业组织形式，拥有一个成功的平台也成为企业获得竞争优势的主要手段。平台具有极大的经济重要性，是具备范式特征的价值创造资产。因此，平台市场和平台战略对于战略管理学者而言应该是非常重要的研究内容。现有平台市场和平台战略的研究主要采用经济学研究视角和分析方法来定义平台市场和竞争。从战略管理理论来研究平台市场，则需要明确如何构建和治理平台市场，如何评价平台市场的层次和规模，如何获得和构建管理平台市场的能力，如何通过平台战略实施开放式创新等问题。

　　针对这些问题，海尔给出了三方面的答案。第一，揭示在推动企业平台化发展的过程中，如何促进企业竞争力的提升，以降低创新的不确定性；第二，在充分理解网络效应和双边市场的基础上，通过平台管理机制的构建，提升企业管理平台的能力，并确保企业在创新生态系统中的有利位置；第三，构建和利用平台创新体系实施开放式创新。

双边市场

　　双边市场理论是近年来西方产业组织理论领域兴起的一个新课题，其主要研究联结两个相互之间具有网络外部性的消费者群体的中介平台，以及双边市场中消费者的经济行为。双边市场在我国的研究正处于起步阶段，该市场形态主要分布在软件操作系统、移动通信数据业务等新经济部门，因此，对于双边市场治理的研究具有重要的理论和实践意义。

　　双边市场理论源起于网络经济学，随着电子商务的不断兴起，双边市场理论引起学术界的广泛关注。双边市场里联结不同用户群的产品和服务被称为"平台"，这些平台都是把两个不同的用户群体联系起来，形成一个完整的网络，并建立了有助于促进双方交易的基础架构和规则。但是，平台的形式非常多样化，平台市场已经构成了全球经济中份额较大、增长较快的部分。

　　双边市场的相关研究主要采取经济学的研究视角和分析方法来定义平台市场，以及解释现有平台的竞争优势及其为什么难以替代。平台市场研究的兴起主要受到微软公司的反垄断案例的启发，一些产业组织经济学者开始研究商业领域的各种平台现象。平台市场的经济学含义主要表现在基于网络效应的规模经济，网络效应则包括同边效应和跨边效应。平台的构建需要分析平台市场中的网络效应、平台提供者的收益分析、范围经济等内容，决定如何采用绑定、价格歧视等策略实现平台市场的进入。与传统的产业组织形式不同，平台市场通常是双边市场，因此平台的提供者必须协调用户和供应商之间的关系。已经有大量行业的平台形式通过多边行为契约的治理来实现有效组织。

　　总之，双边市场平台的研究主要集中在网络效应研究、双边市场治理研究两个方面。网络效应强调网络规模的重要性，表现在双边用户数量巨大且相对稳定（网络效应特征）、双边需求的相互依赖性与互补性、交叉网络外部性（跨边效应特征）等方面；双边市场治理研究主要涉及平台市场的价格结构、平台市场的进入、平台市场的包围策略等内容。平台的构建必须考虑行业的特点，形成双边网络，并进行合理的定价。为了克服进入壁垒，功能创新和平台质量是平台进入战略成功实施的必要条件。此外，平台包围也是一种有效的平台市场进入路径和策略。

从现有研究来看，平台双边市场的研究还有浓厚的经济学色彩。无论双边市场的定价、平台进入还是包围策略，都是经济学视角下双边市场治理的研究内容。双边市场的理论研究还没有落实到企业层面，缺少与产业经济理论相衔接的微观结论，未能从企业管理的角度给出解释。如果从战略管理研究视角理解，双边市场的治理体现了管理平台市场的能力，而这种能力可以成为企业核心竞争力。具体到企业微观层面，在构建平台型企业的过程中，如何通过机制设计来构建平台管理能力，并形成良好的平台治理机制是管理者关心的重点之一。

产品平台创新

在平台战略相关研究中，技术管理领域的产品平台创新研究也是非常重要的内容。平台的研究最早可以追溯到福特公司研究汽车平台并应用平台战略开发一系列车型，随后 IBM 计算机公司的开放式结构设计又把产品平台引入 IT 产业。这些企业取得的成功，使得产品平台的概念深入人心，平台领导者一般是产品制造者或者软件商，通过建立模块化结构和开放系统，其他厂商才能依托核心企业的平台开发不同产品。平台的概念被应用于不同的情境，例如产品平台、产业平台和多边市场平台。产业平台和多边市场平台的主要区别是，产业平台能够促进创新，而多边市场平台，尤其那些单纯的交易或贸易平台，仅仅能够促进交易的便利性。

模块化创新是产品创新平台的主要方式。产品平台具有三个特征，即模块化结构、界面（模块相互作用和交流的接口）、标准（模块遵循的设计原则）。平台首先从企业内部产品平台演变为供应链平台、产业平台和多边市场平台。总之，平台的发展具有动态性，随着产品互补性、功能多样性及兼容互通性不断增强，平台也在不断演化和升级。

整体而言，多数现有产品平台研究都将平台应用局限在企业内部，而产品平台在企业外部产生开放式创新的影响力早已经改变了技术创新格局，并带来了一系列技术平台商业化问题的研究和探讨。所以，平台战略应该作为企业层面的成长和竞争战略，而不是简单的产品开发平台的概念，平台市场的研究情境也应该从 IT 相关领域向其他行业进行拓展。尤其当平台构建完成后，平台创新将在商业生态系统中实现。创新的资源开放化、社会化，企业必须重视与之兼容互补的技术开发活动，通过协同整合相关技术，形成协同互补、共存共生、共同进化的技术创新体系，使得企业之间的竞争升级为各个企业赖以生存的"创新生态系统"之争。理论基础的拓展，以及行业实践意义的加强，将使得平台市场和平台战略的研究具有更大的空间。

平台型企业

双边市场理论需要从平台企业的角度进行研究。平台市场在全球经济发展中起到了非常重要的作用，并且平台代表了一个基本的价值创造形式。平台企业是双边市场中最重要的微观经济主体，有其自身的运行方式和特点。在战略管理研究领域，资源基础观作为一个主导的研究范式，更加注重在传统制造领域中那些与技术或者资源相关的价值创造方式，例如产业价值链的整合等。战略管理研究很少考虑如何把资源基础观的相关概念应用到平台市场研究中。一些资源基础观的研究提到用户群可以作为一种有价值的资源。按照此种观点，结合网络效应，平台可以积累大量的用户基础，并创造和传递更大的价值。所以，从战略管理研究视角出发，如何描述平台型企业的成长战略和竞争战略是本章的重要研究问题之一。

在平台成长的过程中，网络效应起到了重要作用。资源基础观认为有价值的"资源"有利于企业的市场进入。平台战略与这一逻辑相符，通过实施平台包围战略，获得相应的用户基础，并使得网络效应极大化。如果用户基础可以作为一种有价值的资源，那么管理平台以及实施平台战略的过程则可以被看作一种动态能力。动态能力可以整合资源，以产生新的价值创造战略。如何利用平台的规模与结构，促进平台的网络联系和交易的便利，提升平台的网络效应是本章的研究问题之一。

平台管理能力涉及平台企业的优先行为和机制设计。双边市场的治理体现了管理平台市场的能力，最终目的是把企业各部门之间的关系变成协同关系，把与供应商之间的关系变成合作关系，把用户体验纳入产品全流程，形成共存共生的平台创新生态系统。此外，构建平台创新体系也成为企业获得竞争优势的主要手段。按照前文所述，平台创新模式是围绕核心企业平台或者共性技术平台进行的创新活动。平台创新体系具有开放性的特征，整合了网络创新、集成创新等模式的优点，而平台战略成功的关键在于能否整合外部资源与市场需求。具体到企业层面，为了实现平台化发展，企业可以把研发和创新变成一个开放的平台，完全发挥平台的网络效应。随着创新和研发资源的社会化，全球资源都可以整合到企业的创新体系中。在创新资源社会化的情境下，平台企业如何实施开放式创新，将是企业关心的重点问题之一。

第11章　平台战略的实施

因为网络效应的存在，平台市场积累了大量的用户基础，并创造了更大的用户价值。平台用户资源可以作为有价值的战略资源，而平台的管理能力则成为企业的动态能力。从战略管理视角研究平台型企业的构建和治理，能够更好地理解如何通过平台战略实施开放式创新。平台网络效应的发挥并非规模优先，平台结构和平台行为是影响网络效应产生和平台价值创造的重要因素。平台治理主要包括平台管理能力的提升和平台创新体系的构建。利用平台形式整合社会化资源，实施开放性创新，能够提升平台型企业的创新绩效。采用战略管理相关理论理解平台型企业的成长和竞争，将有助于拓展平台战略研究的理论基础。

平台代表了一种新的创新支撑和价值创造形式。从战略管理的视角来看，如果把用户作为一种有价值的资源，那么管理平台以及实施平台战略的过程则可以被看作动态能力，以产生新的价值创造战略。本章认为，平台的构建特征和治理水平决定了其创新绩效。平台型企业的构建应该注重适当的规模和多层次的结构，而平台管理能力和平台创新体系的构建则构成了平台治理机制的主要内容（见图11-1）。

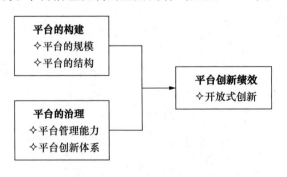

图 11-1　平台的构建与创新

平台的构建：规模和结构

　　平台的构建必须形成双边市场和网络，并同时发挥同边和跨边两种网络效应。一般认为，平台企业的网络效应和规模有关，用户越多平台越有价值。但是，网络效应的发挥并非规模优先。规模不是平台企业的先决条件，在平台企业中，可以存在多层次结构的平台，企业整体是一个平台，甚至基于一个产品和服务也能够形成一个平台。尤其对于传统制造业企业而言，把现有的业务内容平台化，提升平台创新的能力水平，要比单纯强调规模更有意义。除了规模，影响平台价值和网络效应产生的非常重要的因素有两个：平台结构和平台行为。企业应该建设和完善多层次平台，平台型企业构建的工作重心在于双边市场和网络效应的拓展，平台企业应该侧重建立双边之间的网络联系、促进交易发生的便利性等任务。所以，适当的平台规模和多层次的平台结构能够提升平台的创新绩效。

　　平台表现出两种类型的网络效应：一种是同边效应，即网络一方用户数的增加导致这个网络对于同一方用户的价值升高或降低。由于"同边"网络效应的存在，定价问题变得更加复杂。所谓同边网络效应，就是某一方用户增多会导致更多的用户加入这一方。比方说，使用 PlayStation 游戏机的人越多，新用户就会发现和朋友交换游戏或者打联机游戏时找搭档越容易。另一种是跨边效应，即网络一方用户数的增加导致这个网络对于另一方用户的价值升高或降低。定价方法的目的在于创造"跨边"（Cross – Side）网络效应：如果平台提供者能吸引足够多的补贴方用户，那么赚钱方就会愿意为接触这些用户支付可观的费用。反之亦然，赚钱方的存在，增加了平台对补贴方的吸引力，因此人们会更加踊跃地加入这个平台。作为拥有双边定价权的平台提供者，它所面临的挑战是决定应该在多大程度上通过补贴手段促使一方用户群体的壮大，同时弄清楚另一方为了获得接触这个群体的机会而愿意支付多高的溢价。

平台的定价必须仔细思考以下几个因素：（1）获得跨边网络效应的能力。如果你的补贴方能够与竞争对手的赚钱方进行交易，那么你提供的"免费午餐"就会得不偿失。（2）用户的价格敏感度。对平台提供者而言，通常的合理做法是对价格敏感度高的一方提供补贴，同时对需求会随另一方增长而更快增长的一方收费。（3）用户的质量敏感度。网络用户的哪一方对质量更加敏感，通常你就应该给这一方提供补贴。（4）产出成本。如果补贴方每增加一个新用户，给平台提供者增加的成本微乎其微，那么定价决策就会简单得多。（5）用户的品牌价值。双边网络中的用户并不都是生而平等的。"华盖用户"（Marquee Users）的加入对于吸引网络另一边的用户尤其重要。

平台的治理：管理能力和创新体系

平台治理主要包括平台管理能力的形成和平台创新体系的构建。平台管理能力并非完全体现为经济学意义下的定价、进入和包围策略，管理能力体现为企业对于平台结构和管理行为的影响，例如平台的结构设计等。平台企业的协调能力也会最终影响网络效应的产生，而网络效应产生的条件却并非规模优先。平台企业的本质特征是利用网络经济中的外部性创造价值，而不是利用规模经济效应创造价值。

平台创新模式具有开放性的特征，平台企业创新战略成功的关键在于能否整合外部资源与市场需求，把研发变成一个开放的创新平台和生态系统。随着创新资源的社会化，平台企业可以把全球资源都整合到创新体系中，围绕用户需求进行价值创造。所以，平台管理能力的提升，以及良好的治理机制能够提升平台企业的创新绩效。

平台创新绩效：开放式创新

开放式创新同时考虑了供给侧和需求侧的创新驱动要素。平台战略成功的关键在于，产品平台能否整合企业能力与市场需求。平台的架构基于市场关系，并利用了平台生态系统中不同企业的能力，产业平台能够产生网络效应和多样化效应。平台商业体系是一个动态运转的体系，这一体系，由于技术的不断创新和消费市场的不确定性而随时变化。因此，在一个确定的平台体系中，无论是平台领导者，还是平台追随者，在研发产品的时候都必须紧紧把握消费需求。

　　创新生态系统研究则要求创新领袖思考全面的价值创造系统。平台企业需要设计出一个多方的联合行动计划，为系统中的每一方创造不同的价值。例如，服务创新系统是由多个主体围绕创新空间开展的协作活动。英特尔和微软都是各自创新生态系统的核心企业和领导者。在创新生态系统中，平台企业扮演着关键角色，加强了创新成果。以平台为中心的创新系统强调了网络价值，而不是产品价值。所以，利用平台形式整合社会化资源，实施开放性创新，能够提升平台企业的创新绩效。

平台竞争战略

　　因为网络效应和转换成本，平台市场的新进入者必须提供革命性的功能创新才能够获得较大的市场份额。为了克服进入壁垒，功能的创新和平台的质量是平台进入战略实施成功的必要条件。平台的构建必须考虑行业的特点，形成双边网络，并进行合理的定价。平台包围也是一种有效的平台市场进入路径和策略。通过平台包围策略，平台提供者能够进入新的平台市场，通过多平台绑定的方式利用和分享市场内已有平台的用户资源，并逐渐取得行业主导地位。最后，平台创新依旧是维持平台竞争优势的重要条件，只不过创新的重点由产品平台向创新生态系统演化。

平台进入战略

　　在平台市场中，强网络效应和高转换成本使得平台服务提供者能够避免潜在进入者的威胁和竞争。为了克服进入壁垒，新平台提供者必须能够提供革命性的服务和功能。基于这些原因，平台市场经常呈现出

"胜者全得"（Winner – Take – All）的竞争方式，总是更加优越的新平台代替老平台，例如索尼公司的 Playstation 游戏机对于任天堂超级娱乐系统（Super Nintendo Entertainment System，SNES）的替代。平台的质量、网络效应和消费者的预期是影响新进入者是否能够取得成功的关键因素，微软公司 Xbox 的市场进入案例说明了这三个因素的作用。

一些学者认为在和现有平台的竞争过程中，新进入者难以获得相应的市场份额和竞争优势。争论的主要问题在于平台市场中网络效应的相对重要性、平台质量和消费者预期。网络效应是平台市场的重要特征：正向跨边效应的存在，即双边网络的双方能够互相促进。另外一些学者则认为正是因为网络效应的存在，即使一个新进入者也能够吸引越来越多的用户和服务提供者，随着双边市场的扩大，如果平台质量优于现有平台，则新进入者能够完全占据整个平台市场。相比较而言，一些学者认为平台市场的质量是非常重要的，正如传统市场那样，更具创新性的后进入者能够胜出。许多平台市场的早期进入者并不能够保持它们的领先地位。最后，还有学者认为消费者对于新进入者未来市场份额的预期也决定了新进入者是否能够获得成功。新进入者成功的关键主要在于两种因素：网络效应的强度和消费者预期。当这两种因素低于一定的阈值时，具备质量优势的新进入者就能够获得相应的市场份额和竞争优势。

双边网络行业的竞争会异常激烈。居领先地位的平台会倚仗利润率高于对手的优势，加大研发投入或者降低价格，把相对弱小的对手逐出市场。因此，成熟的双边网络行业通常是由少数几个大型平台主宰的（如信用卡行业）。在某些极端情况下，可能只有一家公司最终胜出，垄断整个市场（如个人电脑操作系统）。双边网络行业中规模收益的递增趋势，会刺激各家企业发动"胜者全得"的激烈竞争。因此，一家有远大抱负的平台提供者必须慎重考虑，是和竞争对手共享平台，还是和竞争对手拼个你死我活。

各个平台市场也体现出不同的动态特性，使得平台市场的竞争具有不确定性。在一些平台市场先行者能够成功击败新进入者的挑战，例如 eBay 对雅虎拍卖网站、YouTube 对 Google Video 的竞争。而在另外一些市场，后来者能够占据市场领先地位，例如谷歌搜索引擎和 Visa 信用卡。

平台包围战略

　　除了依靠平台创新，平台包围（Platform Envelopment）也是一种有效的平台市场进入路径和策略。通过平台包围策略，平台提供者能够进入新的平台市场，通过多平台绑定的方式利用和分享平台用户资源，这样包围者就能够利用原有平台的网络效应。

　　平台包围战略的潜在假设是现在平台领导者具有衰落的风险，观察具有代表性的平台领导企业的发展过程会带来一些启示。平台在不断进化，平台领导企业也在不断更新换代，前一代会被新一代平台超越。在 IT 行业领域的网络市场，技术发展特征明显，经常会出现平台之间相互包围的机会，从而使市场边界变得非常模糊。例如，手机已经集音乐和视频播放器、个人电脑，甚至信用卡的功能于一身。索尼公司尽管也不断更新其业务，包括智能手机、游戏等，仍然在寻找好的硬件产品，但经常落后于更新的平台市场。

　　所以，成功的平台仍然会面临巨大危险。如果相邻市场的平台提供者进入原有的平台市场，原有的平台就有可能会被包围（Enveloped）。因为，不同平台的用户群经常相互重叠，已经积累起用户关系资源的平台提供者，很容易也很可能会吞并另外一个平台的网络。如果新的竞争对手将多个平台捆绑在一起，把原有的平台功能囊括其中，就会给原有的单一功能平台带来实质性的冲击。当单一平台的用户发现多平台提供的功能更多，而且价格更低时，则会转投新平台。单一平台相对多平台的竞争力非常有限，因为它既不能降低服务价格，也不能组建一个能与之匹敌的多平台。在许多情况下，被包围的单一平台除了退出竞争，几乎别无选择。

　　基于包围和被包围平台的关系，例如互补关系、弱替代关系，或者功能完全不相关等，对包围策略进行分类，可以描述包围策略的战略动机。依据两个平台是否互补、弱替代，或者功能不相关，可以分析何种条件下进攻者能够获得成功。例如，两个平台市场的用户重叠，或采取了类似的平台构架。包围策略使得新进入者能够通过绑定平台功能的形式进入原有的平台市场，并利用共享的用户关系和平台构架。例如，腾讯公司的 QQ 通信平台发展为 QQ 游戏平台，这种转变的成功主要是因为两个平台面对着相同的客户和相同的技术平台。主导平台则通过强网络效应和高转换成本来规避新进入者的包围策略。

微软公司对于 Real Networks 公司实施了平台包围战略。Real Networks 公司在 1998 年占据了媒体播放平台 90% 的市场份额。微软公司免费提供其媒体播放器（Windows Media Player，WMP），并将之与视窗操作系统进行绑定。微软媒体播放器并没有提供任何额外的增值功能，然而两者的用户群是完全重叠的。消费者和内容提供商发现微软的视窗操作系统绑定的媒体播放器更加便于应用，最终 Real Networks 失去了大部分的市场份额。

包围战略是一个非常普通的现象，并作为一种强有力的战略塑造了平台市场的发展。其他的例子有苹果公司的 iPhone/iPad 平台向手持游戏机、电子书、个人数据服务等平台实施包围战略。同时，谷歌也通过包围战略进入了许多平台市场，例如在线支付（Google Checkout）、网页浏览器（Chrome）、移动操作系统（Android）等。

如果前一代的平台领导在与客户保持联系方面有出色的能力，就不会被取代。例如，多年的从业经历使得 IBM 比其他企业更明白企业用户和大型组织对数字处理技术的需要，所以 IBM 的业务重心一直在这方面，努力实现向平台型企业的转变。虽然对个人电脑领域的丧失使 IBM 蒙受了严重的财务损失，但这些变革为一个基于服务的 IBM 创造了全新的开端。谷歌公司虽然专注于做搜索引擎，但未停止在其他领域的发展。谷歌还挑战了计算机行业的传统做法——专利技术，为手机及其他设备提供的安卓系统平台，不仅开放而且免费。对其他针对其技术收费且没有大量广告收入的竞争对手而言，这些措施打败谷歌很难。

平台创新战略

有关平台创新战略的研究主要包括"产品平台创新"和"创新生态系统"两个方面。

首先，产业技术创新范式呈现出以"平台"为中心的特征，系统的成员可以利用技术平台、工具平台或服务平台提升自身的绩效水平。模块化创新是产品创新平台的主要方式。产品平台具有三个特征，即模块化结构、界面（模块相互作用和交流的接口）、标准（模块遵循的设计原则）。平台架构的基本特征是在平台生命周期中某一核心部件的作用固定不变，而互补产品则可以随时间变化。因为平台架构定义了网络关系中的弱联系节点，模块化界面降低了协调成本和交易成本，并由此形成模块化集群或者商业生态系统。近年来，一些企业，如微软、英特尔、苹果等，均已形成以其平台产品或部件为核心、众多企业与之兼容互补的创新生态系统，系统价值随着互补品生产企业增加而增大。平台领导者主要战略行动准则分为四方面。（1）公司业务范围界定：界定公司内部业务和外部业务；（2）产品技术决策：包括系统体系结构（模块化程度）、接口技术（平台结构开放程度）和知识产权（平台及其接口信息应该透露多少给外部公司）的决策；（3）处理与外部互补企业的关系：包括二者的竞合关系、意见的一致性以及利益冲突；（4）管理公司内部组织：如何组织整个公司支持以上三条准则。

　　企业在新产品开发中采用平台战略能以低成本快速满足多样化的市场需求，而平台战略具有动态性，即基于产品族、产品平台和企业能力的动态更迭。制造企业通过实施服务平台战略与生产性服务业发展之间的跨层面协同模式，不仅获取了源于服务产业的新利润增长点和竞争优势为自身产业升级奠定了坚实基础，也在产业层面上催化了生产性服务业的集聚与分工深化。平台战略对于产品创新的效益体现在三个方面：第一是市场空间扩大与市场占有率提高；第二是开发成本降低；第三是制造成本降低。

　　其次，创新生态系统研究则要求创新领袖思考全面的价值创造系统，设计出一个多方的联合行动计划，为系统中的每一方创造不同的价值。服务创新系统是由多个主体围绕创新空间开展的协作活动。例如，软件公司可以使用微软的开发工具设计基于视窗操作系统的程序，或者说这些软件公司一直在为微软提供平稳的新应用程序产品。英特尔和微软都是各自创新生态系统的核心企业和领导者。在创新生态系统中，平台提供者扮演着关键角色，加强了创新成果。以平台为中心的创新系统强调网络价值，而不是产品价值。从企业的实践来看，以阿里巴巴为例，平台使用者的概念已经不仅限于买家和卖家，在其中的消费者、零售商家、增值服务商、物流商、电子支付供应商、商品供应商、品牌持有者和自由职业者都能找到自己的商业价值，有容乃大才组成了一个丰富的商业生态系统（见图11-2）。

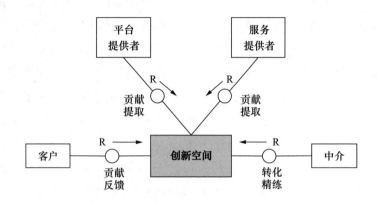

图11-2 服务生态系统创新互动模型

平台创新是基于平台生态系统各主体之间的市场关系。平台创新战略和单纯的产品创新或开发战略有所区别，产业平台需要外部生态系统的支持，从而创造出互补产品，或者进行创新活动。从产品创新和开发的角度，产品平台是一个产品系列共享资产的集合，这些资产可以分为四类，即零部件、工艺、知识、人员与联系。平台战略要具有比较好的操作性，就要求产品平台既具有广泛的适应性，又不囊括过多因素。产品族就是共享一个产品平台的一系列产品。它是以产品平台为基础，不断扩展和衍生出来的，是企业推向市场的最终产品。同一产品族包含的产品越多，就越能满足市场的多样化需求。采用平台方法对核心能力和市场进行整合。平台战略成功的关键在于，产品平台能否整合企业能力与市场需求。平台的架构基于市场关系，并利用了平台生态系统中不同企业的能力，产业平台能够产生网络效应和多样化效应（生态系统的动态性）。平台商业体系是一个动态运转的体系，这一体系中，由于技术的不断创新和消费市场的不确定性而随时变化。因此，在一个确定的平台体系中，无论是平台领导者，还是平台追随者，在研发产品的时候都必须紧紧把握消费需求。

第 12 章 海尔的平台化转型

变革管理正在成为我国企业现阶段的主要任务。海尔通过构建"平台型企业",一边聚集着引领企业创新的用户需求,一边连接着供应商资源和解决方案,形成创新生态系统,通过开放式资源整合,不断创造用户价值。在推进企业平台化的发展过程中,海尔员工实现自主创业和创新的价值,从传统科层制下的执行者变成平台上的自驱动创新者,创新支撑并非局限于海尔内部,而是由围绕平台形成的创新生态圈提供。所以,考虑到海尔作为传统制造业企业利用平台战略实施转型和创新的典型性,本章选择海尔如何构建平台型企业作为案例研究对象。

互联网时代让传统企业靠规模取胜的优势正在丧失,而平台化可以为企业提供无限发展的舞台和空间。所以,海尔提出了适应时代发展的三"化",即企业的平台化、员工的创客化、用户的个性化,使企业从靠自身资源求发展颠覆为并联平台的生态圈,员工从原来的执行者颠覆为一个创业者,用户从被动的购买者变成主动的参与体验者。从组织结构来看,海尔正在成为一个无组织边界的聚散资源平台。在平台上,以利益共同体为创新单位,在实施开放式创新的过程中衍生出共创共享的商业生态圈。

侧重规模与结构的平台构建

海尔正在采用平台思维改造企业。企业要变为双边市场平台,需要聚合用户需求和满足它的资源。海尔正在变成一个创业和创新的平台,上面聚集了无数个创新主体和资源。海尔以"自主经营体"为单位,员工与平台之间的互动关系是"按单聚散",围绕"单"（用户需求）不仅形成自主经营体，还要整合外部资源，快速满足用户需求。另外，采用平台思维改造现有的业务，使得平台可以具有多层次特征。

第一，产品创新平台。海尔正在搭建"全球研发资源整合平台"，整合和配置全球创新资源，提供相应的解决方案。例如，天樽空调是新模式下的创新产品。海尔天樽空调采用"圆洞"形出风口设计，环形出风口在出冷风的同时，还会带动自然风的混合流动，所以空调运行起来温度宜人。海尔并不具备"射频技术"以完成此项设计，但利用外部供应商资源，一年内就完成了产品样机设计。利用平台形式，海尔正在把员工、用户、供应商之间的关系变成合作共赢的商业生态圈，共同创造市场价值。

第二，虚实融合平台。在网络化战略下，海尔电器依托四网——虚网、营销网、物流网、服务网，构筑虚实融合的全流程用户体验驱动的竞争优势。虚实融合是指海尔的互联网服务与线下实体服务相结合打造的综合服务体系。随着越来越多的"用户在网上"，用户订单和用户需求也在网上获得和满足。海尔通过虚网精准了解用户需求并快速形成精细服务，例如产品和服务的定制；通过实网实现线下对接全程服务，营销、物流、服务三网快速满足和实现用户需求。

第三，物流服务平台。消费者在电子商务平台购买大件家电时，"最后一公里"服务问题尤为突出。海尔"最后一公里"战略瞄准大件家电物流的"送装分离"现状，提供24小时按约送达、送装一体的物流服务。为了提升平台的网络效应，海尔物流也为非海尔家电品牌提供深入覆盖全国2500多个县乡一级市场的配送服务，规模和范围的优势保障了其24小时按约送达承诺的实现。

第四，水交互平台。产品和服务也能形成平台，海尔水交互平台就是典型的例子。以前海尔净水产业是以产品销售为主，并不清楚用户需求什么。现在，海尔净水产品变成了一个交互平台。在线上，通过海尔水交互平台网站日常水质话题讨论，根据水质特点，提供个性化定制产品；在线下，通过净水服务人员上门检测水质，根据用户实际水质给出方案。平台上的供应商品牌多样化，用户来自全国各地，平台成为连接用户和供应商的生态圈。

　　所以，平台战略的实施并非强调"规模优先"，重在采用平台思维对现有业务进行改造。一般认为，平台企业的网络效应都和规模有关，用户越多平台越有价值。海尔平台的网络效应体现在用户和供应商两个方面。对于用户的网络效应，如前文所述，在天樽空调的设计交互中，超过 60 万网友献计献策，多个优秀的供应商资源也被整合进来。除了规模，影响平台价值和网络效应的产生有两个非常重要的因素，即平台结构和平台行为。规模不是构建平台企业的先决条件，海尔的多层次平台结构经验证明，平台思维已经渗透到企业的方方面面。海尔集团是创新创业平台，青岛海尔和海尔电器分别是产品创新平台、虚实融合平台。甚至，基于一个产品和服务也能够形成一个平台。水交互是一个业务平台，从"量"的角度颠覆了人们对于平台规模的理解。

以管理能力和创新体系进行平台治理

　　平台管理能力体现在增强交易的便利性、网络联系、增加平台角色数量等方面。任何一种新的商业模式，都必须提供客户价值，并保证客户价值传递和实现过程的便利性，平台战略也是如此。无论平台具有多大的规模，如果不能够进行有效的价值创造与传递，那么也就失去了竞争力。为了提升平台管理能力和构建平台创新体系，海尔通过利益共同体、接口人机制、商业生态圈等机制保障了平台战略的实施。

　　第一，利益共同体。海尔的自主经营体为大家所熟知，利益共同体是由多个自主经营体组成的项目经营体或者创业型组织。围绕用户需求，利益共同体容纳了研发、产品设计、销售、服务等所有的利益相关者，保证产品设计、销售渠道、物流送货、售后服务等全流程的用户体验。由此，避免了面对用户需求时各个业务环节之间的脱节、推诿等状况的发生。例如，"最后一公里"利共体就是一个虚拟团队，成员来自海尔的营销、销售、服务、供应链等多个业务部门，它们"因单聚散"，独立核算，共同面对市场风险，同时也享有很大的自主权和分享权。

第二，接口人机制。每个利共体都有"接口人"，接口人的任务是通过"内建机制，外接资源"建立用户交互和产品引领的开放生态圈。开放的生态圈有两个评价标准，一是外部资源的无障碍进入，二是所有相关方实现利益最大化。每个利共体都可以根据引领目标吸引外部资源，而不是通过企业层面的跨组织边界结构，例如仅通过企业研发部门，来接入创新资源。接口人机制类似在两个不同企业之间建立起"集体桥"而不是"独木桥"，通过这个分散的跨单元结构，"接口人"连接着供应商资源，这种连接由两个企业中成员广泛而直接的跨边界联系构成，实现了跨单元专业知识最短的联系距离，减少知识的损耗、失真和延迟。

第三，商业生态圈。海尔的网络化就是组织结构的扁平化、网络化，把企业各部门之间的关系变成协同关系，把与供应商之间的关系变成合作关系，把用户体验纳入产品全流程，形成以利益共同体为基本单位的平台生态圈。所谓生态圈，就是组织不是固定的，人员也不是固定的，资源也不是固定的，根据用户需求和创新需要随时改变。海尔认为没有建造生态圈的利共体都不应该存在。管理平台和生态圈的能力成为企业的核心能力。平台的吸引力在于动态调动创新资源，保证全流程的用户体验。

通过平台战略实施开放式创新

开放式创新是各种创新要素互动、整合、协同的动态过程，这要求企业与所有的利益相关者之间建立紧密联系，以实现创新要素在不同企业、个体之间的共享，构建创新要素整合、共享和创新的网络体系。海尔的开放式创新战略体现为企业平台化、员工创客化、用户个性化。为了实现平台化发展，海尔把研发变成一个开放平台，完全发挥平台的网络效应。利用互联网平台，企业的创新资源存在无限整合的可能。首先，企业平台是开放的，可以整合全球的各种资源；其次，平台也可以让所有的用户参与进来，企业准确发现并快速满足用户需求。

海尔的产品创新平台、虚实融合模式、物流服务平台、水交互平台等业务都是采用平台的思维、整合社会化资源、进行开放式创新的结果。所以，平台战略支撑应该作为企业层面的成长和竞争战略，而不是简单的产品开发平台的概念。海尔正在把企业变成一个开放的体系，随着创新和研发资源的社会化，全球资源都可以整合到企业的创新体系中。

第 13 章　平台企业的成长

采用战略管理的相关理论理解平台市场以及与之相关的企业成长和竞争，将有助于拓展平台市场研究的理论基础。平台市场的研究情境也从 IT 相关领域向其他行业进行拓展，除了信息技术产业，平台战略也能够指导传统制造业企业的转型和发展。理论基础的拓展，以及行业实践意义的加强，将使得平台市场和平台战略的理论研究具有更大的意义和空间。本章通过对于平台战略相关文献的综述，着重从战略管理研究视角，理解平台型企业的构建、治理、创新等战略内容。

平台型企业的成长战略

通过战略管理的视角研究平台型企业的构建和成长，平台战略既可作为企业的成长战略，还可作为传统企业的竞争战略。平台结构是影响平台价值和网络效应产生的重要因素，在多层次结构安排的前提下，平台网络效应的产生并非规模优先，而是重在采用平台思维对于各项业务内容进行改造和升级。平台治理的重点在于提升平台管理能力和构建平台创新体系，平台管理能力体现在加强交易的便利性、网络联系、增加平台角色数量等内容上，这些都可以作为平台企业的核心能力。此外，平台模式能够有效促进开放式创新的发生。

战略管理研究视角下平台战略对于企业成长的影响

通过案例分析，本章采用战略管理的视角理解平台战略对于企业的影响。

首先，平台战略是企业的成长战略。随着产业和技术的发展，双边市场和平台战略的研究所面对的情境有所不同。双边市场的概念和内涵已经被拓展，平台型企业概念体现了企业的成长过程。当企业提供某种产品或服务，其使用者越来越多时，每一位用户所得到的消费价值都会呈跳跃式增加，这种商业模式被称为平台战略。腾讯、阿里巴巴、百度等企业的成功发展无一例外地采用了平台商业模式。在过去的20年中，它们以惊人的速度横扫互联网及传统产业，形成极具统治力和强大盈利能力的商业模式。平台型企业能够"赢者通吃"，掌控自己的商业生态圈。基于现有的竞争优势，平台企业的包围战略还可以向其他产业渗透。凭借庞大的用户数量和精确的用户数据，平台型企业可以进一步渗入其他产业，建立新商业模式，从而使自己具有超级成本优势。

其次，平台战略还可作为传统企业的竞争战略。目前，学者多采用经济学的分析方法对平台市场和平台战略展开研究，而研究情境多选择平台市场发展较为成熟的 IT 行业。平台企业不仅相互之间渗透，还在深入和颠覆传统产业。既然平台型企业能够实现"赢者通吃"，传统制造业企业也不甘心被平台型企业生态系统所整合，以避免丧失对于行业的主导权，例如互联网企业就正在对传统通信企业的业务造成威胁。作为家电制造业的领军企业，海尔要搭建平台，通过交互用户，发现真正的潜在需求；同时，吸引全球的高端资源，来满足这些需求，生生不息地产生颠覆性的创新，成为企业永续经营的动力。

平台结构是影响平台价值和网络效应产生的重要因素

平台的结构具有层次性特征。通过案例分析可以看出，海尔集团是大平台，集团下属的两个上市公司，即青岛海尔和海尔电器各自是白色家电制造平台、虚实网融合平台；产品层面的水交互等则是技术创新和研发平台。

平台的网络效应并非"规模优先"。规模不是构建平台企业的先决条件，平台的多层次性说明，基于一个产品和服务也能够形成一个平台。有两个非常重要的因素影响平台价值和网络效应的产生：平台结构和平台行为。建设和完善平台，重在思考平台的结构，并理清平台优先行为。

平台治理的重点在于提升平台管理能力和构建平台创新体系

如前文所述，当平台不具备规模条件时，平台结构和行为也能够为平台带来竞争优势。平台的最终目标是有助于满足用户需求，平台管理能力体现在加强交易的便利性、网络联系、增加平台角色数量等内容上，这些都可以作为平台企业的核心能力。

平台模式能够有效促进创新发生。创新的困境是，有很多好的创新技术、解决方案摆在那里，却无法实现商业化。同时，一些企业实施自主创新、埋头搞研发，却不知自己三五年都解决不了的问题，别人那里却早已有了解决方案。平台创新模式的优势在于，通过用户交互能够找准用户需求，通过整合资源能够找准满足用户需求的技术方案。

平台型企业的开放式创新战略容易取得良好的绩效

新工业革命背景下，企业创新的内容和形式快速变化，对市场和技术变化的反应更为敏感，可以在较短时间内以低成本整合各种技术资源，创新具有很强的灵活性与开放性。互联网技术的普及，使得创新的发生平民化、分散化，创新不一定由技术专家发起，也不一定集中在大企业内部。尤其在消费类电子产品行业，互联网技术培育了适宜创新的"土壤"。

通过海尔的实践，我们可以看出通过构建"平台型企业"，海尔一边聚集着引领企业创新的用户需求，一边连接着供应商资源和解决方案，通过开放式资源整合，不断创造用户价值。平台企业要跨界就需要知道新领域的分布，了解新领域的核心知识，进而寻找到资源整合的接口。

利用平台经济推动企业转型

平台经济是推动经济转型发展的重要引擎。平台经济的发展具有推动产业持续创新、引领新兴经济增长、加快制造业服务化转型等作用，是一种重要的产业形式。在互联网时代，中国企业的转型必须从思维、业务、资源、组织等方面做出调整。

首先，企业的经营思维必须符合互联网时代的用户需求。海尔认为企业网络化即是平台化，构建"平台型企业"，通过开放式资源整合，不断创造用户价值。海尔创新模式的特征是"发现用户需求，并快速满足"。其次，加快业务内容的服务化转型。制造业企业更需要利用有效的中介平台打通制造和流通之间的瓶颈，实现产品制造链和商品流通链的有效衔接。海尔正在从一家传统制造企业转变为服务型企业，建立了营销网、服务网、物流网，再加上海尔商城等"虚网"渠道，提供"虚实融合的用户全流程体验"。再次，利用平台战略进行创新。海尔搭建"全球研发资源整合平台"，不但整合了诸多领域的技术资源，还可以快速配置资源。利用平台形式，整合全球资源实施创新，海尔正在把员工、用户、供应商之间的关系变成合作共赢的商业生态圈，共同创造市场价值。最后，组织转型的重点是形成商业生态圈。从组织结构来看，海尔正在成为一个无组织边界的聚散资源平台。在平台上，以利益共同体为创新单位，衍生出共创共享的商业生态圈。管理平台和生态圈的能力成为企业的核心能力。

第14章 海尔平台创新模式

信息交互和知识分享等互联网思维正在改变着中国的制造业。现在，海尔正在采用互联网思维改造传统创新管理模式。通过构建"平台型企业"，海尔一边聚集着引领企业创新的用户需求，一边连接着供应商资源和解决方案，形成创新生态系统，通过开放式资源整合，不断创造用户价值。在推进企业平台化的发展过程中，海尔员工实现自主创业和创新的价值，从传统科层制下的执行者变成平台上的自驱动创新者，创新支撑并非局限于海尔内部，而是由围绕平台形成的创新生态圈提供。

海尔"平台型"创新支撑体系模式

"没有成功的企业，只有时代的企业。"在互联网时代，海尔正在用开放交互实现企业无边界、员工人人创业创新实现企业无领导、以用户需求为中心作为供应链的尺度等形式，思考互联网对制造业发展带来的影响。

海尔曾经构建了为人津津乐道的"全球五大研发中心"支撑模式

这些分布在全球的研发中心分别和当地的科研机构与科研人才保持经常性的联系，有科研需求时可以与这些机构开展合作，整合全球各地的行业技术资源。通过构建全球五大研发中心，与各地的技术创新资源建立一种"虚拟"的组合模式，在产品研发过程中，不断调动和整合这些创新资源，促进企业创新绩效的提升。然而，在互联网时代，海尔觉得这些还不够。

海尔正在把研发支撑体系调整为"全球研发资源整合平台"模式

现在，通过与 6 - Sigma 等企业合作，海尔正在搭建"全球研发资源整合平台"，整合了全球 10 万个高校、知名专家、科研机构，涉及电子、生物、动力、信息等诸多领域，海尔只需要将自己的研发需求放到这个平台上，就可以坐等科研资源找上门，提供相应的解决方案。利用平台形式，海尔正在把员工、用户、供应商之间的关系变成合作共赢的商业生态圈，共同创造市场价值。

天樽空调就是海尔平台型研发支撑体系模式下的创新产品

海尔天樽空调采用"圆洞"形出风口设计，环形出风口在出冷风的同时，还会带动自然风的混合流动，所以空调运行起来温度宜人。海尔并不具备"射频技术"以完成此项设计，但利用外部供应商资源，一年内就完成了产品样机设计。在天樽空调研发中，关键的环形出风口部位由中国科学院、中国空气动力研究院参与设计，采用专利授权或者委托研发的模式，海尔与全球的科研机构结成了一个"利益共同体"。海尔正在整合全球资源实施创新，正如张瑞敏所说，"世界就是我的研发部，世界就是我的人力资源部"。

海尔"平台型"创新支撑模式的特征

平台正在成为一种普遍的市场形式或产业组织形式，利用互联网平台，企业的创新资源存在无限整合的可能。首先，企业平台是开放的，可以整合全球的各种资源；其次，平台也可以让所有的用户参与进来，实现企业和用户之间的零距离。所以，平台战略支撑应该作为企业层面的成长和竞争战略，而不是简单的产品开发平台的概念。

构建平台型创新体系的关键在于能否整合外部资源与市场需求

海尔创新支撑模式的特征是"发现用户需求，并快速满足"。用户需求一定是能够引领企业创新的用户需求，创新产品一定是大量消费者认可，并愿意溢价支付的创新产品。海尔通过"用户交互"发现用户需求，通过"整合资源"快速满足。

"用户交互"是创新产品的起点。天樽空调的缘起是用户抱怨"空调出风太凉",很多用户经常在空调旁边开着电风扇,以使空调凉风和室内空气尽快中和。为此,海尔才有了天樽空调"环形出风口"设计。天樽空调的设计交互中,超过60万的网友献计献策。

"快速满足"是整合资源的终点。科研机构有更好的制冷技术,但是无用户需求。海尔把用户需求放在资源整合平台上面,采用开放式创新和集成创新的思维,吸引全球技术资源满足用户需求。天樽空调的空气射流技术是与中科院合作的成果,智能调温技术则联合中国标准化研究院共同推出。

海尔全球资源整合平台体现了开放式创新的互联网思维

互联网尤其是移动互联网已经深刻影响人们的生活,企业需要充分考虑这个时代用户的习惯与偏好。企业需要建立起互联网思维,通过平台战略而非产品战略,强调范围经营而非规模经营,采用拉动而非推动消费的方式,实现经营灵活性而非效率的优化。简而言之,就是企业平台化、员工创客化、用户个性化。

以前"全球五大研发中心"的创新支撑还是"点对点"的方式,具有"情报站"特征。为了实现平台化发展,海尔现有的研发支撑体系是一个开放的平台体系,把研发变成一个开放的平台,完全发挥平台的网络效应。随着创新和研发资源的社会化,全球资源都可以整合到企业的创新支撑体系中。

平台型支撑模式对开放式创新的影响改变了创新格局

平台创新研发体系首先支持企业的成长战略。平台体系不是简单的技术和产品创新平台的狭窄内涵。平台应该具备三个特征:一是要有被众多公司应用的基础技术或者产品;二是要将众多参与方(市场参与者)汇聚于一个共同目的;三是通过更多用户、更多补充的产品和服务使其价值呈几何级数增长。阿里巴巴、腾讯等企业的成功无一例外地采用了平台商业体系和模式。基于现有的竞争优势,平台企业还可以向其他产业渗透。

平台创新研发体系可作为传统企业的竞争战略。平台体系还在颠覆传统产业。传统制造业企业也不甘心被平台型企业生态系统所整合,作为传统制造业企业，海尔也意识到建立平台型企业的迫切性，在海尔看来，能整合资源的，就是平台。海尔要搭建平台，通过交互用户，发现真正的潜在需求。在企业内部，平台可以有多个层次。

创新生态圈中的知识分享

海尔正在成为一个无组织边界的聚散资源平台。在平台上，以利益共同体为创新单位，衍生出共创共享的商业生态圈。利益共同体、接口人等形成了创新生态圈，并支撑着海尔的创新模式。在以接口人为核心的创新生态圈中，不同企业的创新知识可以跨界共享和传播。

集体知识的跨边界转移阻碍创新。集体知识是隐藏在组织个体中的知识，因为它难以被竞争者模仿，因而是组织实现竞争优势的关键因素，但同时在组织内部它也难以被复制或转化，阻碍组织培育新的竞争优势。但是，可以通过"集体桥"（Collective Bridge）来实现集体知识的转化，从而在拥有知识和接受知识的成员间建立起直接的跨单元联系。因为，跨边界结构是通过集中的边界人员建立起两个单元之间的间接联系，而集体桥则是一个分散的跨单元结构，由两个单元中成员广泛的直接的跨单元联系构成（类似"接口人"制度）。在知识的复杂性较高时，集体桥会比跨边界结构有更高的效率和激励作用。

跨边界结构指的是一个通过有限的边界人员来实现跨单元的知识转移渠道。第一，当传递的知识的复杂性较高时，跨边界结构的冗长且非直接的通道有可能导致知识的不完整、失真和延迟。第二，当传递的知识的复杂性较高时，所传递知识的容量和范围可能会超过边界人员的认知能力。第三，通过边界人员进行跨边界的集体知识的传递时，可能导致严重的认知挑战以及引起激励方面的问题。所以，当知识的复杂性水平提高时，跨边界结构在知识转移方面的效率会递减。当知识的复杂性水平达到一定程度后，跨边界结构的作用就会消失。发展和维持跨边界结构必然会需要雇佣、留住、培训边界人员。随着传递的知识复杂性的提高，就需要给他们提供相应的培训和轮换以及学习所需要的信息等。

因此，发展和维持跨边界结构的成本随着知识的复杂性水平提高而缓慢提高。

相对于跨边界结构，集体桥有两方面优势：认知优势和激励优势。认知优势体现在：（1）用最短的渠道连接消息的拥有者和接受者；（2）传递传统复杂性知识时，不存在边界人员的超负荷的情况；（3）为接受者提供同步的学习机会；（4）参与人员可进行启发式学习、相互学习，并拥有共享的交流平台。激励优势体现在：（1）建立社会关系和信任；（2）参与者被授权并拥有自主性。所以，不论知识的复杂性处在何种水平，在知识转移的效果方面，集体桥比跨边界结构都更优。对于跨单元的知识转移，当知识的复杂性较低时，跨边界结构的效果会更好；当知识的复杂性较高时，集体桥的效果会更好。

通过比较集中式的跨边界结构和分散式的集体桥，在实现知识转移方面，集体桥有一些独特的优势。例如，跨单元专业知识最短的联系距离可以减少知识的损耗、失真和延迟；由较少的工作量、信任感以及自主性带来的激励性的好处。从知识的复杂性角度，不论是跨边界结构还是集体桥都不是永远有效的，要根据知识的复杂性选择合适的方法，以实现效率和成本的平衡。

平台创新的"需求侧"政策

对海尔平台型创新支撑体系的研究发现，互联网技术的普及，使得创新的发生平民化、分散化，创新不一定由技术专家发起，也不一定集中在大企业内部。尤其在消费类电子产品行业，互联网技术培育了创新的"土壤"。在此前提下，创新呈现出多样化的特征，用户需求拉动成为创新的主要驱动力。

采用社会化方式成长的企业的创新特征

创新和研发资源的社会化是企业实现社会化成长的前提条件。国内已经有一批雄心勃勃的创新和创业企业，例如，虽然创新资源有限，但是小米手机充分利用了用户资源和供应商资源，实现企业的快速成长。

小米手机的研发团队大约有 1000 人，如果不采用用户交互的方法，团队规模将是现在的三倍。海尔大幅削减媒体广告投入，迫使员工向"交互实现引领"转型，从而摒弃大规模制造时代的广告战。

创新形式的多样化为企业社会化成长提供了条件。对于国内企业而言，创新不一定完全依靠自主创新的形式，企业可以利用自身优势整合外部资源，通过原始创新、集成创新、协同创新等方式实现创新目标。所以，创新政策的导向也要鼓励和激励那些除了坚持自主创新以外的创新型企业。

企业更加青睐于"需求侧"创新政策

海尔虽然是传统的制造企业，却鼓励用户参与产品设计，环形出风口的天樽空调、靓丽的水晶洗衣机都是在网上和用户互动所产生的产品创新。此外，小米手机是用户线上参与产品创新的典范，发动数百万网友一起做手机，"米粉"们创造了各种主题模式。用户参与设计，采用口碑营销，小米的广告投入几乎为零。

用户交互就意味着提前锁定了用户需求。在制定创新激励政策时，海尔和小米这样的企业更加喜欢"用户投票"，反对直接补贴企业，而是倾向于采用补贴用户、补贴创新产品的方式。用户购买什么产品，政策就补贴什么产品，让市场决定创新政策应该激励的对象。

用户交互和整合资源推动技术商业化

很多好的创新技术、解决方案摆在那里，却无法实现商业化。同时，一些企业实施自主创新、埋头搞研发，却不知自己三五年都解决不了的问题，别人那里却早已有了解决方案。平台型创新支撑体系的优势在于，通过用户交互能够找准用户需求，通过整合资源能够找准满足用户需求的技术方案。

天樽空调的"环形出风"设计总共采用 23 项专利技术，这些技术都来自国内一家军工研究机构。对供应商参与合作创新的最大激励，是通过利润分享实现利益最大化。但是，提供环形出风技术的研究机构主动降低项目费用，其更加看重科研成果转化成民用产品的社会效应。

第15章　日日顺品牌：创业持续进行[①]

　　海尔集团旗下品牌"日日顺"的名字源于海尔的"日清日高"，日日顺品牌的创立是海尔进军渠道业务，从制造向服务转型的关键战略步骤。日日顺携"四网融合"的核心能力，不仅覆盖第三方电器零售，还以"渠道综合服务"之名，目标直指开放平台，以创新思路脱颖而出。

　　毋庸置疑，家电业是中国过去几十年竞争最为充分和惨烈的行业之一，这不仅体现在家电企业之间的竞争，更体现在制造商与渠道商之间的博弈，而后者更让制造商感到恐慌。十多年前，苏宁、国美等家电零售巨头以不可逆之势迅速崛起并"挟渠道以令制造商"。为了不命系于人，家电制造商们试图在广大的三、四级市场建立全国性的第三方家电连锁卖场，于是纷纷"赴汤蹈火"，但结局总是"中箭落马"。

　　面对一次次的经营危机，海尔和日日顺坚持创业和创新精神予以应对。当面临国美和苏宁等新的业务模式冲击时，日日顺大胆决定进行实验性创业，摸索出对应的方法；当互联网时代来临，用户在网上，日日顺推出了"四网融合"的创新模式；当意识到电商的"最后一公里"困境，日日顺整合社会化资源，形成了"人车店库"平台，为全国用户提供"24小时按约送达、送装一体"的物流服务。

　　总的来说，家电制造商整合三、四级市场渠道的困难有二：渠道能力不足、缺乏模式创新。日日顺的创业和创新，充分体现了互联网时代企业资源整合、供应链管理、服务创新、信息（数据）应用四个能力

　　① 本案例资料主要来自对企业访谈、《海尔人》，以及媒体资料的整理。李华刚、汪锐等接受案例写作课题组的访谈，并对案例内容提出宝贵意见，在此表示感谢。

的形成和提升。本着搭建平台与开放的创业思维，日日顺从无到有，从渠道到物流，从家电到家居逐渐形成了目前用户交互引领渠道创新的发展模式。日日顺整合虚网、营销网、物流网、服务网四网优势，通过虚实融合战略，打造"人车店库"经营模式和平台，为用户提供全流程一体化的解决方案。

日日顺介绍

日日顺是海尔电器旗下重要的渠道品牌。日日顺品牌创始于2003年，主要从事非海尔品牌的其他家电产品的渠道综合服务业务。经过十年的发展，日日顺围绕"差异化用户体验"，形成了营销网、物流网、服务网和虚网为主的四网融合业务模式。

组织结构

日日顺品牌是海尔电器（香港上市代码：1169）的渠道综合服务业务品牌，定位为互联网时代用户体验引领的开放性平台。日日顺品牌的核心业务是四网融合的平台型业务，其业务单元主要包括：日日顺渠道业务、日日顺物流业务、日日顺服务业务、日日顺其他辅助渠道业务。通过在全国三、四级市场建立渠道分销网点，日日顺已经成为中国三、四级市场领先渠道综合服务商。2012年，日日顺的营业收入已经超过500亿元，2013年10月13日以120.66亿元的品牌价值入围第19届中国最有价值品牌榜，成为首个品牌价值超百亿的物联网品牌。

海尔电器的业务渠道主要由日日顺流通渠道与海尔自有渠道（专卖店与社区店）等实网渠道组成。由于历史发展的原因，这些渠道的战略定位不同，海尔自有渠道专销海尔系列的品牌，而日日顺流通渠道则是社会化的渠道，主要经营非海尔品牌的家电产品。但是，渠道间可以共享海尔集团的虚网平台、物流平台和服务平台。2013年，日日顺建立了自己的虚网交互平台——交互用户体验引领下的开放平台。日日顺整合虚网、营销网、物流网、服务网四网优势，通过虚实融合战略，为用户提供全流程一体化的解决方案。

四网融合

海尔电器和日日顺依托四网——虚网、营销网、物流网、服务网，构筑虚实融合的全流程用户体验驱动的竞争优势。

虚网。"虚网"指互联网，通过互联网平台与用户交互，获取并满足用户需求。日日顺为用户搭建了日日顺交互平台（rrs.com）、海尔商城（ehaier.com）等互联网平台。日日顺交互平台是日日顺品牌在互联网时代虚实融合的家居解决方案开放平台，吸引行业领先的家电、家居、家装、家饰品牌供应商，整合日日顺四网融合优势，为消费者提供家电、家居、家装、家饰一站式购物体验，亦为用户提供在线的家居设计、互动体验、产品定制、送装同步等一站式家居解决方案。海尔商城是海尔集团唯一官方网上商城，是海尔家电一站式服务平台，为消费者提供新品首发、产品定制等差异化服务，并在家电渠道服务行业中率先支持送装同步服务，目前海尔商城已覆盖全国 2558 个区县，其中超过 1000 个区县实现 24 小时限时送达。

营销网。"营销网"指日日顺在全国建立的线下体验店，它通过搭建了深入到镇、到村的网络，能够为用户提供家电及智慧家庭的解决方案和有保障的服务，让用户放心，让客户双赢。在网络的深度方面，日日顺在全国建立了 7600 多家县级专卖店、26000 个乡镇专卖店、19 万个村级联络站，在中国 2800 多个县建立了物流配送站，布局 17000 多家服务商，真正做到了"销售到村，送货到门，服务到户"。在网络的宽度方面，搭建了从家电到 3C 产品再到家居产品的网络体系。截至 2012 年期末，主营第三方品牌的日日顺加盟店接近 2400 家，较期初增长 20%。日日顺搭建了品牌统配中心，让所有的客户共享日日顺的库存、规避库存风险；建立大单采销俱乐部，实现统一采购、统一营销、统一物流、统一服务，共享大单规模效益、低运营成本效益，共同为用户创造价值。

物流网。"物流网"指日日顺为用户提供"最后一公里"差异化解决方案，切实解决家电网购中的送货不上楼、送到不安装、送货区域有限、售后无服务等问题。2012 年，日日顺通过整合乡镇级的仓储资源、系统化设计配送路线以及优化不良品的返程物流的配送路线，实现全国无缝覆盖物流直接配送到乡镇级客户。依托 83 个 TC 库房和超过 6000 个星级服务中心，日日顺物流的配送速度得到了前所未有的提高。全国共 2800 多个区县，日日顺目前已经在 1500 多个区县实现 24 小时内限时达，在 460 个区县实现 48 小时内送达。真正实现用户在网上点击下单后即可快速享受到一站式家电解决方案。该服务使渠道布局更加扁平化，降低了客户的物流成本及存货风险。通过安装 GPS 设备，使配送过程全程可视。通过提升配送行程安排的能力，包括更好的存货管理及有效的后端 IT 系统支持，改进限时送达及按约配送服务。凭借高效的 B2B 及 B2C 配送及物流解决方案服务能力，已吸引多家第三方客户，包括领先家电品牌、家具品牌和网上零售平台。日日顺物流为天猫客户提供的配送服务因速度高出行业平均水平 45% 而受到高度好评。

服务网。"服务网"指日日顺为用户提供持续贴心关怀解决方案，包含家电、家具、卫浴、建材、家饰等产品的服务。日日顺服务网除了为海尔等家电品牌提供服务，至今已先后为上百个家居品牌提供全流程的服务解决方案。截至 2012 年年底，在全国范围内拥有超过 17000 家服务提供商，在多家网上购物平台上评级居行业首位，好评率达到 98.76%，遥遥领先于行业平均水平。日日顺服务网还为 13 个外部品牌家电厂商提供品质信息反馈、客户出样、用户安装、维修等全流程服务。

实验性创业与渠道经营模式探索

日日顺品牌的成立是海尔集团转型的关键战略，是海尔实现从制造向服务转型的重要步骤。海尔电器首席运营官李华刚认为，日日顺的诞生是市场竞争的必然。从 2003 年首家日日顺电器店在河南成立，经过 2007 年的县级专卖店转型、2008 年的镇级专卖店网络建设，以及 2009 年铺开的村级联络点，海尔发展了 7600 多家县级专卖店、2 万多家镇级专卖店，以及覆盖全国有邮政网点的 19 万个村级联络站，在中国 2800 多个县建立了物流配送站，布局 17000 多家服务商，真正做到了

"销售到村，送货到门，服务到户"。海尔县级专卖店由此从孤零零的一个店变成覆盖县、镇、村三级市场的一张网，经营空间大增，营收持续增长。

实验性创业的探索

海尔的困境。2003 年海尔面临的困境是国美和苏宁迅速向三、四线市场扩张。作为一种崛起的家电零售行业新商业模式，国美和苏宁等家电连锁企业已经严重侵蚀了海尔在一、二线城市的销售业绩。早在1996 年，海尔就开始在全国县级市场布局专卖店，随后几年在全国发展了约 2000 家海尔专卖店。2003 年前后，苏宁、国美等全国及区域家电连锁迅速崛起，家电行业渠道环境发生剧变。由于过去海尔对各类渠道缺乏区分运营，在同样的渠道政策下，与综合性连锁卖场相比，海尔专卖店的优势荡然无存，遭遇发展瓶颈。

家电连锁渠道向三、四线城市的扩张，将不可避免地影响海尔传统的竞争优势所在。李华刚说，"到这个时候就顶不住了。为什么顶不住呢？我们当时就想查找原因，你不如说国美开到上海，上海专卖店就垮了，开到哪里，哪里的专卖店就垮了。因为我们是用一套产品、一个办法去对付这两种渠道，那么谁的规模大谁就获胜，所以，原因不在于海尔专卖店没有竞争力，是我们没有办法培养出竞争力。自有渠道如果没有了，对海尔来讲又是一个灾难性的考验。所以，我们必须要搞清楚，这个大连锁到底怎么回事"。

在当时的市场环境下，海尔推出"开大店、走出去、走下去"三步走的策略，准备大举布局三、四级市场的大型家电连锁渠道。本着谨慎的原则，海尔首先小规模试水渠道业务，渠道的名字就叫"日日顺"。当时，海尔集团选择在河南市场试着开店，主要考虑到河南是中国最典型的农村市场，人口很多，密度也很大，非常有代表性。在河南周口等六个地级城市，日日顺完全按照国美、苏宁的家电连锁模式，开设了六家门店。日日顺的经营目的主要有两个：一是发现大型家电连锁市场的竞争状况，这种模式到底有没有前途；二是摸清在二、三线城市海尔专卖店的生存环境是什么。为此，李华刚还开设了一家海尔专卖店，在实际经营过程中，获得最直接的市场信息。

李华刚对日日顺的最初使命做了总结，就是"发现大连锁模式的问题，发现海尔专卖店的问题，检验海尔产品在市场上的竞争力，检验海尔人员在市场上的竞争力，同时了解同行是怎么做的——这五项任务。海尔从来不是为了折腾"。

然而，日日顺在河南的创业过程并不一帆风顺。李华刚回忆说，"尝尽了所有的辛苦。我之前当销售人员的时候就想我要是去开个店就好了，我说当销售太辛苦了。后来开店的时候，感觉还是销售人员好干一点"。

但是，通过这次实验性的创业，日日顺获得了宝贵的市场经验，甚至影响到了海尔此后的经营战略。2006年10月，李华刚带着实验性经营取得的结论给张首席做了汇报。第一，在三、四级市场，大型家电连锁模式没有前途；第二，海尔专卖店必须进行转型升级。关于国美和苏宁模式，开下去是没有前途的，短期内是没有盈利希望的。海尔专卖店有其地方优势，规模小可以灵活经营，而店老板在当地又有人脉关系。但是，海尔专卖店必须转型升级，走出所在的贸易市场，走进社区，走进百姓家里。通过这次创业，李华刚也发现，海尔专卖店并不能够完全了解集团的各种销售政策，专卖店在进货、物流、服务等环节，不能够得到集团的支持。

2006年，海尔关闭了河南市场的六家日日顺家电大卖场业务。用李华刚的话说，"实验完成，还好没赔多少钱，但是总结了很多经验"。2006年年底，海尔决定向服务型企业转型，把全国的海尔专卖店全部装到日日顺，重新组织。从2006年到2010年，日日顺的工作中心在于搭建四张网，主要是实网的建设，即营销网、物流网、服务网。以营销网为例，营销网把2000多个专卖店变成2000多张网，从县下沉到镇，再到村。经过发展，日日顺网点由2000个变成5500个，全国有3.6万个镇，建了2.8万个镇上的网点。全国有64万个行政村，其中设了村级联络站的是22万。营销网的建立就保证，所有的专卖店代表能够代表海尔，把货真价实的产品销售给用户，并且出现售后问题有人负责处理。

2006年到2008年整整三年时间，海尔专卖店被家电连锁卖场赶出了一、二级市场，海尔家电产品不得不通过这些连锁渠道进行销售，海尔渠道在一、二级市场处于"空白期"。经过一系列的实验和探索，2008年，海尔渠道以"社区店"的形式重新杀回一、二级市场，通过深入社区黏用户、提供差异化的服务等形式与国美、苏宁等家电连锁卖场展开竞争。

海尔要求专卖店销售服务一体化。对于各专卖店的支持也在增加，2008年海尔设置了客户服务体系，专卖店不用再到青岛订货，海尔还建立了用户服务系统，用户的抱怨能够直接传达给总部。李华刚说，客户只需要在家里打订货电话，对口的接线员就可以过来给你服务，查余款、对账，提前告诉你这个月的订单是什么，这一周可以沟通下一周的订单。这个系统做好了以后，客户一个月跟我们做生意的次数现在平均26次。客户服务体系的建立，使海尔能够预先了解客户的需求，把海尔的产品库存从40多天一下子降到10天。最重要的是，由于信息的透明，业务员和专卖店老板之间的矛盾减少了，业务员不再抱怨店老板刁蛮，店老板也不再抱怨业务员坑蒙拐骗。专卖店在当地也是服务中心，通过建立售服一体化的体系来解决用户需求，通过服务创造感动，再把更新的产品卖给用户。

物流网也发生了很大的变化。以前物流和商流是分离的，物流公司按照全国的行政区划分，物流缺乏全国统一的调度。李华刚说，"安徽砀山的客户要进货，徐州的不能进，它必须从合肥去拿，青岛的货送到合肥又增加了300公里"。通过物流网的统一规划，日日顺在全国建立了91家分拨中心，仓库总面积减少了，但物流速度加快了。现在海尔日日顺物流能够保证150千米范围当日到达，250千米以内48小时送达。日日顺物流实施班车制，物流成本下降，速度提升，客户满意度增加。

通过服务转型，海尔的营销网、物流网、服务网实网建设基本形成。2006年起，海尔集团陆续将旗下物流、营销、售后服务，以及相关配套业务整合至海尔电器，统称为"渠道综合服务业务"，以"日日顺"为品牌。自成立以来，日日顺的营收年均增长超过30%，2012年达507.7亿元，成为中国最大的渠道综合服务商，尤其是在全国建成县、镇、村三级网络体系，在三、四级市场具有绝对优势。

虚实融合创造差异化用户体验

随着互联网时代的来临、电子商务的发展，越来越多的消费者习惯在网上购物，海尔发现在互联网时代"用户在网上"。海尔以强大的市场营销网络为基础，以互联网为抓住消费者需求的连接工具，以"零距离下的虚实网融合"创出第一时间满足用户第一需求的竞争力。

为持续地贴近用户，与用户零距离，2011 年，海尔集团将电子商务公司装入海尔电器，目标是将海尔电器打造成"虚实网融合的通路"。海尔电器（1169）依托四网——虚网、营销网、物流网、服务网，构筑虚实融合的全流程用户体验驱动的竞争优势。

"虚网"包括海尔电子商务公司旗下的海尔商城、统帅、日日顺三大官网，苏宁易购、天猫旗舰店等衍生电子商务网站，以及当地化的自媒体网站。海尔商城官网定位于海尔全产品系列的电子商务平台，统帅官网定位于用户个性化家电产品定制，日日顺官网定位于开放的电子商务平台。衍生电子商务网站则更多是强调虚网营销渠道的全面覆盖，具有本地特色的自媒体网站则更加容易赢得当地用户的信赖。虚网的作用主要体现在研发和渠道两个方面：对于研发，可以通过网上的用户互动，提供个性化的产品；对于渠道，则侧重于线上线下的融合。虚网还泛指互联网，通过网络社区与用户互动，形成用户黏度，增加企业和用户之间的情感交流。

李华刚说，"客观地讲，没有这张实网就没有虚实网融合，没有这张实网贴消费者，就离消费者远了"。2012 年"光棍节"，海尔天猫旗舰店的第一个订单在客户支付尾款后 15 分钟送达。截至当日 17 时，日日顺完成对包括新疆、西藏、海南、四川、云南等偏远地区在内的5000 多个订单的配送安装，刷新大件物流速度。看得见的是速度和服务，看不见的是日日顺遍布全国的网络和运营体系。

"虚实融合"跑赢"最后一公里"

在整个电子商务的流程中，物流服务这一最接近消费者的"最后一公里"问题百出。中小型物流企业，小、散、乱的行业特征很难满足高速发展的电商行业对物流配送服务大规模、专业化的要求。尤其是在家电家具等大件物品上，相比于小件商品，冰箱、空调等产品因具有易损、不可拆分、体积大等特点，给运输带来更多不便。此外，家电售后的专业性和复杂性也让物流从业人员无从着手，于是家电网购中的送货不上楼、送到不安装、送货区域有限、售后无服务等问题越发严重。电商发展似乎陷入了"最后一公里"的尴尬处境。

作为互联网时代领先的服务品牌，日日顺物流一直致力于为消费者提供精准快捷的网购体验。以用户的个性化需求为中心，通过互联网、物流网、服务网、营销网四网的高度融合和深度耕耘，最终打造了用户服务"最后一公里"的完美体验。通过十几年的耕耘，日日顺对三、四级市场也实现了如同一、二级市场一样的无缝覆盖，真正做到了"销售到村，送货到门，服务到户"。同时，依托 83 个 TC 库房和超过 6000个星级服务中心，日日顺物流的配送速度得到了前所未有的提高。全国共 2800 多个区县，日日顺已经在 1500 多个区县实现 24 小时内限时达，真正实现用户在网上点击下单后即可快速享受到一站式家电解决方案。

此外，针对消费者购买家电对物流配送的不同要求，日日顺物流提出了精准的解决方案，实现鼠标一点，送货到家。新婚夫妇布置新房着急置办家电，通过"24 小时限时达"确保今天下单明天即可到货安装。白领工作繁忙，网上淘到心仪的家电，但上班或出差不能请假收货，日日顺物流提供"按约送达，送装同步"的服务，解决消费者以前送货和安装不同步需要多次预约请假的烦恼，保证一次就可以安装到位，省时又省心。身在外地，想给远在他乡的父母亲人买台家电尽份爱心，再也不用担心送不到的问题。日日顺物流可以实现异地送货，进村入社区，上楼入户，送装一体，一站式服务，突破了家电配送区域局限性，让更多的消费者可以享受网络带来的便捷。日日顺在完善物流配送体系的同时，不断建立创新服务，成为行业领先标准的缔造者。

人车店库"小微"的二次创业

"四网融合"渠道建设完成后，日日顺开始承接社会化物流业务。家电品牌商也面临着渠道不能够下沉的困境，这些家电厂商在一级市场、二级市场的流通渠道已经非常完善，品牌资源和品牌影响力非常大，但是到了三、四级市场就在减弱，相关业务只能通过代理商来做，品牌服务没有保障。同样，在三、四级市场，尤其到县城、乡镇，用户在购买家电的时候，选择的余地非常小，经销商卖什么，用户只能被动接受。即使像国美和苏宁这样的家电连锁企业，虽然虚网已经做得非常好，但是主要围绕着一级市场和二级市场的用户，一旦到乡镇和县级市场，随着管理半径的扩张就难以有效经营，主要的原因就是不具备三、四级市场的物流能力。

海尔的营销网已经渗透到乡镇，具备和用户面对面沟通的条件。开展社会化业务，能够有效发挥营销网的网络效应，为三、四级市场用户提供更多的产品选择。日日顺的社会化业务面向所有的家电品牌商，在日日顺渠道中，合作品牌商的产品能够以最快的速度下沉和流通到乡镇市场。谈到用户价值，日日顺汪锐说，"大家都知道合资品牌的彩电质量很好，但是你看看到乡镇市场合资彩电卖得好吗？基本上找不到它们。比如说索尼、夏普，是用户不想选择这些品牌吗？想选择。价格和国内品牌都差不多，为什么不选择呢？主要是因为没有服务网络"。所以，夏普、索尼等家电企业自己不用搭建三、四级市场的营销网络，通过日日顺渠道，所有的产品都可以直达乡镇。日日顺渠道有三个竞争力，体现在营销、物流和服务网，所有在日日顺渠道销售的家电产品，都会贴上一个标签——"日日顺货"。

对于海尔电器而言，一、二级市场的社区店一般都具备销售和送装服务的能力，但是在三、四级市场专卖店的送装能力还需要整合。于是在 2013 年，日日顺推出了县网市场的"人车店库"物流模式，把三、四级市场的资源进行整合，服务于"最后一公里""24 小时按约送达"

的物流承诺。

人车店库"小微"

人车店库"小微"机制促进目标的实现。2014 年日日顺规划的营业额目标是 300 亿元，营业目标不是通过任务的层层分解到各个区域市场。汪锐认为，"从分解的第一天就注定了什么呢，这个任务肯定是完不成的"。日日顺成立各个区域市场"小微"，对于区域市场的经营目标，这些"小微"自下而上，通过"抢单"的形式，承诺自己要完成的任务量。针对各个"小微"的承诺，资源平台提供相应的业务资源支持，并根据最终的经营绩效实施"超利分成"。

要成为中国三、四级市场的领先渠道综合服务商，仅靠海尔自身的人力和物力资源显然是不够的，必须整合外部利益攸关方的资源。海尔以小微公司的形式，将专卖店的仓储、车辆、人员等资源集合起来，形成合资公司，从而将按约送达、送装一体的服务目标在三、四级市场落地。

"小微"由专卖店老板等利益相关者合资成立，人车模式通过给人车小微独家授权，全面在当地承接海尔的仓储、运输、配送和安装等业务，使其有足够的经营空间和自主性去辐射乡镇一级市场。每个县网都成立一家人车店库"小微"，基于"小微"平台，在全国全面铺开，意味着人、车、店、仓储配送、网站等服务网络的建立。未来，全国 2000 多家人车店库网的小微，是日日顺战略定位于聚焦创造虚实网交互用户体验的引领竞争力的一个开放平台。

人车店库"小微"的目标主要是承接物流"最后一公里"，对用户承诺按约送达、送安同步的服务最佳体验。在每一个县网，所有的服务、仓储、配送和安装维修，都授权给人车店库网小微来承接，把资源从原来分散在各家专卖店，到现在集中到小微。日日顺则提供相应的资源和运营支持。凭借巨大的影响力以及采购规模，在车辆采购过程中，日日顺可以帮助小微获取更低的价格和更好的服务。在日常运营管理中，海尔给小微客户提供完善的仓库、配送和售后等标准化的管理方案。在信息化过程中，海尔还提供包括前端的 E－Store 系统、惠普系统、HLES 仓储系统等全流程信息化管理平台服务。

以平台与开放为特征的创业思路

2013 年，日日顺建立了自己的虚网交互平台——交互用户体验引领下的开放平台。日日顺整合虚网、营销网、物流网、服务网四网优势，通过虚实融合战略，为用户提供全流程一体化的解决方案。正如海尔电器总裁周云杰所言，日日顺的成立，"首先，是时代的背景，互联网时代的特征就是要开放，开放成一个平台型企业；其次，是企业的战略要求，海尔的网络化战略也要求日日顺成为一个平台型企业；最后，也是员工持续成长与发展的要求，海尔提出'人人都是 CEO'，日日顺会为他们提供一个更高的发展平台"。

互联网时代面临三大变化：制造服务化、生产智能化、组织网络化。海尔的网络化战略正是朝"时代的企业"发展。此前的竞争是供应链和供应链之间的竞争，未来是利益共同体与利益共同体之间的合作共赢。在未来，制造商和渠道商会逐渐走向融合。日日顺就是从企业社会资源的最优配置和企业价值最大化的角度出发去做的，因为中国的三、四级市场需要这个平台。

日日顺为用户提供全流程的差异化体验，主要体现在交互、交易、交付三个环节。在交互环节，通过日日顺虚网交互平台，获取用户需求、进行产品定制化；在交易环节，通过以专卖店、社区店为主体的营销网提供线下的用户体验；在交付环节，突破"最后一公里"电商瓶颈，提供家电、家居、家装等大件物流的送装一体服务。

"虚实融合"的全流程用户体验

日日顺能够得到用户的认可，与其四网融合的优势是分不开的。为了满足用户需求，日日顺依托海尔四网——虚网、营销网、物流网和服务网，构建虚实融合的全流程用户体验驱动的竞争优势，打造"最后一公里"的竞争力。

"虚网"指互联网，通过网络社区与用户互动，形成用户黏度。日日顺为用户搭建了海尔商城、日日顺商城两大网上平台，为用户提供交互的平台，把握用户的个性化需求。日日顺商城是互联网时代虚实融合的智慧开放平台，为用户提供包括家电、家具、家居、家饰在内的全流程最佳交互体验，并为用户提供 24 小时限时达、送装同步等最佳服务，用户只要在网上点击下单，即可快速享受到一站式家电家居解决方案的服务。

"实网"指营销网、物流网、服务网。依托线下"实网"的优势，日日顺物流目前已成为中国最大的全国性物流网络之一，尤其在三、四级市场具备绝对优势。日日顺的使命就是为客户、用户创造价值，形成互联网时代虚实融合下的即需即供的通路商。日日顺坚持三个免单："按约送达，超时免单""一次就好，多次免单""规范服务，违规免单"，并在深度、广度和速度几个方面，深化服务内容。在深度上，日日顺在全国建立了 7600 多家县级专卖店、26000 个乡镇专卖店、19 万个村级联络站，在中国 2800 多个县建立了物流配送站，布局了 17000 多家服务商，真正做到了"销售到村，送货到门，服务到户"，解决了三、四级市场的配送难题。

在广度上，经过十几年的发展，日日顺物流在全国有 3000 多条客户配送专线、6000 多个服务网点，在全国串成一张送装同步的网，无论用户身在何地，都能实现在本地下单、异地送货，配送范围达到了前所未有的广度。在速度上，日日顺研制出中国第一辆物流甩厢配送车，创新实施"一车配多厢、厢停车不停"的先进物流模式，日日顺已在 1500 多个区县实现 24 小时限时达，在 460 个区县实现 48 小时内送达，实现了配送速度的全面提升。虚实网融合的优势保障了日日顺与用户的零距离，不但有效支持了海尔产品的营销，还成为国内外家电、家具、家装、家饰名牌在中国市场的首选渠道。

家居解决方案的开放平台

日日顺整合虚网、营销网、物流网、服务网四网优势，通过虚实融合战略，为用户提供全流程一体化的解决方案，打造虚实融合的整体家居解决方案开放平台。基于生态圈的全流程竞争力重点打造围绕家电、家居、家具、家装、家饰等产品和解决方案，具备与用户和各利益攸关方的交互、交易、交付的竞争力。

围绕家居开放平台的差异化模块如家具定制和电器定制，通过平台定制功能打通上游供应链、终端"最后一公里"上门的能力，吸引用户参与；搜搜我家模块，用户通过搜搜我家功能找到和自己家相关的户型和基于自己户型的解决方案；爱家社区论坛，通过和用户的"家"与"生活"紧密相连的话题设计，引发用户的兴趣，鼓励用户产生交互。

互联网时代的家电定制平台

统帅电器（Leader. com）一直秉承消费者才是统帅产品的"设计者"的理念，其产品是完全按照消费者需求进行生产。"实用主义"是统帅家电产品秉承的设计理念。统帅通过虚实融合模式，线上（互联网）快速获取用户个性化需求，线下快速满足用户需求。其运用海尔的研发技术优势，同时依托海尔集团四网（虚网、营销网、物流网、服务网）优势，充分保证了产品生产、配送和整套服务的及时性和完善性。

2011 年和 2013 年，统帅电器凭借在家电行业对定制模式的持续探索与创新两度荣获"先驱中国年度创新品牌奖"。

大数据时代的智能物流运营平台

日日顺注重与时俱进，在大数据时代下，打造大件物流运送安装能力，对自身的物流行业进行智能化和信息化的改造，并且时刻关注用户体验，反过来倒逼物流体系的建设。凭借四网融合的坚实基础，日日顺物流为网购大件产品搭建了一个开放的平台，除了海尔，亚马逊、物流宝、创维、惠而浦、三洋、国美、重庆商社等企业纷纷与日日顺物流建立了合作关系，日日顺物流不再提供简单的运输、仓储、装卸业务，而是与客户深度一体化，深入客户前端的商业模式设计，提供供应链全流程管理现金流的物流解决方案，实现客户现金流的高效率。

日日顺一直在加大研发创新的投入。从 2008 年开始，日日顺每年投入 1800 多万元用于用户需求的获取，并通过产品企划和研发将用户需求转化为产品。

为了更好地承接商业模式的创新，日日顺投入了 3000 多万元建立了全流程的数位神经系统，以用户需求为中心，通过营销网、物流网、服务网的全流程协同，实现即时获取用户需求，即时满足用户需求，为用户和客户创造价值。如日日顺创新物流运输模式，实现了从"车等货"到"货等车"的转变，推动了配送速度的提升。

全程无忧的家居服务开放平台

日日顺家居服务是日日顺物流服务的重要组成部分，已经成为家居行业的服务标杆。2012 年，日日顺参与了由我国商务部下达的首部《家居行业经营服务规范》的制定，为家居行业的秩序规范贡献了力量。

日日顺家居服务为家居企业提供全流程五大基础服务，包括物流运输服务、仓储管理服务、配送安装服务、维修退换服务和代收货款服务。利用日日顺的家居服务资源，其为企业提供多种增值服务，包括数据分析与反馈、品牌宣传与推广、产品质量控制、全流程系统支持等服务。"按约送达，服务到家""送装同步，服务到家""规范专业，服务到家""全程呵护，服务到家"是日日顺家居服务标准，也是日日顺家居服务的承诺。

日日顺案例启示

日日顺品牌的发展在于坚持持续的创新和创业精神。市场环境在变化，所以企业经营总会遇到这样那样的问题和危机，只有灵活应对、不断创新服务模式，才能提升组织的适应能力。从渠道到物流，再到交互平台，日日顺逐步形成了营销、物流、服务、虚网四网体系，并通过虚实融合实现用户零距离，为用户提供全流程一体化的解决方案。作为渠道服务商，日日顺的战略资源包括人力资源、声誉资源和关系资源；日日顺的核心能力则包括资源整合能力、供应链管理能力、服务创新能力，以及信息（数据）应用能力。在未来，日日顺借助信息化技术，通过更加细分的客户管理模式，实现物流"速度"与"价值"的双重目标。

持续创业精神：从渠道到物流

创业和创新是海尔的"基因"。日日顺始终将创新创业和市场导向有效结合起来。从创业的角度看，日日顺的创业能力包含机会识别能力和运营管理能力两方面内容。机会识别能力主要体现在发现和识别出新产品或服务的市场机会，运营管理能力则可以用资源整合能力、组织管理能力、战略能力、关系能力来表征。在机会识别能力方面，日日顺作为创业者能够捕获到高质量的商业机会，能够准确感知和识别到消费者没有被满足的需要，并花费大量的时间和精力去寻找可以给消费者带来真正有价值的产品或服务。在把握创业机会的同时，日日顺又能够领导和激励员工达到目标，通过整合与协调各种资源，通过自下而上的方式，合理地将经营目标进行优化，并制定相应的激励机制，保持组织顺畅的运作。

从创新的角度看，无论作为"虚实融合"的平台，还是人车店库物流服务平台，日日顺的创新发挥了平台所具有的经济效益等竞争优势，例如提供"一站式"的营销和物流服务。日日顺从平台价值链的总体结构中寻找优化途径，建立包含各个利益相关者价值的商业生态圈，进行平台创新。通过"小微"机制，日日顺充分挖掘各个价值活动的潜力，寻找创新途径，例如"人车店库"模式充分发挥了各个县网的关系资源，家电定制平台倒逼了制造资源的改善，家具解决方案又提供了设计资源等，日日顺在服务管理活动中不断推出能充分发挥各种资源价值优势的新产品，进行服务创新。尤其"人车店库"平台模式，以移动互联网为基础，以用户需求为纽带，以城市区域为核心，实现高效、互动和本地化服务，融合了线上与线下，为品牌商和企业带来真实用户资源，创造了一个包含品牌商、"小微"、用户的商业生态圈。这种生态圈融入了线下商业资源和价值，从更高层次上优化平台的价值链管理，从而为平台带来价值的不断延伸和突破。

通过日日顺的经营实践，能够更好地理解创新、创业和价值提供的关系。什么是创新？创新是能够更好地利用现有的一切，组合成一个新的产品，开发出一套新的服务，解决一个被人忽视的社会问题，这些都是伟大的创新。什么是创业？创业意味着积累和进步，创业就是抓住机会再组合，包括对产品、服务、人员、资源，以及工艺流程的再组合。创新和创业的目的在于价值提供，作为创业学里最为经典的一句话，

"我之所以创业，是因为我感受到一种生活中的痛楚，我相信这个世界上有不少人和我一样正在经历着这种痛楚，所以我愿意努力让这种痛楚消除，让这个世界变得更美好"。

通路商的资源和能力

企业是资源的集合体，任何形式的企业活动都需要以企业资源为基础。日日顺正在成为领先的渠道服务商，"最后一公里"物流又是日日顺的核心能力。作为一个物流企业，其价值链的基本价值活动主要包括物流活动规划与设计、物流营销、物流基本业务活动、客户关系管理四个部分，辅助活动则包括采购、企业基础活动的管理、人力资源管理、信息管理。

日日顺的战略资源包括人力资源、声誉资源和关系资源。人力资源主要包括企业员工的知识、技能以及整体素质等。人力资源是企业最重要的资源，企业独特能力的产生与应用均依靠人力资源。目前，随着整个物流行业的专业化、信息化、智能化发展，物流专业人才如物流经理和物流规划、技术人才已经供不应求，因此，人力资源是物流企业的战略资源。日日顺引进联强团队、亚马逊团队等，都是为了获得有竞争力的专业人才和人力资源。声誉资源也是日日顺未来的重要资源。渠道产品打上"日日顺货"的标记，正是体现了这一点。声誉资源是企业的一项重要无形资源。物流企业的声誉资源是指物流企业的客户、合作者、员工、政府相关机构等对企业形象与提供的物流服务的信任和赞美的程度。企业如能具备良好的声誉，对内能够使企业员工增加对企业的认同感、归属感、稳定感，对外能够增加客户对企业的信心，对企业更加忠诚，同时也能够通过良好的声誉更容易获得良好的合作者和金融机构的信贷条件。关系资源是企业在经营活动和竞争过程中，与所处的各种内外部环境之间，所发生或形成的各种关系，如企业与政府、企业与社会、企业之间和企业内部等关系。人车店库"小微"的做法也是为了利用区域市场的成熟关系资源。基于此观点，本章认为物流企业的关系资源，是指物流企业与其外部环境中的利益相关者，包括政府相关机构、合作者之间的关系和企业内部各部门、各网点之间的关系。关系资源可以为企业获取更多的合作机会，如合作创新和合作完成业务，更容易整合内外部资源，可以使企业更容易获得外界资源。关系资源的获得不是一朝一夕就能获得的，而是企业与外界环境长期互动慢慢积累的结果。

从能力来看，由于地域广阔，三、四级市场与一、二级市场差异巨大，经营环境千差万别，目标消费群分散度高，企业除了要有强大的产品整合与经营能力，更重要的是要具备直指三、四级市场的营销、物流、售后服务能力，以及针对不同区域的市场解读能力。在未来，日日顺应该注意以下几种能力的积累。

资源整合能力。资源整合能力是指物流企业融合其企业内部资源，同时获取和分享企业外部资源，如物流产业集群内部的共享资源，进而产生资源和能力的聚合、裂变效应，实现自身能力动态提升和更新的能力。一方面，企业需要充分利用现有资源，并发现自身的潜在资源；另一方面，企业在自身资源不足的情况下需要依托核心资源，整合外部资源。现代客户不再满足于物流企业提供单一化的物流服务，对物流一体化服务的要求越来越高，希望物流企业能提供从采购、运输、仓储、包装、流通加工、配送，甚至报关、出入境手续办理、信息服务等一站式服务。日日顺规模庞大、可信度高的全国运输基础设施，覆盖2000多个县市的网络。进一步，日日顺采用战略联盟的形式，可覆盖更加广阔的区域市场。

供应链管理能力。供应链管理能力在于提供一整套定制的、基于信息技术的供应链解决方案，例如全流程信息化，使得各个业务环节之间能够通过相互竞争和协调管理的运营模式，提供一套综合的商务应用解决方案。

服务创新能力。服务是价值实现的核心要素，是企业竞争之根本。世界级物流企业服务创新主要体现在三个方面：服务理念的创新、服务内容的创新和服务方式与模式的创新。"24小时按约送达、送装一体"是一种服务创新，人车店库模式的运行，会伴随着新用户需求的出现，日日顺需要通过不断的服务创新，满足这些新需求。

信息和数据应用能力。上下游产业链信息化建设和应用的互动促进了日日顺物流信息化建设的发展。价值链各个环节所积累的大数据是工具，也是资源，如何使得这些数据产生价值？将大数据工具与传统的主观判断和分析相结合，将最有利于提高企业决策的准确性。

未来的客户管理

只有提供客户价值才能带来盈利。国际物流企业的客户细分模式的共性是根据客户需求的可预测程度和服务功能两个核心指标对市场进行细分。市场被划分成零散客户、成熟客户、非常规客户、全面战略客户四个细分。

基于不同的服务需求，推出不同的服务组合，在满足客户横向单一环节服务需求的同时，可以在纵向供应链上提供高效的综合服务。为零散客户提供标准化的、便利的、低价格的物流服务，为非常规客户提供个性化的、精细化的物流解决方案，为全面战略客户提供全方位的基于供应链的综合解决方案。

目前，日日顺物流的客户分别来自虚网、实网、社会化三个渠道。虚网客户的订单包括天猫、京东、易迅等电子商务平台；实网订单则来自各个海尔专卖店；社会化订单的比例在未来将会有大幅度的提升。

除了服务于海尔物流，日日顺渠道的客户群体还处于积累阶段。虽然一些合资家电品牌正在进入日日顺渠道，但依旧还缺乏一些全面战略客户。日日顺定位为全方位的、一体化的供应商集成者，与客户建立长期全面合作伙伴关系，提供整体价值链上的增加便利性、提高反应速度、降低成本等服务，寻求供应链过程、活动、任务的提升路线，供应链解决方案，降低供应链总成本，链接供应链管理与财务表现的主要驱动因素，实现物流"速度"与"价值"的双重目标。

在未来，交互交易交付并不意味着日日顺服务环节的结束，日日顺将提供从"送到"到"得到"的服务体验。日日顺物流共有9万辆车，每年提供1.97亿次的送装服务，其中3000万次涉及海尔产品。除了在送装过程中获取用户资源，获得用户数据，进一步而言，在交付阶段也可以同用户进行"交互"，促进交易的形成。

信息化物流的持续提升

日日顺渠道的信息化应从局部优化向集成与协同转变。作为物流业领先者，日日顺的技术装备已达到相当高的水平，引进了自动识别（条码技术）、电子数据交换技术、自动跟踪与定位，以及物流管理系统等。

现在，信息和数据关注中心应从追求局部优化逐渐转变为追求集成与协同。通过与惠普、亚马逊等合作伙伴，乃至品牌商和客户的合作，建立长期的技术战略合作关系，实现最新信息技术与其配送网络对接，并将信息技术延伸至整体供应链中，实现供应链管理的整体信息化。在供应链管理过程中，要加强对供应商、品牌商、渠道商和消费者反馈信息的管理，根据行程的大数据信息分析，及时地与供应商、销售商和消费者进行信息沟通。在企业创新过程中实现企业开放性创新，使得消费者、品牌商、渠道商参与企业的创新过程。

第四部分

变革的节奏

第16章 从名牌战略到全球化战略

海尔集团董事会首席执行官张瑞敏说"没有成功的企业，只有时代的企业"，在大工业向互联网转化的时代背景下，2012 年 12 月海尔集团宣布进入第五个发展阶段——网络化战略。海尔在一次次时代变迁过程中如何实现成功转型？能否真正在互联网时代实现全球化战略，实现整合全球性资源，在海外实现完全独立经营的世界品牌？从海尔的发展战略历程中，思考和体会海尔如何把握时代的节奏，从而准确踏上时代的节拍。

战略制定："同与不同"

海尔从 1984 年 12 月 26 日创业到今天一共过去了 30 多年，以 7 年作为一个战略发展阶段，其已经过去了 4 个战略发展阶段。战略制定体现出了同与不同的思路。30 多年来相同的、一脉相承的思路就是永远为用户创造价值。德鲁克说，企业的目的只有一个正确而有效的定义，就是创造顾客。按照互联网时代的话说就叫作用户体验。西方把经济划分了四个阶段，农业经济持续了两千多年，工业经济发展了两百年，服务型经济在 20 世纪 90 年代快速发展，现在则进入体验经济的时代。所谓体验经济，就是用户可以在虚实网上无时无刻地享受到自己可以享受的体验。30 多年来，海尔的战略一脉相承，海尔之所以有竞争力就是因为始终没有偏移永远为用户创造价值这个方向，今后不管经过多少个战略阶段，这个方向要始终坚定不移。

不同的思路是什么呢？不同的是根据时代的变化做出调整，因为时

代的企业必须永远跟着时代走。前四个战略阶段中，从 1984 年到 2005
年的这三个战略阶段是传统经济的思路，海尔的管理方式、管理工具都
是按照传统经济来做的，它的基本理论是分工理论，生产现场就是生产
线，组织就是科层制。

春秋时的管子说："千里之路，不可直以绳。"对于企业战略，海
尔认为，就是在方向正确的前提下要尽量减少和缩短走弯路和试错的过
程。回顾海尔的发展历史，从 1984 年创业至今，海尔集团已经经过名
牌战略、多元化战略、国际化战略、全球化战略四个发展阶段。不断找
到实现战略的路径才是做正确的事。正如迈克尔·波特所指出的，用数
字表示的目标不是战略，如何以差异化的方式实现才是战略。例如，我
要成为第一不是战略，找到成为第一的路才是战略。海尔不断地进行管
理模式的创新，正是为找到这样一条路。

战略阶段体现了海尔的"同与不同"，同的方面所体现的是每个战
略阶段的思路是一脉相承的，方向是一致的，即都是创造用户需求，按
互联网时代的话说，即为用户提供满意的体验。不同的方面在于时代的
变化，即前三个战略阶段完全是传统经济的思维，第四个阶段开始向网
络时代转型，第五个战略阶段肯定是完全要以网络时代的要求制定战略
（见表 16 – 1）。

表 16 – 1 　　　　　　　　　　**海尔集团的战略演进**

	名牌战略	多元化战略	国际化战略	全球化战略	网络化战略
时间	1984—1991 年	1992—1998 年	1999—2005 年	2006—2012 年	2013—2019 年
背景	改革开放机遇	"南方谈话"机遇	加入 WTO 机遇	互联网时代机遇	新工业革命机遇
观念	要么不干，要干就干第一；高质量产品	提供多元化高质量白电系列产品和服务	出口创牌，"三步走"	满足用户个性化需求，提供白电引领的体验	"三无""三化"
模式	全面质量管理	OEC 管理模式	市场链管理模式	"人单合一"双赢模式	"人单合一"双赢模式

续表

	名牌战略	多元化战略	国际化战略	全球化战略	网络化战略
组织	"正三角"组织	"正三角"组织	"正三角"组织	"倒三角"、自主经营体	利共体、"小微"、平台型组织
典型事件	1988年第一枚冰箱行业金牌；1990年获得国家质量管理奖	1995年OEC管理法获得国家管理一等奖；"休克鱼"案例进入哈佛商学院	1998年在美国南卡州建厂；建立海外工厂18家，营销公司17家，研发中心9家	建立全球五大研发中心，形成开放式创新体系；收购三洋白电和FPA	平台型组织架构；创业"小微"孵化

注："三步走"：走出去、走进去、走上去；"三无"：企业无边界、管理无领导、供应链无尺度；"三化"：企业平台化、员工创客化、用户个性化。

资料来源：历年《海尔人》；张瑞敏：《只有网络化的企业才能适应网络化的世界》，在海尔第五个发展阶段战略主题发布会上的演讲，2012年12月26日。

海尔的四个发展战略阶段

名牌战略（1984—1991年）

观念——这一部分体现了三点，一是机遇，二是观念，三是目标。海尔抓住改革开放的机遇，以"要么不干，要干就要争第一"的观念，达到的目标，就是为用户提供当时最渴望的高质量产品的体验。当时抓住改革开放机遇的企业非常多，但以这种观念去干的并不多，很多人觉得原来设备差，现在引进很好的设备，产品比原来要好得多，市场又供不应求，卖就行了。但海尔并没有这么想，当时的目标就是为用户提供他们最想得到的、高质量的产品。当时中国是短缺经济，不是好不好的问题，是有没有的问题，只要能买到就不错了。但是，要买到高质量的、无懈可击的产品在当时是一种奢望。海尔抓住机遇和要干就干第一的观念都是为了满足用户的需求。这就是战略制定的同的方面，就是为用户创造高质量的体验。

差异化的路径——要实现战略目标，得有和其他企业不一样的差异化的路径，那时海尔的路径就是砸冰箱。砸冰箱砸的是一种观念，当时人们认为产品出现一点问题是正常的，也有的认为只要引进了先进的设备和技术，产品质量就没问题了。这是错误的，先进的技术和设备是必要条件，但人才是充分条件，人是关键因素。

同行业的路径——海尔要走出一条差异化的路径来，靠的是提高人的素质，而不是仅仅依靠引进的设备和技术。当时同行业的路径是，产品已经供不应求了，只是全力以赴上产量。海尔走了一条不一样的路，所以到 20 世纪 80 年代末，市场稍微有点波动，很多企业的产品就卖不出去了。

海尔成果——成果体现在两方面，一是市场，二是管理。从市场角度来看，1988 年海尔获得了冰箱行业第一枚金牌。当时在中国没有评金牌的，所以老百姓的关注度非常高。这枚金牌对当时海尔在行业中的地位起到非常大的作用。1990 年获得国家质量管理奖，1991 年又获得全国十大驰名商标，这都是很高的评价。从管理角度看，1990 年海尔获得企业管理的金马奖，这也是国家级的奖励。同时，海尔开始推自主管理班组，从 20 世纪 80 年代就开始搞自主管理了，到今天与自主经营体可以说一脉相承。

复合增长率——这七年当中的营业收入复合增长率是 119%，几乎每年翻一番；利润增长每年环比递增 80%，也是将近翻番（见表 16 - 2）。

多元化战略（1992—1998 年）

观念——在观念上，海尔抓住了邓小平"南方谈话"的机遇，马上进行兼并和工业园的建设。在这之前，如果企业要干除冰箱之外的其他产品是不可能的，海尔抓住机遇的目的，是树立要制造多元化高质量产品的观念。所以，海尔兼并了很多企业，包括洗衣机、电视机、空调。海尔通过兼并，一下子进入很多领域。但进到很多领域只是手段，不是目的，最后目的是为用户提供他们所希望的系列高质量的白电产品和服务。在很多企业正在抓质量的过程中，海尔提出星级服务，更往前走了一步。

表 16 - 2 海尔的名牌战略

时间		1984—1991
观念		抓住改革开放的机遇，以"要么不干，要干就要争第一"的观念，为用户提供当时最渴望的高质量产品的体验
差异化的路径		海尔通过砸冰箱及自主管理班组等活动，创出一条以提高人的素质而非仅靠引进设备、技术生产高质量产品的差异化路径
同行业的路径		产品在市场上已经供不应求，集中力量上产量忽视质量
海尔成果	市场	1988 年：第一枚冰箱行业的金牌 1990 年：国家质量管理奖 1991 年：全国十大驰名商标
	管理	1990 年：企业管理"金马奖" 自主管理班组
复合增长率	营收	119%
	利润	80%

差异化的路径——实现目标的差异化路径就是被哈佛商学院采用的"海尔文化吃休克鱼"案例。按照这一思路，海尔兼并了 18 家企业，创出一条靠企业文化，将人的因素放在第一位的兼并道路。当时海尔提过一个口号，就是"多换思想少换人，不换思想就换人"，注重的就是提高人的素质，改变人的观念。这和很多企业的兼并完全不一样。

同行业的路径——一种是兼并了很多企业，最后垮掉了；另一种是提出来做专业化，不做多元化。当时的海尔受到很多的攻击，人们认为海尔做多元化肯定不行。但张瑞敏觉得不在于专业化还是多元化，它的本质在于能不能有一个可以给用户提供系列的、高质量产品和服务的体系，如果没有，专业化和多元化都没用。这个时期，很多企业感到质量很重要，忙于补质量这一课，顾不上服务体系的建设。而当时海尔已从质量开始向星级服务发展了。实践证明，如果一步赶不上，可能步步赶不上。

海尔成果——从市场角度来看，海尔初步建成了全国第一个家电工业园。这个工业园其实也是赶上了邓小平"南方谈话"的机遇，当时海尔账上可以调动的资金只有 8000 万元，但建工业园需要 15 亿元。

8000 万元建一个需要 15 亿元的工业园根本不可能。但因为邓小平"南方谈话"提出来要开放资本市场，所以海尔冰箱股票在上海上市，一下子募到 4 亿元。用这 4 亿元存到银行，很多银行就给海尔贷款了。即便这样钱还是不够，海尔当时还采取了很多办法。比如现在的滚筒洗衣机的厂房，2 万多平方米，但海尔第一步只建了三分之一，8000 平方米，然后一边干着一边上市场去卖，有了钱再干第二个三分之一，按照这个思路再干第三个三分之一，这样就不会对资金形成很大的压力。所以，目标肯定要坚定不移，但实现的路径一定得实事求是、因地制宜。从管理角度看，1995 年"日清日高管理法"获得国家管理一等奖，没有日清日高这个基础，"人单合一"大概也做不起来。其实，现在战略损益表的第三象限，实际就是日清日高的基本概念。

复合增长率——营业收入从原来的 100% 多降到 56%，利润从 80% 多降到了 51%，因为基数比较大了（见表 16 - 3）。

表 16 - 3　　　　　　　　海尔的多元化战略

时间	1992—1998 年	
观念	抓住邓小平"南方谈话"的机遇，以制造多元化高质量产品的观念，为用户提供所希望的高质量的系列白电产品和服务	
差异化的路径	通过进入哈佛的"吃休克鱼"案例的思路兼并 18 家企业。创出一条靠企业文化，将人的因素放在第一位的兼并道路	
同行业的路径	做专业化不做多元化。忙于补抓质量顾不上服务体系的建设	
海尔成果	市场	1992 年至 1995 年 5 月初步建成全国第一个家电工业园
	管理	1995 年"日清日高管理法"获国家管理一等奖
复合增长率	营收	56%
	利润	51%

国际化战略（1999—2005 年）

观念——这七年在观念上抓住了中国加入 WTO 的机遇。以出国创牌而非出口创汇的观念确定了海尔的定位。要达到的目标是为用户提供价值。但当时海尔还做不到这一点，海尔以"三步走"的战略倒逼自己，首先看自己的差距到底是多少。

差异化的路径——实现这个观念的差异化路径，一是在美国南卡建厂，二是购并意大利工厂。当时这两个举措引起了很大的争议，媒体说美国的工厂都到中国来设厂，海尔反其道而行地跑到美国去设厂，最后肯定以失败告终。海尔到那去设厂肯定没有成本的优势，但今天来看是对的。里夫金在《第三次工业革命》中写得很清楚，全球化的下一个趋势就是洲际化，原因就在于用户的个性化需求。今天海尔满足美国当地消费者需求没有这个南卡的工厂是不行的。并购意大利工厂也曾被记者认为是一个最愚蠢的决定，但实践证明并不愚蠢，这次在德国看到市场上卖得很贵的产品，就是意大利工厂生产的。

但是在兼并的过程中，暴露出海尔在国际化方面的巨大差距，所以海尔要提高员工的素质，使他成为国际化的人才，通过这些人才推进海尔的国际化战略实施。

同行业的路径——当时同行业宁可在国内喝汤也不到国外去啃骨头的观念决定了他们做定牌，而不是创牌。海尔认为，中国加入 WTO 是狼来了，海尔要与狼共舞就得成为狼。在德国的一个留学生说德国商学院的老师给他们讲海尔的案例，说海尔之所以能成功，是因为别的跨国大公司都到中国去的时候，只有海尔提出来要做"超级狼"。当时很多中国企业觉得做不过跨国大企业，那么就让跨国企业去占领大城市，自己到农村去。但国际化大公司的战略是赢家通吃，不光是城市，农村也要进去。

海尔成果——从市场的角度看，这七年海尔建立了海外市场 18 个、营销公司 17 家、研发中心 9 家（现在全球共 5 大研发中心）。当时的研发中心和现在的不一样，当时只是找了一个小研究所，就是为了和海外制造、海外营销配合起来做"三位一体"。从管理角度看，海尔当时从日清日高推到市场链，市场链的管理案例在 2000 年进入瑞士洛桑商学院。当时提出让人人都成为 SBU，实际要让每一个人都成为一个盈利的单位。这是"人单合一"的前提。

复合增长率——这期间，营业收入降到了 27%，利润降到了 10%。很重要的原因就是进到国际市场后，利润的增长受到非常大的影响。因为通常的规律是，如果要在母国以外的国家创出当地化的名牌，需要经过八年的赔付期，也就是先要赔八年钱（见表 16 – 4）。

表 16 – 4　　　　　　　　　海尔的国际化战略

时间		1999—2005 年
观念		抓住加入 WTO 的机遇，以出国创牌而非仅出口创汇的观念。在与国际接轨中，以"三步走"的战略倒逼自己
差异化的路径		南卡设厂及购并意大利工厂暴露了海尔的差距。创出一条提高素质成为国际化人才，以推进国际化战略实施的道路
同行业的路径		走能在国内喝汤也不到国外啃骨头的做定牌的道路，并且没有像海尔一样建设自己的专卖店体系，只能受制于大连锁
海尔成果	市场	在这七年中建立了海外工厂 18 家、营销公司 17 家、研发中心 9 家
	管理	"市场链"管理案例于 2000 年进入瑞士洛桑商学院，并推进人人成为 SBU
复合增长率	营收	27%
	利润	10%

全球化战略（2006—2012 年）

观念——这七年在观念上抓住了互联网时代的机遇。从原来满足大规模制造转变为现在满足用户个性化需求的观念，加快走上去的步伐。目标是从创造用户和提升用户满意体验的角度，为全球用户提供白电引领的体验。

差异化的路径——通过零库存下的即需即供来推进并建立社区店，配以建成的三专店体系，建立一条以企业为中心到以用户个性化需求为中心的道路。首先改变观念，要做到零库存下的即需即供，如果用户要海尔就能马上提供，如果用户不要不会形成库存。当时推的时候遇到非常大的阻力，一线销售人员说，如果这样海尔很多产品就卖不出去了。卖不出去就停下来，停下来怎么办？停下来倒逼了海尔的体系。因为零库存下的即需即供是倒逼整个体系去满足用户个性化需求，而不是各自为政，实际上它对海尔组织结构的改变起到了非常大的推动作用。

在营销体系上，第三个战略阶段海尔开始建专卖店，当别人还依靠大连锁时，海尔又进了一步，建立社区店，建成三专店，这些体系直接面对用户，直接满足用户需求，加上零库存下的即需即供，完全形成一个综合的体系去实现从以企业为中心到以用户个性化需求为中心的转型道路。

同行业的路径——还是在打价格战。

海尔成果——从市场角度来看，建立了五大研发中心，这些研发中心和原来的九个研发中心完全不一样，现在是平台型的研发中心。在一次欧洲考察中，王晔很快在当地找了两个由研发中心整合的研发力量来进行演示，这就是平台的作用。原来靠海尔自己的力量来研发，现在是整合力量。这有点像宏观维基经济学里说的"世界就是你的研发部"。

张瑞敏觉得平台就是信息的增值，信息在这个平台上可以不停地给你提供更高的价值。原来研发中心指的是我有多么高能力的研发人员，我的研发机构就有多么高的能力。现在是我能整合到什么样的能力，就代表我研发中心有什么样的能力。所以，这五大研发中心完全是平台型的，以此形成世界就是海尔研发部的开放体系。另一个市场上的成功就是收购三洋白电、新西兰的斐雪派克两个资源，形成白电引领的必要条件。

从管理角度来看，就是"人单合一"双赢管理模式已经成为世界多家商学院的案例。但只是成为案例，还没有真正成为一个非常成熟、可以向每个方面推进的商业模式。

复合增长率——从复合增长率来看，营业收入这七年降到了很低，但利润上来了，利润从原来的10%增长到32%（见表16-5）。为什么利润增长很快？很重要的原因就是"人单合一"双赢，让每个人的价值都体现在他为用户创造的价值上了。正要进入的网络化战略阶段很重要的不仅是利润要增长，营业收入也应该以网络化的速度增长。

以上是海尔制定战略的总体思路，以这个思路去看已经过去的四个阶段和正在进行的第五个阶段，大家对新的战略应该有更好的认识。

表 16 – 5　　　　　　　　　海尔的全球化战略

时间	2006—2012 年
观念	抓互联网时代的机遇以满足用户个性化需求的观念，加快"走上去"的步伐，争取为全球用户提供白电引领的体验
差异化的路径	通过零库存即需即供的推进并建立社区店配以建成三专店体系创立一条从以企业为中心到以用户个性化需求为中心的道路
同行业的路径	以企业为中心，力图通过价格的博弈获得增长
海尔成果	市场	建立五大研发中心，形成世界就是我的研发部的开放体系，配以收购三洋白电和 FPA 的资源，形成白电全球引领的必要条件
	管理	"人单合一"双赢管理模式成为世界多家商学院的案例
复合增长率	营收	7%
	利润	32%

海尔的网络化战略

　　2013 年，海尔开始进入企业的第五个战略——网络化战略实施阶段。围绕着平台型企业建设，在创造用户价值的过程中，越来越多的主体参加进来，形成了商业生态圈。因为"用户在网上"，海尔必须通过网络化满足用户的新需求。2013 年，海尔董事局大楼落成，所有办公室的玻璃都是透明的，象征着互联网时代的公开和透明。从"门"字形的创牌大楼到网络化的董事局大厦，海尔把自己的战略印记融入每一个海尔创业园的建筑中去。

　　网络化战略，主要包括两部分：一部分是网络化的市场，另一部分是网络化的企业。为什么要把战略制定为网络化战略？因为在第四个战略阶段海尔基本就是这么做的，到第五个阶段应该更加明确；另外，国内外的专家对海尔的建议也聚焦在网络化上。因为互联网颠覆了传统的经济模式，"人单合一"新模式的基础和运行都体现在网络上（见表16 – 6）。

表 16 - 6　　　　　　　　　　　**海尔的网络化战略**

时间		2013—2019 年
观念		
差异化的路径		战略的实施要完全符合互联网时代的要求
同行业的路径		
海尔成果		
复合增长率	营收	"人单合一"双赢模式的探索，不仅利润，营收也应以网络化的
	利润	速度增长

网络化的市场

网络化的市场表现之一为用户的网络化。过去的用户可以细分，可以主导，企业说什么样的产品好，可能用户就听你的，但是现在不行了。在网上，信息不对称的主动权到了用户手里，用户说选谁的就选谁的，企业成被动的，所以企业要跟上用户点鼠标的速度。现在用户表达的诉求成了千人千面、各异的网络化。

用户变成网络化的，营销体系也变成网络化的了。原来营销是碎片化的，其实现在变成网络化了，为什么呢？里夫金在《第三次工业革命》中说，第三次工业革命是个人化生产的革命，未来的企业组织形式是分散型加合作型。现在营销体系就是分散型加合作型。所有的网店都是分散的，无数个网店，形成一个网店的网络，极其分散，高度合作，比如支付网络、配送网络的合作。这是真正的分散型加合作型，变成一个营销体系的网络化，这和传统的大型购物商场完全不一样。互联网时代就是精细制造、精准营销。网购的价格非常低廉，可能是实体店的50%或70%，但是快递又可以变成精准快捷的配送，这完全颠覆了传统的模式。

用户和营销体系都变成网络化的了，所以企业必须转型。张瑞敏用了一个词叫"物是人非"，物还是原来的产品，但是人已经不是原来的人了。这里的"人"指两部分：一部分人是外部的用户，另一部分人是内部的员工。原来是企业的广告决定用户的选择，现在是用户的选择可决定企业的生死。在外部，用户主导企业，从一对一，到一对多，再到多对多。工业经济社会以前，用户和企业之间，和作坊之间就是一对一，那时有句话叫"酒香不怕巷子深"，因为口碑要一个一个地传。但在工业社会就是一对多，一个企业强力发布广告，很多用户都来听，所以是企业主导用户。但互联网时代是多对多。比如网上用户的评论，一些人说你好，一些人说你不好，企业没有决定权，你只有听用户的。现在是用户完全主导企业，而不是企业主导用户。

在内部是员工主导企业。因为用户的个性化需求一定要靠员工去满足，再靠过去的正三角组织，领导做了决定一级一级传达下去，根本不行。日本企业执行力非常强，他们的文化是"唯尊是从"，上级布置的任务一定坚决完成。但这样的坚决执行和市场是有距离的，你执行完了上级长官的意志，并不等于你满足了用户的需求，所以必须让员工去创造用户的个性化需求。

网络化的企业

现在已经物是人非了，该怎么办呢？

企业必须网络化，变成网络化的企业，才可能适应这个网络化的世界。海尔的组织结构从原来的"正三角"转变为"倒三角"，又到以"倒三角"扁平为节点闭环的网络组织。这可以从以下几方面理解。

第一是网络化的组织。原来一级的自主经营体、"倒三角"二级的自主经营体完全为同一目标融合到一起，加上合作方、分供方，共同组成了一个网络化的组织、一个利益共同体。用营销战略之父菲利普·科特勒的话说，就是同呼吸、共命运的有机体。同时，还有一个平台型的团队，按单聚散。有了单大家可以聚到一起，把单完成；当单变了，这些人也可以组织，也可以解散再组织新的。比如，刁云峰负责的国际商社，完全是一个按单聚散的团队。尼日利亚、委内瑞拉的项目就是一个人，但这一个人组织全球的相关资源在一块形成了一个团队，他就可以按单聚散。

第二是网络化的资源。网络化的组织之所以要变成平台型，其目的就是要去获取网络化的资源。所谓网络化的资源，就是这些资源在网络上是所有人都可以获取的，但是怎么能获得？就要看你的路径了，其实就是看你能不能和他成为利益攸关方。

美国互联网作家克莱·舍基写了《认知盈余》和《未来是湿的》。《未来是湿的》体现的是无组织的组织力量，华尔街的群众运动就体现了无组织的组织力量。《认知盈余》体现的就是无组织的时间力量，体现网络化的资源。资源应该归谁管呢？没有人管。只要你有目标，有方向，他感兴趣，他就进来把他的时间贡献给你。

比如全球一流的设计资源、全球一流的模块供应商资源、全球一流的营销资源等，这些资源谁都可以使用，它不会专属于你，它可能就这一个单和你聚，也可能不和你聚，能不能获取这些网络化的资源，这是组织要解决的非常重要的问题。这些都做好之后，检验它的，就是用户。

第三是网络化的用户资源。你能不能获得用户资源，先要看用户网络是不是买你的账，前提是能不能把你原来的内部考评标准变成由用户考评。如果不能，你永远不可能满足用户的需求。在1169经营体，物流配送承诺用户24小时限时送达，超时免单。免单的钱不是公司拿，而是个人出，但本质不是叫员工赔钱，而是倒逼回来找到体系的问题，是让体系完全符合用户个性化的需求。

网络组织下面有两个基座非常重要：一个是"人单合一"双赢模式，上面的网络组织是在"人单合一"双赢模式的前提下形成的，这里很重要的是战略损益表。网络组织最终的底座是海尔文化，就是海尔的各种观念。观念不对，文化不对，肯定不行。

网络化的企业应该怎么理解？体现在三个方面，张瑞敏把它归纳为三个"无"。

第一个"无"，企业无边界。科斯在《企业的性质》中说，企业为什么要组成一个企业？就是为了使交易成本最小化，如果不为了这个目的就没有必要组成一个企业。这就是科斯定律。意思是说企业有一个边界，如果内部的管理费用大于外部的交易成本就不要自己干了，如果内部的管理费用小于外部的交易成本，就应该扩大。

互联网时代有人挑战科斯定律，也有人要颠覆科斯定律。现在对他提出一些质疑的是比尔·乔伊，他提出了乔伊法则，认为不管你是谁，不管你有多大能耐，大多数的聪明人都在为他人工作，意思是说大部分的聪明人都不在你公司的内部。

海尔下一步要走的路，就是一定要把平台型团队按单聚散做好。平台型的按单聚散，随时按需汇聚全球一流的资源，就可以干得比别人更好，就可以使企业边界很大，因为自己无边界了。所以，平台型团队最后的结果应该是动态优化的利益共同体。为什么叫动态优化呢？因为利益共同体并不是一定的，需要根据单不断优化。动态优化要体现的最后结果就是交易成本最小、收益最大。

第二个"无"，管理无领导。前些日子美国晨星公司到海尔来交流时，它们的口号翻译成中文就是"消灭一切经理人"，就是这个意思。传统组织是马克斯·韦伯的科层制，认为企业一定要有领导，而且领导是一层一层的，上层领导、中层领导、基层领导，领导很多。马克斯·韦伯的科层制统治了企业管理差不多 200 年。

但现在互联网把领导给颠覆了。用户是领导，用户说了算。怎么做呢？就是海尔正在探索的"人单合一"的驱动机制。人就是员工，单就是用户，把员工和用户合起来，最后的目的就是自主经营体，自主经营体再变成一个个自治的小微公司，目的是给它最大的自主权、更快的反应和更多的决策，最后做到人单自推动。

当然，管理无领导，要靠充满活力的机制、平台，从而形成自组织动态优化的人单自推动。怎么推动到出现能适应的人呢？就是网络化的资源去整合，整合来的人满足更高的需求，需求又变了，再整合更优秀的人。

其实，中国传统文化里《易经》的第一卦乾卦说的潜龙勿用，见龙在田，飞龙在天，一直到最后最高境界就是群龙无首。群龙无首在中国成语里可能是贬义词，但在这里是一个最高境界，没有人来发号施令，但是每一条龙都会治水，每一条龙都会各司其职，每一个自主经营体都应该是一条龙。

第三个"无"，供应链无尺度。企业无边界和管理无领导是张瑞敏根据现在的形势发展而总结的，供应链无尺度是借用的。这是《长尾理论》的作者安德森在他的新书《创客》里提出的概念，供应链无尺度企业可以满足大众和小众的需求。

　　网络化的企业，既体现在企业结构，又体现在企业内部的组织，也体现在对待用户的供应链上。对待用户的供应链，传统时代是大规模制造，互联网时代是大规模定制。现在海尔探索的就是按需设计、按需制造、按需配送的体系，这才是最高的境界。海尔现在还做不到，还努力在第二步——大规模定制。但按需定制必须要去考虑了，因为 3D 打印真正发展起来后，用户可以自己设计，就把你放一边去了，这正是第五个战略发展阶段应该做的。

　　网络作家们提出，网络化世界遵循的法则是网络的个体化、个体的网络化。所谓网络的个体化，就是网络会使每一个人都体现自己的价值，每一个人在网络上都是一个发布人，都是一个扬声器，每个人都可以大声说出自己的想法，每个人都是一个编辑者，每个人都是一个作者，这就是网络个体化。而个体网络化是指，每个人所做的一切都必须借助网络才能够发挥作用，如果没有网络，这一切都没有用。这一定是必然的趋势，一定是必然的结果，但它又是海尔今天做网络化战略的一个必要条件，即海尔要达到目标的一个必要条件，而海尔的目标就是希望通过网络化战略真正使海尔每个人都成为自己的 CEO。

第17章 海尔创业：名牌化战略

创业和创牌帮助海尔建立了核心能力和竞争优势。当国内企业还没有认识到品牌重要性的时候，海尔已经先人一步。随后的故事就非常简单，即范围的扩张，先在国内并购"休克鱼"，后来又参与国际市场的竞争，只不过是海尔核心能力的一次次复制。理解海尔变革的节奏，必须重点理解海尔在创业和创牌阶段的成长故事。唯有了解创业之维艰维难，才能理解海尔文化。

1984年，青岛电冰箱厂迎来了新上任的张瑞敏厂长，从"十三条"开始，工厂的经营管理逐渐步入正轨，扭亏为盈。"砸冰箱"事件彻底触痛了员工对于"质量"的认知，海尔名牌化战略随着大锤的落下而起航。随着德国技术的引进，以"海尔"为品牌的冰箱产品正式下线。

虽然技术是从德国引进，但是从以"十三条"为代表的现场管理开始，海尔逐渐采用了日本管理方式，着重强调管理过程中"人"的作用和机制建设。海尔的"企业即人，管理即借力"的思维正是从这时开始逐渐形成。

"大锤"留给海尔的还有金锤奖，在随后的岁月里，海尔设立了"金锤奖"，以奖励那些在企业经营过程中的创新人物。以创新和创业为主的"两创精神"也逐渐萌芽，并在每次的战略变革过程中得以完善。

时代的"节拍"

当人们看到一棵参天大树时，很难想象它还是幼苗时的情景。对于海尔如此，对于中国的改革开放也是如此。今天，中国已经是世界上第二大经济体，而 30 年前，国民经济却处于破产和崩溃的边缘。

改革开放

改革开放似乎是不得已而为之。什么叫改革？通俗的解释就是，一台机器运行不畅，需要进行大修。在计划经济发展时期，通过连续几个五年计划的实施，初步形成了完整的中国社会主义经济体系。从 1949 年新中国成立开始，中国除了从苏联引进了生产技术和设备，还全面引进了斯大林式的、高度集中统一的计划经济模式。计划经济管理体制从中央政府直到县级政府，形成了封闭、垂直的管理体制和系统。

计划经济是在生产和消费两端，由国家统一进行投资分配，然后统购统销。国家行政体系尽力调动全国经济的每一个细胞，需要建设什么工厂、生产什么产品、设置多大的产能、每年产品的产量都是由国家通过计划直接安排。计划经济的经济特征即高度的计划指令性，产品的数量、品种、价格、消费和投资的比例、投资方向、就业及工资水平、经济增长速度等均由中央当局的指令性计划来决定。

很多人在提到此后的改革开放，都采用了"非均衡"来形容经济的发展。在改革开放前，中国的经济实在是太均衡了。计划经济实行城乡二元制，最大优点是所有的人都有工作，农业人口种地、城市人口有单位。计划经济把全国的生产和消费市场都全部网格化，每个区域都是一个完整的生产和消费系统，只有必要的生产物资和消费产品才需要全国市场的调配。

计划经济希望形成一种稳固的社会结构和层级。明太祖朱元璋也曾经做过类似的事情，把百姓按职业大致分为民户、军户、匠户，子孙世袭。朱元璋要建立的是一个等级分明、秩序严谨、近乎僵化的社会结构，在这个结构中，每个角色各司其职、互不干扰，依靠这一制度结构，大明江山就可以世代相传。

现在，学过萨缪尔森的《经济学》之后，大家都知道市场信息是不完全的、不对称的，计划经济要有全面、准确、快速和及时的信息收集、加工和传达系统，这一点经济学家 Karl Polanyi 已经证明是不可能的。此外，经济是不断前进和发展的，针对这一点，马尔萨斯的《人口论》又给大家做了一次反面教材。随着经济的不断发展，人们的生活方式和行为方式也会发生变化，计划经济难免会产生僵化，墨守成规的制度最终一定会被历史所淘汰。

改革开放初期，中国的经济就处在严重僵化的状态，缺乏活力，没有创新。计划经济体制下的生产体系中，企业的固定资产建设项目和投资，都要由国家统一计划；所需资金由国家财政统一分配；所需物资，由商业部和物资部统一调拨；所需劳动力，由大学统一培养和分配。计划经济体制下的流通体系中，企业产品，全部由国家统购统销；企业盈利，全部上缴国家财政；企业亏损，国家财政统一补贴。但现实中，企业创新这么做却行不通。以德国宝马公司为例，第二次世界大战后德国分裂，位于德国北部艾森纳赫（Eisenach）省Thurngia城市的宝马汽车厂被划归东德；1948年，宝马汽车厂在西德慕尼黑重建，并重获辉煌；"冷战"结束后，柏林墙倒塌，德国统一，当宝马公司的员工来到位于东德的老厂房时，却惊奇地发现，所有的生产设备还是50年前的样子。

改革开放初期，中国企业的设备情况也差不多，吴晓波在《激荡三十年》一书中就提到，重庆炼钢厂还在使用140年前英国生产的蒸汽式轧钢机。笔者小时候生活在轧钢厂，其也是采用同样的轧钢设备，工人拿着铁钳夹着烧得发红的钢坯，送入轧机的入口，钢坯一次次变长变细，工人师傅被烫伤的也很多，后来，才改用连轧设计。

中国改革开放的总设计师是邓小平，他坚持抛弃了"左""右"和"资""社"之争，采用了实用主义。"知善知恶是良知，为善去恶是格物"，在改革开放的设计上，邓小平绝对称得上"知行合一"。据说，他在每次重大决策前，一个人独自抽烟，善于把事情想透，好的一面、坏的一面，如何发挥人们的积极性，把坏事情变好。邓小平提出要改革开放，并积极推动改革，目标在于建立以企业为主体的社会主义市场经济，把企业搞活、把经济搞活。

改革其实也是中国现代工业革命的继续，工业化和城镇化水平取得了惊人的突破。改革40年，积累的财富超越了中国2000年的农业社会之和，改变了我们的衣食住行，改变了我们生活的每一个方面和细节。所有这些财富的积累，都是通过市场经济的主体——企业来完成的。正是海尔这样的企业，构成了国民财富的全部，它们伴随着改革开放一路走来、一起成长。

需求拉动的增长

现在看来，当时的改革开放是被释放的"消费"和"需求"拉动增长。按照吴晓波《历代经济变革得失》所言，改革开放初期的"投资驱动发展"的思路没有行得通。1978 年，邓小平委派谷牧赴法国、瑞士、比利时、丹麦、联邦德国西欧五国考察，提出了 120 个从钢铁、石化到汽车的招商项目，临行前邓小平指示要"广泛接触，详细调查，深入研究些问题"。

此次考察的结局有两种说法，一种说法是西欧那时经济停滞，资本、设备、技术和产品都过剩，想找出路。考察团被西欧各国看作新的投资机会，西欧企业家都想和中国考察团见上一面，联邦德国方面安排了紧密的行程，甚至用军用直升机争取时间。各国纷纷向中国考察团许诺要拿出大笔资金投资项目。另一种说法是，西欧人不像苏联人那么"无私"，国内脆弱的工业基础和虚弱的消费能力让他们望而却步。从后来的发展来看，后一种说法也许接近现实，因为并没有资金随着考察团滚滚而来。谷牧回国后致力于经济特区建设，把更多的精力放在改革开放的制度环境建设上。

面对开局不利，邓小平的实用主义再次发挥了作用。虽然改革开放是"摸着石头过河"，还没有形成具体的计划和设计，但是他却设定好了评价标准"不管黑猫白猫，抓住老鼠就是好猫"。邓小平提出在坚持"四项基本原则"的前提下，改革开放"胆子要大一点，步子要快一点"，具体的实施可以"让一部分人先富起来"。"让一部分人先富起来"再次体现出邓小平的"知行合一"，却也暗合福利经济学第一定律，即在每个人的福利水平不受影响的情况下，社会整体福利水平可以通过"先富"而增加。

安徽凤阳小岗村的"包产到户"成为改革的突破点。包产到户把农民从土地的束缚中解放出来，乡镇企业成为改革的意外收获，这是连包括邓小平在内的党内同志都没有预料到的。包产到户和乡镇企业是邓小平"胆子再大一些"，鼓励基层创新的收获。虽然这些乡镇企业有的发展成为后来的民营企业，但是当时它们最大的贡献是促使一批"万元户"诞生。

体制外的"万元户"成为先富起来的第一批人，是他们带动了国内市场最初的消费需求。20 世纪 80 年代初期，社会都处于"短缺经济"，但是对于大众而言，短缺的是基本生活资料，自行车、缝纫机、手表这"老三件"都是凭票供应。先富起来的这批人，有了最初的家电等奢侈品需求，带动了"老三件"向"新三件"的发展。电视、冰箱、洗衣机成为人们更高层次的生活追求目标。社会的主要矛盾已经彻底不再是阶级斗争，而是人民日益增长的物质文化需要同落后的社会生产之间的矛盾。无论是"老三件"还是"新三件"，依旧是凭票供应，具有分配权的商业局和五金公司成为最炙手可热的单位。此外，在青岛电冰箱厂、电视厂门口，是形形色色的"倒爷"，他们倒腾的是"冰箱票"或者"电视票"，要么零售，要么凑够一车发给各地的五金公司。

行业"主旋律"

生存与成长

1984 年张瑞敏调到青岛电冰箱总厂，它的前身是青岛日用电器厂，寂寂无闻，但亏空 147 万元，整个生产陷入停顿。当时张瑞敏 35 岁，以青岛家电公司副经理的身份接手这个烫手山芋，其实内心并不情愿。

张瑞敏上任的第一件事便是骑着自行车去附近生产大队借钱，给员工发工资。这也从侧面验证了，在改革开放初期，体制内的企业没有乡镇企业头脑灵活。但是，与同时期的其他创业企业相比，张瑞敏的境遇已经算是不错的了。那时候，宗庆后还在卖冰棍儿，柳传志刚成立名字已经被人忘却的小公司，马云还在念书……大家都还是一棵"幼苗"。

中央的放权以及让利让当时的地方和企业具有了产品的自主权，体制内企业的灵活性也增强了。既然"抓住老鼠就是好猫"，各省的企业不甘落后，纷纷推出自己的拳头产品。1977 年之前，全国只有上海市手表厂生产的腕表——上海全钢，售价 120 元，还需凭票供应。改革开放伊始，天津手表厂也推出了自己的"东风"牌手表，售价75元，不需要凭票。当然还有青岛手表厂。

生产"新三件"的企业也不甘落后。山西太原无线电厂推出了"春笋"牌电视机，河北石家庄无线电厂听说山西都有了电视机，马上生产出"环宇"牌电视机。那时候，电视品牌北京有牡丹，天津有长城，南京有熊猫；电冰箱品牌有新飞、春兰、容声、华凌等。

国内家电市场最火的是"燕舞"收录机，在电视台做广告也是敢为先了，在20世纪80年代中后期，一个小伙子戴着耳机，"燕舞，燕舞，一曲歌来一片情"唱遍全国。那时候，索尼还没有生产出Walkman，所以随便在集市上都能够看到烫发、蛤蟆镜、紧身衬衣、喇叭牛仔的年轻人肩扛燕舞录音机逛街。

现在看来，从战略管理的视角对这些企业进行分析显得有些牵强，PEST、SWOT这些工具对于这些企业毫无用处。那时候企业面临的首要问题就是生存和成长。虽然改革和开放的大环境已经形成，但是到了具体的操作层面，还没有可依据的规章制度，一切都在摸索中前行。

对于张瑞敏而言，当时青岛电冰箱总厂还是一家"体制内"的集体企业，必须在许可的范围内进行变革和调整。如何管理好一个600名员工的大厂，如何让企业摆脱困境，张瑞敏没有任何经验可循。只要能把工厂带出深渊，张瑞敏什么方法都愿意尝试。现在看来，张瑞敏上任伊始便获得了市里领导的支持，团结住了管理层，约束住了员工。既然改革要建立现代企业制度，那么必须从企业纪律做起。

在完成内部整顿的基础上，张瑞敏大力推动与德国利勃海尔的电冰箱项目合作。与德国的电冰箱生产线合作项目是海尔发展初期重要的战略步骤，在海尔的发展历史中，是最为关键的第一步。海尔从此有了电冰箱这个"核心产品"，并基于此发展成为核心能力——包括产品制造和企业管理能力。

从多年后家电行业的发展情况来看，当初选择"电冰箱"这一产品是非常的英明。在改革开放初期，电视机、录音机、录像机、VCD等产品，乃至洗衣机，纷纷因为产业技术轨道的跃迁，生产企业又没能及时做出调整，而纷纷被淘汰。电冰箱和空调是技术范式发展相对稳定的产品，只要在行业内坚持，企业就有胜出的机会。

合资与技术引进

国内市场需求已经开始出现，外资开始主动寻求进入中国市场。在生产和供应端，外资首先选择了消费类产品市场。20 世纪 80 年代初，正是国内市场商品匮乏的时候，电视机、录音机、计算器、优质布料等都是可望而不可即的商品，国内的生产能力不能满足，地方政府纷纷主导引进外资，引进生产线。

以日本家电制造为代表的外资企业纷纷进入中国市场。1983 年，三洋公司在广东蛇口办厂，生产收音机和录像机。按照当时的规定，三洋生产的电视机只能卖给广东省的商业厅，然后由商业厅到国内市场进行销售。还有一种说法，以上海桑塔纳汽车为例，德方担心国内的消费和需求能力，在合资初期，要求中国政府包销所有的产品。20 世纪 80 年代，日本家电企业主要依靠提供技术、转让生产线与中国刚刚起步的家电企业合作，国内目前许多家电企业的生产线就是那时从日本引进的。尤其在 80 年代末 90 年代初，日本家电企业凭借产品的耐用、优质、精美等特性在中国市场形成良好口碑的机遇，纷纷抢滩登陆，像早期的松下、索尼、东芝等纷纷在国内建立了自己的合资企业。

在消费端，全中国的家庭都以拥有一台电视机、一台冰箱为荣。高端用户，托海外关系购买或者利用出国的机会带一台日本彩电回来；普通用户，则托人从五金公司买一台，赶上什么牌子就是什么，没有品牌的选择权。在城市，工厂也会买一台彩电作为工人们下班时的消遣和娱乐；在农村，生产大队也会买台彩电，晚上的时候像演电影那样搬出来大家一起围观。那时候电视信号很少，电视用户们在房顶上各自架起天线，看的电视节目只是《霍元甲》和《霍东阁》。

更加有趣的是，当时中国国内市场与国际市场又是两个不同的价值体系。国门一开，相应的防范措施跟不上，久已存在的走私贩私活动更加泛滥。最严重的广东、福建的几个沿海渔港、渔镇，成了走私贩私的大据点，私活蜂拥而进，私贩络绎于途。

此外，在中国市场能看到 GE、惠而浦、美泰克等美国家电企业依稀的身影。1994 年惠而浦在上海建立了合资工厂，与当时的水仙合资生产洗衣机，1995 年又与北京的雪花合资生产冰箱。给予谷牧最大期盼的欧洲企业却姗姗来迟，西门子自 1995 年投资建厂至 2000 年，在经历了漫长的煎熬之后，才收回了投资并开始获利。

消费市场的活跃拉动了原材料市场的需求。依靠家电等终端消费类产品的拉动，一些上游原材料领域，例如钢铁、石化等行业的需求开始增大，外资才逐渐地大举进入。

海尔的"舞曲"

在海尔的创业和创牌实践过程中，现场管理和技术学习能力是最基本的两个成功经验，正是基于这两个要素在海尔基因中的沉淀，海尔的创新创业"两创精神"逐渐得以形成和发展。

现场管理

2012 年，国资委主任李荣融退休后到清华大学经济管理学院做兼职教授。作为经管学院顾问委员会成员，李荣融马上提出了批评意见。原因是经管学院并没有自己的餐厅，教职员工午饭都是各部门自己订盒饭，吃完饭便把饭盒丢在各层洗手间的垃圾桶旁边，有时垃圾桶满了就摞在旁边或者洗手池上。李荣融认为，作为世界一流的商学院，不应该有这样的现象出现。

海尔 1984 年的管理"十三条"也是从现场管理做起，循序渐进把管理思维植入员工的大脑中。在海尔文化展的历史照片中经常可以看到张瑞敏、杨绵绵、武克松深入生产一线，从每个细节开始管理。

海尔一直坚持了这个传统。现在的海尔园建设得非常美丽，尤其是在园林式的海尔大学、现代化的董事局大楼。在海尔调研时间长了，便和负责对接的人员说起：中午的时候可以在楼下散散步。得到的回答却是，海尔规定午餐时间只有半小时，原则上也不允许员工在园区闲逛。

不久笔者自己便有了亲身体会。2013 年，陪同瑞士 IMD 商学院的 Bill Fisher 教授一起在海尔做访谈，创牌的自主午餐过后，两人便到董事局大楼门前的喷泉广场散步，池中水底金鱼游来游去，池面上的野鸭并不十分怕人，游过来不断啄咬着行人的脚，很是惬意。一会儿，保安便跑了过来，让赶紧离开。保安师傅说，杨总在楼上看见了，工作时间不可以在园区内闲逛。

现在海尔可能已经没有了管理"十三条"，但是现场管理的思想已经深入人心，在所有人的价值观中，对错已经分明，并有人随时随地督促执行和实施。

合资中的经验交流

那时候"中国制造"可不意味着现在的低端产品，相反国外的企业经常给中国企业做"贴牌"。例如山西太原的春笋牌电视机，打开后盖一看，全部是三洋的标志。一台电视机，外形和内容全部是三洋的，只不过把"Sanyo"商标换成了"春笋"。那时候，大多国产家电产品都是采用这个办法，像 1982 年开始生产的上海金星牌彩电、1981 年创建的福建"福日电视"等。

"新三件"迎来了蓬勃发展的时机。1982 年，家用电器工业局从五金电器工业局独立出来，这期间中国彩电业迅速升温，很快形成规模，全国引进大大小小彩电生产线 100 多条，并涌现出熊猫、金星、牡丹等一大批国产品牌。1983 年，洗衣机产量由 1978 年的 400 台上升到 365 万台，此后全国各地掀起了大规模的技术引进热潮，有 40 多个厂家先后从洗衣机技术先进国引进技术 60 多项。从 1983 年起，中国开始引进冰箱压缩机的生产技术和设备。1986 年，广州建成了从日本松下电器株式会社引进的年产百万台的冰箱压缩机厂。与此同时，北京也建成了从飞利浦设在意大利的"伊瑞"公司引进的年产百万台的冰箱压缩机厂。

在合资和引进技术的潮中，张瑞敏的青岛电冰箱厂实在算不上"先行先试"。直到 1985 年，青岛电冰箱厂才开始从德国利勃海尔集团（Liebherr – Haushaltsgerate）引进冰箱和压缩机先进技术，生产出我国乃至亚洲第一代四星级冰箱。

但是，与其他家电企业不同的是，张瑞敏没有采用合资的形式，也不是简单地从德国买了零件回来组装，青岛电冰箱厂和德国利勃海尔集团签订的是《技术与经验合同》。在合同实施过程中，除了引进德方的生产线，张瑞敏派出了以杨绵绵为首的40人学习团。他们日夜在德国学习技术资料，白天工作，晚上一起开会整理笔记、交流心得。张瑞敏还要求，这些去德国参加培训的员工，回国后每个人要负责培养10名技术骨干。这些事情发生在1985年，而直到1987年3月，彩电国产化的工作方针才被确定为"引进、消化、开发、创新"。但是，家电行业大多数的企业并没有意识到这一点的重要性。

引进德国生产线后，青岛电冰箱厂改名为琴岛海尔电冰箱厂。由于没有采用合资方式，少了外方股权的掣肘，青岛海尔在以后的市场并购中能够大刀阔斧地进行收购"休克鱼"；由于学习技术经验，海尔初步形成了自己的技术和研发力量，在随后的市场整合中，能够基于这一核心能力，并进行多元复制和扩张。

为什么要 "名牌化战略"

从传统上讲，国内企业不注重品牌。在计划经济时代，国家强调的是产品功能，不论企业生产什么，国家统购统销；在改革初期的短缺经济时期，不论企业生产什么，都能够卖出去。

计划经济发展模式，对于中国企业的影响还体现在区域市场影响力。家电产品也成为某一地区的"特产"，有很强的区域烙印，例如北京牡丹、上海金星、南京熊猫。在计划经济时期，为了避免全国性的物资调配，这些品牌也是主要针对地方用户，并在当地用户中有好的市场口碑。

上海的老牌轻工产品在国内曾经一度风光无限，金星作为上海市标志性产品，先后荣获国家商业部的"全国最畅销国产名牌产品金桥奖"和"全国大商场推荐市场名优商品"、中国质量协会的"用户最满意产品"、国家技术监督局的"国家方圆标志"和"中国五大畅销品牌"等各种荣誉与奖项。

20世纪80年代，日本的跨国家电公司就在中国树立了品牌战略的思想，大肆推广其品牌。松下在中国大陆的电视、报纸等媒体大肆推广

"Panasonic""National"，东芝推广"Toshiba"，甚至到了今天很多人还能记起其广告歌里的镜头。80年代末至90年代初，国内企业尚没有品牌意识，中国的家电市场基本上充斥着日本品牌。与其品牌意识较强相一致，日本在华的合资企业一般采用日本企业的品牌而非中方的品牌。这和整个中国市场上日本家电产品长期大量出口有一定的关系，同时也跟其在合资谈判中达成的协议密不可分。有的企业在合资初期就有明确的品牌战略要求，即必须使用日本公司的品牌，或者允许它们在合资的过程中根据企业需要不断追加投资，逐渐加强它们对这些企业的话语权，伺机推出自己的品牌。

欧洲家电企业的品牌意识比较强，时刻把自己的行为和品牌责任联系在一起。西门子、伊莱克斯的品牌行为方式往往很规范，总是"小心翼翼"，在冰箱的耗电量、洗衣机的洗涤容量等指标的标注上，西门子等品牌都表现得极为"保守"。譬如洗衣机的容量，必须和洗净度、用水量等联系在一起考察，否则标注得再大也是一串毫无意义的数字。正是出于对消费者知情权的尊重，欧洲家电品牌避免了在技术指标上玩弄数字游戏的做法，而是严格按测试结果标注，这与国内某些习惯于以炒作概念吸引消费者注意的品牌形成了鲜明对比。正是这种责任感，培养起了消费者对它们的忠诚。

青岛冰箱厂是国内市场的"后起之秀"，是轻工业部最后一批电冰箱定点生产厂家，当时市场上国产冰箱已有100多个牌号，但并没有"名牌"冰箱。从管理"十三条"开始，张瑞敏意识到仅仅依靠"管"是不行的，企业必须确定正确的发展战略，让员工看到发展的希望。因此，海尔提出了以质量为基础的"名牌战略"，要求员工"绝不从我手中放过一起质量隐患"。

当时，各个地方品牌也逐渐有了品牌意识。上海除了"金星"，还有"凯歌""飞跃"等电视机名牌。飞跃、凯歌早在1984年就提出了上门服务、调换等售后服务的概念，这在当时是革命性的举动。这些品牌以优良的产品质量、雄厚的技术力量和完善的服务赢得了市场和口碑，供不应求。

既然每个区域市场都有自己的家电品牌，改革开放就打破了计划经济模式下的物资调配指标。这些家电生产企业可以在全国范围销售自己的产品。例如，青岛电冰箱厂生产的"白鹤"牌冰箱就是由上海一百负责上海市场的经销。尴尬的是，因为质量问题，上海一百致函青岛电冰箱厂，要求退回订购的全部 68 台冰箱。

家电企业众多，这些基于区域市场发展起来的企业又缺乏在全国统一市场进行经营的经验，像"白鹤"冰箱这样的质量缺陷案例日渐增多。

1986 年 7 月 30 日，国家经贸委等八个部委联合发出《关于认真落实三包的规定通知》，对冰箱、洗衣机、电风扇、彩色电视机、黑白电视机和收录机这六类家用电器（包括进口零部件组装的家用电器）的三包办法做出了统一规定，1986 年 10 月 1 日起实行包修、包退、包换。

生产不出好的冰箱产品，海尔自己也很沮丧。多年后张瑞敏仍然感慨不已，仍会讲起，"我改革开放初期曾经打过一个比方，现在假定让我们这一拨人到松下去，用松下的设备和理念能不能生产出同样质量的产品？干不出来，这是改革开放我们引进很多设备失败的一个很重要的原因，人的因素还是第一位的"。所以，1985 年，青岛海尔虽然引进德国技术，但是在管理上采用日本企业的管理办法，以后的部长制、"日清日高"管理、战略损益表，乃至张瑞敏"企业即人，管理即借力"的管理思维莫不由此缘起。

同年，海尔发生著名的砸冰箱事件，当时海尔提出一个价值观"有缺陷的产品就是废品"，现在看来这已没什么意义，但当时没有人能提出这样的价值观，因为当时是供不应求的时代，所有的产品都要排队来购买，何必还要把质量做到极致呢？但海尔当时想到了，因为海尔要做世界一流的产品就必须保证产品质量，砸冰箱就是为了支持这个价值观。通过"砸冰箱"，海尔名牌战略初见成效。

1988 年，国家经济委员会开始评选国家优质产品奖，创业仅四年的青岛电冰箱总厂获得了中国第一块电冰箱行业的优质产品金奖。多年之后，房地产的发展使得人们的居住环境大大改善，每次搬家时讨论的主题就是家里那台还能运转的海尔冰箱要不要扔掉？很多人都有的共同感受就是，过去的产品质量就是高，连家里那台二十年前买的"海尔"

冰箱,至今还在家里运转着呢!而且制冷性能还宝刀不老。当年购买的时候厂家说过电冰箱的寿命只有八年,可是"小车不倒只管推",冰箱不停也只管用了。

海尔的管理贡献

青岛是齐鲁大地的美丽明珠。春秋的时候,周天子派了自己的两个儿子分别治理齐国和鲁国,去齐国的王子,三天就回来向天子汇报,说自己根据齐国的风俗和现有的法律,逐一理顺,教化百姓,并加强执行,所以很快就完成了工作。去鲁国的王子,三年后才回来向天子汇报,说自己重新开始,细致地颁布一套新的政令,培训并使人人了解,所以花了三年的时间。周天子的反应是,唉!看来将来鲁国肯定是要被齐国灭亡了。通过这个故事想告诉大家,谈到管理,"理"比"管"要重要、有效一些,张瑞敏经常谈到"管理即借力"大概也是这种看法。齐国是市场经济,那么鲁国则是计划经济。

但是,当把"管理"置于改革开放这个大背景之下,对于企业员工而言,海尔的经验说明,现场管理是海尔管理系统形成的第一步,以此为基石形成了企业管理的核心能力,才能够在全国范围进行复制,并随产品和地域不断扩张。

在创牌阶段,海尔坚持"要么不干,要干就争第一,为用户提供高质量的产品体验"的经营理念。海尔以"现场管理和经验学习"为管理重点,提高人的素质,而非完全依赖于技术引进生产产品。海尔获得了第一枚冰箱行业的质量金奖、国家质量管理奖,成为全国十大驰名商标。

现场管理

在创业和创牌阶段,海尔虽然引进的是德国技术,但是却选择了日本企业的管理方法。在此期间,张瑞敏等高层管理人员不断到日本企业,如松下、三洋等,通过考察管理现场,学习具体的管理经验和方法。这种基于现场经验学习和现场管理的方法,逐渐提升了海尔的制造管理效率，并在那个时期的同行业竞争中，逐渐显现出优势，这种管理"软实力"成为以后实施"休克鱼"并购的重要前提条件。

管理实践为什么会不同？在20世纪80年代，中国企业刚刚开始迈出改革与开放的步伐，之所以出现不同水平的管理实践，主要的原因还是在于对"市场竞争"的认知不同。以青岛家电市场为例，当时张瑞敏签字的冰箱票在市场上可以卖到1000元人民币，周厚健签字的电视票差不多也要这个价钱。由于处于严重的短缺经济和卖方市场，企业的生存压力和竞争压力不大，企业管理者也缺乏努力工作的动力。

海尔之所以不同，就在于提前认识到这个现象必定是不可持久的。当时，海尔集团的前身青岛冰箱厂生产的冰箱年度产量一半质量不合格，主要的销售商如上海第一百货商场发函要求退货，用户也写信给张瑞敏抱怨产品质量……面对种种窘境，张瑞敏选择了"大锤"以砸醒员工的质量意识和用户思维。

与之相比，改革开放初期大多数的中国企业，尤其那些如雨后春笋般成长起来的民营企业还是"骗"字当道，道理很简单，中国市场有13亿潜在的消费者，即使每个人骗上1元钱，企业也有13亿元的收入，实在经营不下去就关门大吉。这是那个时代大多数企业的"商业模式"。

海尔对于现场管理的强调，提升了企业的纪律与执行能力，并表现出"精益管理"的特征。海尔还注重管理的制度化，1988年海尔冰箱获得国家"金奖"，领奖回来却发现生产线出现质量问题，张瑞敏批评与他同去北京领奖的质量控制主管，强调人不在，流程也要在。

创牌故事从冰箱开始

创牌过程不是简单的历史描述，应该是各种管理故事。海尔的战略转型是从做产品到做品牌，这简单的一句话，却包含了许多管理细节。从发不出工资找村委会借钱，到今天看来可笑的"十三条"，再到当着全体员工砸冰箱……管理就是一个个故事和一个个细节。正是这些管理故事构成了海尔"名牌化战略"那八年。在这八年里，海尔的管理"三人组"正式形成，并在业务领域配合默契。

"冰箱票"

30多年过去了，不知道谁还记得白鹤牌洗衣机。青岛日用电器厂从1979年开始生产白鹤牌洗衣机和瑞雪牌电冰箱，那时洗衣机年产量1万多台，但质量较差，三年下来积压了6322台。当时的做法是，把这些残次品分成三个等级，依次削价处理。当时工厂停业整顿，工人没活儿可干。为了能够让工厂生存，1983年以青岛日用电器厂为基础，成立了青岛电冰箱总厂。当时工厂厂房破旧，所有车间的玻璃没有一块是完整的。于是，才有了管理"十三条"，其中有一条是禁止员工在厂区小便，现在看起来很可笑。

当时，中国还处在计划经济时期，冰箱、电视等大件用品都是凭票供应。过去买啥东西都要"票"，粮票、布票、肉票……光有钱是买不到心仪的冰箱的，还要有冰箱票。当时一台洗衣机不过卖两三百元，而一张洗衣机票的黑市价就能达到100元。

对于多数市民而言，绿色双开门的电冰箱不仅承载了一代人的集体记忆，还寄托了人们更多的梦想。大多数人回想起都会说："我家也有一台，现在还在用呢。"要知道当年谁家里有一台冰箱，可是很有面子的事情。改革开放初期，一台双门电冰箱的价格差不多1200元，而当时普通工人每月工资只有70元钱。即便如此，冰箱依然销路很好，最火爆时，还要凭票供应，提前预约，要等两三个月的时间才买到。几十年过去了，用户家中的双门冰箱已经超过30岁，但大多目前依然能够正常制冷。

那时候，山东单县许氏兄弟经常在海信门口倒腾"冰箱票""电视票"，而现在他们已经成为海尔在河南郑州的社区店模范。直到多年以后，杨总还拿冰箱票来揶揄那些骄傲自满的员工。当帝樽系列空调产品认为自己"高利高酬"的原因是市场上的供不应求时，杨总的回答是，我们白鹤牌冰箱当年还得凭票供应呢！

"大锤"

铁锤砸冰箱砸出质量观。就在"琴岛—利勃海尔"冰箱销售势头喜人之时，一位用户来信抱怨说自己攒了好多年钱才买的冰箱上有道划痕。虽然只是小毛病，但用户不能容忍攒了好多年钱才买的新冰箱有瑕疵。由此，查出了仓库里有 76 台冰箱存在各种各样的缺陷。这个情况被汇报给张瑞敏，他让大家开会讨论如何处理这 76 台冰箱，讨论的结果是低价卖给职工当福利。一阵沉默之后，张瑞敏说："我要是允许把这 76 台冰箱卖了，就等于允许你们明天再生产 760 台这样的冰箱。"他宣布，这些冰箱要全部砸掉，谁生产的谁来砸，并抡起大锤亲手砸下第一锤。之后，大家轮流开砸。看着自己辛苦造出的冰箱转瞬间变成了废铁，很多员工都流下了眼泪。

柴永森 1984 年就来到海尔（当时叫青岛电冰箱总厂），来海尔不久，他就经历了海尔历史上有雕刻性意义的那一幕：砸冰箱。

柴永森说："当时有客户反映我们的产品质量有问题，我们清查了库存产品，发现了 76 台有问题的冰箱，最后让制作它的人亲手砸掉它。"

柴永森当时在开发引进科，没有亲手参加过砸冰箱。但像很多其他海尔员工一样，他觉得把冰箱砸掉可惜，当时，一台冰箱 1000 多元，顶他几年的工资。他动过把冰箱当作残次品买回家的念头："大家都想，砸掉的话，真不如让职工买回家。"但张瑞敏还是指挥大家把冰箱砸了。

"当时砸冰箱的人几乎都掉泪了！"这一幕，给柴永森留下了一生难忘的回忆，"这一下砸醒了我们的质量意识，现在市场上一提到海尔冰箱，大家都认为是高质量的产品"。

在接下来的一个多月里，张瑞敏主持了一次又一次会议，讨论的主题只有一个：如何从我做起，提高产品质量。三年之后，张瑞敏带领海尔人捧回了中国冰箱行业的第一块国家质量金奖，海尔成为注重质量的代名词。这一砸也震服所有海尔人，确立了张瑞敏在海尔不可撼动的绝对领导地位。

张瑞敏自己回忆则说："我们为什么要砸这些冰箱呢？其实那些冰箱在供不应求的时候可以卖出去。但我的逻辑很简单，以青岛市来说，当年三大件手表、自行车都凭票供应，现在不仅不凭票了，市场也没需求。冰箱、洗衣机可能是新三件，你现在再红火，永远也红火不过老三件的风光。你今天不注意质量，明天再跌下去就万劫不复。""所以，砸冰箱其实是砸的一种观念。当时大家认为冰箱这么好卖，不管做得怎么差都会卖出去，质量无所谓。砸冰箱就是要告诉大家，这种观点是不可以的。按照当时的处理办法，要不就是处理给内部职工，要不就是给水电等关系户。如果今天我给这 76 台冰箱开具出门证，明天就有 760 台，后天就有 7600 台。"

2013 年，瑞士 IMD 商学院的 Bill Fisher 教授再次到访海尔集团，并拜会了张瑞敏首席，他动情地说，"当您砸冰箱的时候，我那会正生活在大连，当年我在当地就知道这个事了，我现在还记得当时周围的人一起看这个事时惊讶的表情。反过来说，实际上我从海尔最开始的时候，创业最初的时候就已经了解海尔了，这是一个很伟大的故事"。

海尔展览馆保留了一柄大铁锤，多年以后，为了激励企业员工的创新，海尔特地设置了"金锤奖"。

"三人组"

从 1984 年开始，张瑞敏、杨绵绵、武克松便一起带领海尔员工锐意进取，看那时候的老照片，他们更多在生产线与员工一起解决每个技术细节和问题。

海尔有意在培养新的三人组。在海尔文化展，有这样一张照片，是年轻的梁海山、周云杰和柴永森的合影，他们那时刚大学毕业进入海尔不久，尤其周云杰显得很瘦。但是，2000 年柴永森被调到了双星集团工作。

柴永森 1984 年就来到海尔（当时还叫青岛电冰箱总厂），而海尔，创业的开始也是在 1984 年。柴永森来海尔的时候仅仅 21 岁而已，1984 年，他从上海理工大学（当时叫上海机械学院）毕业后，被分配到青岛电冰箱总厂，从开发引进办的一个科员开始，在海尔的发展中逐渐成长，直到 1999 年 7 月，担任海尔集团副总裁兼海外推进本部本部长。

柴永森见证和参与了海尔成长的整个过程，自己也逐渐发展起来，在他身上，可以用海尔的一句广告词来形容："越来越高。"

此后的十几年间，柴永森从一个科员一路成长起来，用他一位同事的话说，是："他的勤恳与踏实使他在众多优秀青年中脱颖而出。"

1995 年，32 岁的柴永森接手原青岛红星电器公司，任总经理；1997 年，接手组建顺德海尔电器有限公司；1999 年，就任海外推进本部本部长；2000 年，被任命为海尔集团常务副总裁。17 年后，柴永森被调至双星集团，接替已经 70 多岁的汪海。

现在，经过高层调整，青岛海尔迅速形成了新的三人组，财务总监谭丽霞逐渐显现出领导和管理能力，与梁海山、周云杰一起成为海尔集团的新"三驾马车"。

很多企业在创业过程中都很难避免"四同"命运——同甘共苦、同舟共济、同床异梦、同归于尽，这种劣根性一直制约着中国企业的长远发展。无锡高新区管委会主任在参加无锡尚德十周年庆典时，感慨地说，一个企业才成立十周年，尚德的创业四剑客就剩下了董事长施振荣一人，这样的企业怎么会做长久？反观海尔，在每周六的周例会上，一起共事 30 多年的张瑞敏、杨绵绵、武克松端坐一旁，新三人组在汇报工作，依旧针锋相对，充满"两创"精神，这才是海尔最大的财富。

"小马扎"与"军大衣"

海尔文化展收藏了一个很小的马扎。有一阵子，张瑞敏就带着这个小马扎，乘坐绿皮火车频繁去北京跑电冰箱项目。

20 世纪 80 年代初期，铁路上跑得都是绿皮火车。提起绿皮火车，大部分中国人都不会陌生。墨绿色的外表、墨绿色的硬座，可以随意打开车窗，"绿皮车"代表着中国客运列车过去的一个时代。

然而，现实却是没有记忆那么美好。绿皮车肮脏、缓慢、不好买票，从青岛到北京要花 24 小时。跑项目审批，时间也由不得自己，一有事情，张瑞敏便不得不临时买站台票上车，到了车上再补票。小马扎火车上是不让带的，可是又不能一整晚都在火车上站着，于是张瑞敏便把马扎做得小一些，上车的时候掖在军大衣里面躲过检票员的视线。当然，他也不会忘记在包里放上两包花生米。

2013 年小米手机取得了骄人的业绩，在年末，雷军和刘德华有一场"对话"，刘德华穿着"军大衣"入场，因为市场只承认成功，只要你足够成功，才会有别人向你致敬。

"技术与经验合同"

也是在那一年，张瑞敏去了德国，与利勃海尔签约引进技术。海尔签订的不仅仅是生产线引进合同，而是"技术与经验合同"，这一点与当时大多中国企业不同。除了引进利勃海尔的生产线，还要引进技术经验，海尔于是派了大批员工到德国受训。

一天晚上，恰好是当地的一个节日，天空中燃放着绚丽的焰火。陪同的德国人指着焰火说："这是从中国进口的烟花。中国的工业落后，但你们祖先的四大发明非常棒！"尽管说者无意，但当时张瑞敏的心被深深刺痛："难道我们只能躺在祖先的四大发明上吗？中国一定要有属于自己的世界名牌！""要么不干，要干就要争第一！"回国后，张瑞敏向全厂干部员工表明了决心。他提出"起步晚、起点高"的原则，与利勃海尔签约时就引进了当时亚洲第一条四星级电冰箱生产线，开启了海尔创名牌的道路。与此同时，张瑞敏狠抓内部管理，使工厂走上了正轨，1984年制定的"不准在车间大小便"等13条管理规定，是这一阶段艰难起步的真实写照。

现在，海尔展览馆还保留着当年杨绵绵总裁的"留德笔记"，那时候他们白天听讲，晚上尽可能多地翻译一些德国技术资料，直到深夜。张瑞敏规定，去德国学习的人，回国后每人必须培训若干名员工。

创牌与金奖

张瑞敏捧回的国家优质金奖，代表了国家对海尔创新和产品质量的表彰，那时候海尔以上级为中心的思路，张瑞敏和海尔员工很在意。现在海尔则是以市场和用户为中心，进行产品和服务创新。

2012年，一次去云南昆明出差，在首都机场两个乘客有这样的对话：

"海尔的产品质量是好，1993年我结婚买的海尔冰箱，用了20多年一点毛病没有，2000年搬家又买了一个小冰柜，用到现在也是一点小毛病都没有。今年又搬家，海尔冰箱实在太旧了，好好的给扔了，小冰柜还留着。"

"那空调也是买海尔的吧?"

"空调我买了仁格力的。"

以上这段偶然听到的对话,基本能够反映出海尔产品在消费者心中的品牌认知。

德鲁克"创造用户"

张瑞敏有着良好的阅读习惯,他推崇德鲁克。德鲁克的管理思想对张瑞敏影响非常大,他差不多看遍了所有德鲁克的书,因为德鲁克对企业管理的很多事都可以一语中的。特别是对用户,企业目标只有一个正确而有效的定义,就是创造顾客。另外一个就是对员工,即组织的目的就是使平凡人做出不平凡的事。德鲁克的书很多,主要聚焦于用户、员工,再者就是市场、创新。德鲁克把企业的本质讲得非常清楚。以此为起点,后来张瑞敏提出了"企业即人,管理即借力"。在青岛海尔工业园,创牌大楼代表了那个时期海尔的创业精神。创牌大楼呈"门"字形,张瑞敏认为只有打开"窄门"才能够实现创新。

随着创业过程的推进,海尔开始尝试一些新的管理方法,如"日清日毕"、自主经营班组等,这些基于"现场管理"构建的核心能力,目标还是在想如何把一个企业管理好、提高员工的素质。

第18章 多元化和"休克鱼"

在20世纪80年代，各路企业看中家电这块庞大的"蛋糕"，纷纷张开大口争食。有的企业自身发展步履蹒跚，也有不少企业表现出蓬勃生机，发展扶摇直上。这个时期，步履维艰的家电企业死的死亡的亡，朝气蓬勃的家电企业也迫切需要壮大规模。此阶段并购企业和被并企业的实力相差不是很大，只不过有的企业在计划经济向市场经济的体制转换过程中没有抓住市场契机，而有的企业却抓住市场契机，不断"开花结果"。

时代的节拍

20世纪90年代，张瑞敏带领海尔迅速扩张，先后兼并18家亏损企业，并通过移植海尔管理使其盈利、发展。企业多元化经营的规模得到空前扩张。

企业规模的扩大，带来了市场创新的难度，更带来了管理创新的挑战。张瑞敏进行了一系列的管理创新：在强化基础管理中，创立了海尔"日清日高管理"法；在多元化扩张中，提出"运用无形资产盘活有形资产"；在国际化阶段，进行"市场链"流程再造，让员工成为市场目标的主人等。

张瑞敏一直在思索一套管理模式：日本管理（团队意识和吃苦精神）＋美国管理（个性舒展和创新竞争）＋中国传统文化中的管理精髓＝海尔管理模式。他的海尔创造了OEC管理法（Overall Every Control and Clear）：全面地对每人、每天、每件事进行控制和清理，"精细化，零缺陷"。

海尔的管理创新引起了国际管理界的关注和高度评价。1998 年，张瑞敏应邀前往哈佛大学讲课，成为第一位登上哈佛讲坛的中国企业家。"海尔文化激活休克鱼"的成功案例，被载入哈佛工商管理学院等十多个全球著名商学院教材。

海尔成为不断自我否定的"善变者"。和张瑞敏一起创业的那一代企业家中，许多人风光之后倒下了，他却成为"永远的不倒翁"。张瑞敏有一个著名的"斜坡球体论"：企业好比斜坡上的球体，向下滑落是它的本性。要想使它往上移动，需要两个作用力：一个是止动力，好比企业的基础工作；一个是拉力，好比企业的创新力。或者，用海尔人的精简说法，张瑞敏"永远在走钢丝"。

兼并：规模和范围

1995 年，海尔集团兼并了原青岛红星电器股份有限公司。柴永森和其他两人被派去新成立的海尔洗衣机有限总公司，柴永森担任党委书记及总经理。在此之前，柴永森已经是海尔电冰箱股份有限公司副总经理。

青岛红星电器曾是我国三大洗衣机生产企业之一，拥有 3500 多名员工，年产洗衣机达 70 万台，年销售收入 5 亿多元。但从 1995 年上半年开始，其经营每况愈下，出现多年未有的大滑坡现象，而且资产负债率高达 143.65%，资不抵债 1.6 亿元，前景堪忧。为了盘活国有资产和 3500 多名职工的生计，1995 年 7 月 4 日，青岛市政府决定将红星电器股份有限公司整体划归海尔集团。这是一次引人注目的旨在盘活国有资产而在政府牵线搭桥下进行的产权交易，其成败事关重大。

柴永森意识到这对他是个挑战，同时也是难得的机遇。据他回忆，在出发以前张瑞敏曾经告诫说："到红星去除了你们三个人以外，不会再给你们其他有形资产，不是集团没有钱，是因为红星既不缺钱，也不缺设备！"所谓"休克鱼"，就是这样，不缺钱也不缺设备，但是管理不善的企业。柴永森所理解的"吃休克鱼"的理论则是："中国的企业兼并不像外国,活鱼不让吃,死鱼吃了要坏肚子,而对于这种硬件不错,但因为观念、管理方面的原因而陷入困境的企业正是我们可以吃又能吃得到的'休克鱼'。"

柴永森复制和利用海尔的文化和管理。红星的第二个月,公司实现扭亏为盈;第六个月,盈利150多万元;1996年,兼并后的第一个春节,原红星员工补发了工资,报销了拖欠多年的医药费,并在这一年,柴永森开创的海尔洗衣机业务夺取了同行业几乎所有的最高荣誉,出口量达到全国第一。海尔小车队的李师傅原来在红星厂工作,说起那段往事,海尔负责任地接受了红星的负债和员工,很多员工一直在海尔工作到现在,大家和原来海尔的员工并没有什么分别。

海尔以"吃休克鱼"的方式,通过输入海尔文化,盘活被兼并企业,使企业规模不断扩张。1996年12月,海尔出资收购了武汉希岛实业股份有限公司60%的股权,成立了武汉海尔电器股份有限公司。

1997年9月,以进入彩电业为标志,海尔进入黑色家电、信息家电生产领域。与此同时,海尔以低成本扩张的方式先后兼并了广东顺德洗衣机厂、莱阳电熨斗厂、贵州风华电冰箱厂、合肥黄山电视机厂等18个企业,终于在多元化经营与规模扩张方面,进入了一个更广阔的发展空间。

把握外部机会

海尔的多元化战略阶段始于1992年年初。利用邓小平"南方谈话"这次难得的机遇,海尔举债8000万元在青岛东部高科技开发区购买了735亩土地,建立海尔工业园,为海尔的进一步扩张储存了土地资源。1993年,中国的资本市场启动,海尔将经过股份制改造的海尔电冰箱股份有限公司在上海证券交易所上市,成功募集资金3.69亿元。依靠初始启动资金边投资、边建设、边设计,通过成片开发、滚动发展,海尔用时三年建成了中国最大的家电生产基地,至今未被超越。1995年5

月 22 日，海尔集团东迁至刚落成的海尔工业园，拉开了海尔二次创业——创世界名牌的序幕。1995 年 7 月，青岛市政府决定将青岛红星电器股份有限公司整体划归海尔集团。1997 年，国家政策鼓励兼并，海尔把握机会一举兼并了广东顺德洗衣机厂、莱阳电熨斗厂、贵州风华电冰箱厂、合肥黄山电视机厂等 18 个企业；其中，一些企业被地方以较低的价格出让，海尔得以实现低成本的快速扩张。海尔的电视机和电脑行业的进入都是通过兼并实现的。无论是土地、资金资源，还是政府政策，都为海尔的低成本、多元化扩张创造了有利条件。

海尔根据具体情况，运用灵活手段迅速把握机会，实现低成本、高素质扩张。在中国从计划经济向市场经济转轨的特殊背景下，海尔进行兼并重组的目标企业分属不同的所有制结构、不同的地区和不同的行业。根据具体情况，海尔实行了灵活多样的企业扩张方式：一是整体兼并。一些属于同一地区、同一行业的企业，依托地方政府的行政划拨，海尔实现了对目标企业的合并，海尔对红星电器公司的兼并就属于此类方式。二是投资控股。主要出现在跨地区、跨行业的兼并过程中，即通过投资入股，获取控股权来实现企业的兼并。1995 年 12 月，海尔收购武汉冷柜厂 60% 的股权，迈出了跨地区经营的第一步；1997 年 3 月，海尔出资 60% 与广东爱德集团合资组建了顺德海尔电器有限公司。三是品牌运作。在通过资本运作实现扩张的同时，海尔还运用无形资产调控、盘活有形资产的方式实现扩张。1997 年 1 月，海尔与莱阳家电总厂以"定牌生产"的方式合作推出了海尔"小松鼠"系列电熨斗；同年 8 月，海尔又进一步组建了莱阳海尔电器股份有限公司，首次以无形资产折股投入合资企业，开辟了低成本扩张的新途径。四是虚拟经营，即通过强强联合、优势互补实现企业能力的扩张。海尔与杭州西湖电子集团的合作就是海尔虚拟经营的成功尝试。《经济日报》的报道指出，海尔的四种兼并重组的方式实质上反映了海尔扩张之路走过的三个阶段：整体兼并带有明显的计划经济特色，属于产品运营阶段；投资控股是市场经济条件下的规范行为，属于资本运营阶段；而品牌运作和虚拟经营则进入了资本运营的高级形态，属于品牌运营阶段。

张瑞敏谈多元化和专业化①

多元化和专业化，实际上都有风险，不能说搞专业化风险小，也不能说搞多元化风险大。这里最关键的，要看你自身的能力，或者说关键看你的品牌、市场发育到什么程度。

世界 500 强，既有搞专业化的，又有搞多元化的。可口可乐算是专业化非常成功的典型，但如果说因此要求国内搞饮料的就搞饮料，你能不能做到可口可乐的程度？我看达不到。专业化扩张并不比多元化扩张容易，它要求以全世界为目标市场。如果只在中国做，你必死无疑。为什么呢？因为可口可乐和百事可乐在中国的市场份额每天都在扩大。你在中国都做不过它，怎么可能到外国去和它竞争？

如果以世界市场为目标，你可以搞专业化。但你的市场费用能不能支撑？可口可乐也好，柯达、富士也好，说到底是一种名牌、一种实力的显示。如果没有这种名牌、这种实力，专业化和多元化都不行。中国是世界市场的一个组成部分，如果要谈专业化，就不能局限在国内某一个行业，否则是毫无意义的。要谈专业化，就要摆到世界上来谈，就要找出世界 500 强的专业化来。像世界家电名牌伊莱克斯，主要产品没几样，就是量大，全球空调需求量是 6000 万台，它能生产销售 1000 万台。

欧美企业和亚洲企业在认识上有很大差别。欧洲一般专做一种产品，而且一种产品用很多不同的商标。按照它们的观点，做好一个就不错了，进入其他领域很困难。它们是对的。因为欧美市场已经成熟了，能占据一席之地就很不错了。然而在亚洲不同，亚洲市场空间大、发展快，很多领域可以较快进入。

中国作为发展中国家，其企业要成为世界 500 强，从多元化做起来可能会更容易一些。家电企业有一个好处，就是不同产品的技术和市场

---

① 胡泳：《张瑞敏如是说》，浙江人民出版社 2007 年版，第 131—132 页。

相关度比较高。我们旨在先把一个产品做好，有了名牌效应后再向其他产品扩张。所以，我们的产品从冰箱到冰柜，再到空调、洗衣机，都没遇到多大问题。但每一个产品在商业化时，如果要打海尔的牌子，则必须经过严格的内部认证；这个认证分为五级，有的产品差不多要过一年之后才能使用海尔的品牌。这样，海尔每推出一个产品，消费者就觉得跟海尔原来的产品没什么区别，因为名牌的内涵是完全一致的。

此外，由于家电产品的相关度较高，家电产品的多元化虽然总成本是上升的，但分散到每个产品的成本却是下降的。如果我们只做一种冰箱，我们也要做那么多广告，也要做那么多市场开发。比如，在北京也要设一个办事处，售前售中售后的服务都少不了。这样，交易成本是不合算的。如果不针对具体对象谈专业化与多元化，等于关起门来谈，永远谈不出个所以然来。我们没有刻意去搞多元化，比如，为了一种形象就多进几个行业，没有，如果那样的话，我们不会一门心思做了八年冰箱。

很多企业搞多元化不成功，归根结底是人员素质不高。这也是海尔眼下需要重点解决的问题，就是人员素质的提高跟不上企业规模的扩大。对海尔来讲，如果1997年是扩张年的话，1998年就是调整年、培训年。我们没有必要妄自菲薄，认为不可能搞多元化；也不能拔苗助长，非要搞多大不可。在专业化和多元化问题上，我们老是把不是一个重量级的企业往一块儿比。另外，就是把"强"和"大"混为一谈，而只有"强"，才能良性地发展"大"；如果没有这个"强"，单纯地"大"是不可能的。所以，美国一位学者提出，"大不是美，小不是美，只有从小到大才是美"，是很有道理的。

"东方亮了西方再亮"

在企业成长过程中，许多企业都实行了多元化战略。对那些多元化战略应用失败的企业来说，往往是因为缺乏长期的战略规划；企业盲目进行多元化，贸然进入了多个自己并不熟悉的领域。这些企业试图通过

所谓"东方不亮西方亮"的原则来分散经营风险，但往往随之而来的
却是企业资源的分散以及核心竞争力的模糊和削弱。有鉴于此，在企业
的多元化战略实施阶段，海尔提出了其扩张理念：兼并注重资产质量，
提高品牌竞争力——新进入的产业或产品一定要进入同行业前三名；多
强的人才做多大规模的企业——人的素质和管理水平提高在前，规模的
扩张紧随其后。

　　海尔在企业多元化战略实施过程中，遵循的是"东方亮了西方再
亮"的多元化原则。海尔提出的"东方亮了西方再亮"的理论包括两
个方面的内容：一是把自己最熟悉的行业做大、做好、做强，在此前提
下进入与该行业相关产品的经营。1984—1991 年，海尔专心致志做冰
箱，在管理、技术、人才、资金、企业文化方面都有了可以移植的模
式。在青岛市委、市政府的支持下，合并了青岛电冰柜总厂和青岛空调
器总厂，于 1991 年 12 月 20 日成立海尔集团，从而进入了多元化发展
的战略阶段，从冰箱到冷柜、空调，再到洗衣机等产品。1997 年 9 月，
以进入彩电业为标志，海尔进入黑色家电、信息家电生产领域。从"白
色家电"到"黑色家电"再到"米色家电"，稳扎稳打、步步为营，最
终形成了生产 86 个系列、13200 余种产品的多元化生产能力。海尔从
冰箱做到最好扩展到在整个家电行业做得最好，然后在立足于家电行业
的基础上，发展其他产业。二是不讲"东方不亮西方亮"，进入一个行
业，做到一定规模之后，一定要做到这个行业的前三名；这与杰克·韦
尔奇在 GE 的战略很相似。在海尔看来，之所以选择多元化战略的扩张
方式，是因为家电行业的技术和市场的相关度比较高，海尔利用严格的
内部质量认证和企业的名牌资源确保了其他产品能够顺利进入市场，在
最短的时间内得到消费者认可。而企业长期经营所积累的高素质员工队
伍、科学的管理资源以及企业规模化的营销网络可以实现多元化经营的
范围经济效应。

　　通过海尔的不懈努力，这一战略已经体现出成效。据中国最权威市
场咨询机构中怡康统计，2007 年，海尔在中国家电市场的整体份额达
到了 25% 以上，依然保持份额第一；尤其在高端产品领域，海尔市场
份额高达 30% 以上。其中，海尔在白色家电市场上仍然遥遥领先；在

智能家居集成、网络家电、数字化、大规模集成电路、新材料等技术领域也处于世界领先水平。

吃 "休克鱼" 理论

从 20 世纪 90 年代初开始的近 10 年间，海尔先后兼并了 18 个企业，并且都扭亏为盈。这些对象都不是优质资产，但海尔看中的不是兼并对象现有的资产，而是潜在的市场、潜在的活力、潜在的效益，如同在资本市场上买期权而不是买股票。海尔 18 件兼并案中 14 个被兼并企业的亏损总额达到 5.5 亿元，而最终盘活的资产为 14.2 亿元，成功实现了低成本扩张的目标。

人们习惯将企业间的兼并比作 "鱼吃鱼"，或者是大鱼吃小鱼，或者是小鱼吃大鱼。而海尔吃的是什么鱼呢？海尔人认为，他们吃的不是小鱼，也不是慢鱼，更不是鲨鱼，而是 "休克鱼"。"休克鱼"，即思想、观念有问题，停滞不前的企业。这种企业一旦注入新的管理思想，有一套行之有效的管理办法，很快就能够被激活起来。

从国际上看，企业间的兼并重组可以分成三个阶段。先是 "大鱼吃小鱼"，兼并重组的主要形式是大企业兼并小企业；再是 "快鱼吃慢鱼"，兼并重组的趋势是资本向技术靠拢，新技术企业兼并传统产业；然后是 "鲨鱼吃鲨鱼"，这时的 "吃" 已经没有一方击败另一方的意义，而是我们常说的所谓 "强强联合"。而吃 "休克鱼" 的理论为海尔选择兼并对象提供了现实依据。国情决定了中国企业搞兼并重组不可能照搬国外模式。由于体制的原因，小鱼不觉其小，慢鱼不觉其慢，各有所倚、自得其乐，缺乏兼并重组的积极性、主动性。所以，活鱼不会让你吃，吃死鱼你会闹肚子，因此只有吃 "休克鱼"。

所谓 "休克鱼"，就是企业的硬件条件很好，即鱼的肌体没有腐烂，而是处于休克状态。在这里，被用来比喻企业的思想和观念有问题，导致管理不善、经营落后。对企业 "休克鱼" 的界定，为海尔选择兼并对象提供了现实依据。在海尔进行企业多元化扩张过程中，兼并是一种速度快、成本低的成长方式。而对于兼并目标企业的选择是决定兼并能否成功的关键因素。对于企业兼并，海尔创造出了一套独特的吃"休克鱼"的理论，既不同于国外兼并的大鱼吃小鱼——大企业兼并小企业，也不同于快鱼吃慢鱼——技术领先企业兼并落后企业，又不同于鲨鱼吃鲨鱼——大企业强强联合。针对中国的具体情况，海尔只能选择"休克鱼"来吃。

选定"休克鱼"以后，就是怎么来吃的问题。按照海尔 CEO 张瑞敏的观点，企业兼并的目的就是以少量资金投入，迅速地扩大企业规模。兼并之后，企业扭亏为盈不是靠大量的资金注入，否则不如建立一家新的企业。因此，吃"休克鱼"主要还是要利用被兼并企业原有的无形资产，也就是所谓的品牌运营；同时，向被兼并企业输入海尔文化和管理对企业进行激活，在被兼并企业里把海尔的模式进行复制，这就是吃"休克鱼"的方法。在海尔的兼并案例中，有些是派了人，给了钱；有些是只派人，不给钱。对此，海尔总裁杨绵绵认为后者是最成功的，只要派去的人真正理解海尔精神和文化的精髓，具备了海尔的基因，并且能够把海尔基因移植到新的企业，兼并就很可能成功。

在 1992—1998 年，海尔多元化发展战略的实施取得了良好的效果；在企业成长、扩大规模的同时，其对于产品质量和服务的追求没有丝毫放松，不断开发新产品来满足市场需求。无论是其经营成果，还是企业管理的创新理念和创新模式，都得到了外界的普遍认可。1994 年，海尔超级无氟电冰箱参加世界地球日的展览，成为唯一来自发展中国家的环保产品；1996 年，海尔产品在市场上连续获得"最受消费者信赖的轻工产品"称号，是消费者心目中的理想品牌与首选品牌；1996 年 6 月，海尔获得美国优质科学协会颁发的"五星钻石奖"，海尔集团总裁张瑞敏被授予五星钻石终身荣誉，海尔在更大的范围内获得了消费者的忠诚度与美誉度；1997 年 2 月，莱茵河畔掀起海尔潮，海尔参加了在德国科隆举行的世界家电博览会，海尔向西方人颁发产品经销证书的消息，不仅使中国人在国际市场上扬眉吐气，更标志着海尔品牌已经在国际市场崭露头角。英国《金融时报》在评选的"亚太地区最具信誉的企业"中，海尔进入前十位，名列第七。美国《家电》周刊对海尔的发展速度在世界家电业位居第一也给予了高度评价。海尔在做大的同时，实现了做强。1998 年 3 月 25 日，海尔总裁张瑞敏应邀前往哈佛大学讲课，海尔文化激活"休克鱼"的案例成为哈佛工商管理学院的教材，中国企业的经营理念和模式第一次受到外国的关注和认可。随着经济的全球化，中国市场已经成为全球市场中的一部分，企业面临的竞争也是全球化的竞争。因此，海尔在国内做大做强之后，无论是从企业成长空间的需要看，还是为了应对全球化的竞争压力，都要求海尔走国际化道路。

第 19 章　国际化背景下的流程再造

　　海尔流程再造要"再造"什么？答案是渠道和流程。因为生产制造对于海尔来说已经不是问题，品牌的形象也渐入人心，流程、服务和渠道就成为提升优化的"着力点"。海尔于 1999 年适时地提出了国际化经营战略，其目标是使海尔成为一个国际化企业，进入世界 500 强。而当时海尔与世界 500 强企业的差距是比较大的，表现在员工素质、创新能力、品牌价值、市场份额、全球化程度等多个方面。如果要缩小差距，就必须保持高增长速度，而保持高增长速度最重要的一点是使员工的素质不断提高。

　　海尔集团认为，企业的国际化首先要求员工具有国际化企业经营所需要的创新力和责任心。企业对内和对外有两个侧重点：对内是怎样满足员工个人价值的实现及潜能的最大限度发挥，对外就是怎样满足用户需求及潜在需求。把让顾客满意、真诚到永远的责任心和积极性无差异地在每一个员工身上建立，并持续体现出来，这就需要从机制上寻找动力源，从源头找活力。尤其是在今天以个性化需求为主旋律的新经济环境下，要及时满足顾客的个性化要求，谋求倍速发展，提升企业的竞争力，一个必然的选择就是把这种外部市场压力传递给每一个员工，使每一个员工把这种压力变成工作动力，最大限度地把他们的创新力发挥出来，追求顾客满意度最大化，同时把企业发展的重任和市场生存的压力从过去的由企业领导人来承担转变为全员分担，使每一个人都动起来，激发出企业的整体活力，市场链就是基于这种管理背景提出来的。市场链的核心是解决员工的工作责任心和创新的动力问题，即由被动执行任务的工作责任心转变为主动的创造性责任心。

　　海尔经营国际化面临的第二个问题就是如何回避大企业病的发生和

如何使流程效率与国际化企业接轨。

　　发生大企业病的根本原因在于传统的组织结构所造就的业务流程已无法适应当今市场的变化和个性化的消费需求，专业化分工带来的效率优势已开始被过多过细的分工而造成的分工之间的边界协调所替代，不可能根除的小集团利益使这种协调更为困难。因此，这种由于分工和专业化带来的业务单位信息交流不完全、不流畅甚至迟缓成为各大型企业的通病，使企业由于自身的结构缺陷不可避免地步入衰退的境地。海尔在 1998 年销售收入已达到 168 亿元，按照其过去的发展速度，很快就接近 200 亿元。所以，为了克服和回避大企业病，同时整合新经济带来的电子商务的优势，海尔就必须在管理上事先设计，谋定而后动。按照大企业的规模和小企业的速度的要求进行管理创新，在企业的进一步发展迫切要求提高组织的管理效率的背景下，提出了在整个集团范围内的业务流程再造。业务流程再造的核心是从根本上解决大企业管理效率和适应市场需求的灵活性问题，预防和规避大企业病的发生。

　　业务流程再造使流程非常科学地、系统地内外连成市场链，岗位间、部门间都形成市场链。以流程再造为中心，对原有流程、组织结构重新设计和整合，将原有的事业部制转变成平行的网络结构流程，将原有的资源重新整合和优化，从结构层次上提高管理效率。以订单为驱动力，订单是集团内所有部门的指挥棒，商流从客户那里获得订单，根据目标，由业务流程顺序分解成一系列内部流程订单，事业部按目标生产，采购部门按计划采购。以企业文化和 OEC 管理为平台，OEC 管理贯穿整个内部市场链。业务流程再造实现了内部市场与外部市场的连接，把外部市场客户的满意度，无差异地传递给每一个流程，从而与客户零距离、与市场零距离。

信息化流程再造

　　海尔之所以实施企业全面信息化管理，主要是针对当前网络经济的巨变、加入 WTO 后的挑战以及海尔作为国际名牌运营商的要求。首先，从企业内部看，如果不实行企业全面信息化管理，就无法进行快速有序的管理。其次，从企业外部看，为了创世界名牌，海尔集团目前必须要整合全球供应链资源、市场资源、科技资源和人力资源，而这些都离不开信息化的支持。

海尔的业务流程再造实际上是以"市场链"为纽带的业务流程再造。"市场链"是海尔所独创的管理概念。"市场链"的主题是企业内的每个部门、每个人都直接与市场紧密相连，同时每个人、每个部门、每个单位之间互为市场。这样企业的任何人都能直接感受到市场的压力。海尔在名牌战略阶段和多元化阶段打下的坚实的、全面质量管理和OEC管理，是"市场链"得以推行的重要的实践基础。

海尔提出了 SST 理论，即索酬、索赔和跳闸。索酬是通过建立市场链为服务对象做好服务，实现增值，从市场中取得报酬；索赔体现出市场链管理流程中部门与部门、上道工序与下道工序之间互为咬合的关系，如不能履约，就要被"索赔"；跳闸就是发挥闸口的作用，如果既不索酬也不索赔，第三方就会跳闸。市场链管理流程中的某个流程或者某项活动是否增值则完全由顾客（包括内部顾客和外部顾客）决定。

海尔认为，概括起来讲，价值链理论认为：第一，顾客是组织产品或者服务是否有价值的唯一评价者。员工的一切工作都是为了提高顾客满意度。因此，员工必须树立以顾客为中心的理念，力争自己的工作对顾客能够产生价值。第二，组织内部的各流程有主有次，判别标准是流程对组织最终目标的贡献大小。因此，组织找到了确定核心流程的方法以及再造流程的标准，即要根据组织的战略目标、行业特点、生命周期的发展阶段等因素来选择最能为顾客创造价值的核心流程。

海尔的"市场链"就是以 OEC 管理模式为基础，以订单信息流为中心，带动物流和资金流的运行，实现"三个零"（质量零缺陷、服务零距离、运营零资本）目标的业务流程再造：通过市场链同步流程的速度和 SST（两索一跳）的强度，以市场链工资激励员工将其价值取向与用户需求相一致，创新并完成有价值的订单，构筑核心竞争力，不断创造需求、创造市场。

在进行流程再造的过程中，海尔不断提出新思想，对流程再造进行持续改进和完善。2005 年，海尔提出"人单合一"的管理思想，实现了海尔管理的再次飞跃。所谓"人单合一"模式包括"人单合一""直销直发"和"正现金流"。"人单合一"是人与市场合一，成为创造市场的 SBU，每人面对市场进行经营。"直销直发"是实现"人单合一"的基础条件，它要求直接营销到位，直接发运、服务到位。"正现金流"是净现金流为正值的高增长。"人单合一"就是每个人都有自己的订单，要对订单负责。张瑞敏说，很多订单之所以变成"孤儿订单"，就是因为没有人对它负责，库存、应收也都是这样造成的。所以"人单合一"就是把每个人和市场联系在一起。人的素质高低和订单获取应该成正比，即人的素质越高，越能获取更多有价值的订单。

"再造 1000 天"

2007 年 4 月 26 日，海尔拉开了"再造 1000 天，全力打造信息化时代的海尔"的再造大幕，以期通过组织再造、流程再造、人的再造从体系上建立一套新的商业运营架构。海尔进行如此大规模改造的目标就是力求通过从企业的信息化向信息化的企业转型实现海尔由制造业向服务业的转型。

这场 1000 天的革命，包括组织再造、流程再造和人的再造。组织上，要把海尔打造成为卓越运营的企业；流程上，将使海尔原来分布于不同流程的信息化系统，联结成为一个有机整体，所有的环节只有一个目标，就是对市场的需求作出快速的响应；人的再造，就是要在开放的环境中提升素质，在信息化的平台上沟通协作，让海尔人同时具备活力和能力、速度和准确度，为其卓越运营提供人才保障。

海尔进行信息化建设的时间较早，早在 1995 年就成立了信息中心专门负责推进企业信息化工作，在这次 1000 天的流程再造之前，也进行了针对流程的梳理工作。可这次和以往的不同之处在于，"过去，是修补的成分大，是为了信息化而信息化；而此次的流程再造，是以订单信息流为中心带动物流、资金流、市场链各个链条，包括了从销售、生产、交付、售后服务各个环节的整套管理流程，以此来形成一个完整的信息化体系，这一点与很多企业在流程再造上的理解有很大不同。

组织的再造

张瑞敏把海尔的组织架构在原先的基本框架上又加以重组，并且，鉴于原来没有用信息化系统贯穿管理全过程，他又提出了要打造管理的流水线的目标，就是要建立基于信息化的端到端可视化的即时即需流程体系。这个体系，在顶层是企业的战略，在战略下面是企业的业务流程，流程真正发挥作用则靠信息系统来支撑。

信息化再造阶段的新流程，被称为海尔卓越运营流程。它的核心部分是 PLM、SCM 与 GTM（Go To Market）三大链，也就是研发链、销售链与供应链，而连接三大链的是产销协同。从本质上说，新的流程图推出的最终目的是使 IT 技术与海尔企业战略决定的业务流程相融合，从而打造出一个差异化的海尔核心。

在三大链的打造和完善过程中，海尔大力推行"产销协同会"制度，这是针对以往的"协同"或者说以往产品订单的完成流程而推行的。以往的"协同"，往往只是采购和制造部门的协调——订单提交给制造部门，制造部门协同采购部门完成制造，至于完成的订单产品是进入了仓库还是到达了客户手中，与制造和采购没有关系。而市场部门在提交了订单之后，也基本上不理会采购与制造。这是一个完全以制造为中心的流程。因为它不是以客户为中心，就只有"产"而没有"销"，所以也就更谈不上"消"——作为消费者的顾客需求根本得不到实现。

而在新的"产销协同会"上，市场销售和订单成为真正意义上的中心，它要求所有流程以最符合消费者需求、最快的速度、最便捷的方式，将产品送到用户手中。此时，流程中的每一个部门都面对市场目标——谁都没有理由去延误订单，每一个环节和流程的困难都应该以订单为准获得解决，而不是成为订单完成的阻隔。与以往的"线性流程"相比，新的流程是一个"闭环型流程"，市场的目标在圆心，环型流程上的每一个点，都对准这个目标。

信息化下的流程，是一个完全贯通"即时响应"流程，客户任何一个即时的需求、市场的任何一点风吹草动，都会即刻反馈到流程中的每一个环节。如果出现一份创新的市场订单，订单的需求情况会即时反映给市场、研发、供应、制造、资金、人力等所有部门，整个流程同时行动，资源同时整合，并自动形成订单、完成计划，订单也会在最短的时间内以最符合用户需求的方式成功实现。

在这个流程中，一切都是"自动"的，因为有事先预算的流程，所以它可以实现"零签字"；因为有内部的闭环流程，所以可以实现"零审批"；因为是距离市场最近的流程，所以可以实现"零延误"。整个流程系统看起来可能是复杂的，但对顾客来说却是最简单的。这个复杂的流程系统当然不是一个"分头执行"的流程，而是一个共同执行的"即时流程"。这样一个流程的特点，就是客户需求清楚、订单目标清楚，就是货物不落地，就是资金流速最快，就是从"端"到"端"。在这个意义上，张瑞敏提出："再造必须以目标和业绩为导向；再造的准则，是建立从目标到目标、从用户到用户的端到端的流程。"换言之，流程再造的本质，就是要把与市场割裂、内部互相割裂的流程连起来，以更快的市场响应速度来满足全球用户的需求。

张瑞敏表示，海尔的卓越运营，即建立从目标到目标、从用户到用户的端到端的卓越流程，以具有竞争力的价格、最简便的方式为用户提供可靠的产品或服务。

日清控制系统

海尔从实践中建立起每人、每天对自己所从事的每件事进行清理、检查的"日日清"控制系统，它包括两个方面：一是"日事日毕"，即对当天发生的各种问题，在当天弄清原因，分清责任，及时采取措施进行处理，防止问题积累，保证目标得以实现。如工人使用的"3E"卡，即每人（Everyone）、每事（Everything）、每日（Everyday）记录卡，就是用来记录每个人每天对每件事的日清过程和结果。二是"日清日高"，即对工作中的薄弱环节不断改善、不断提高。要求职工坚持每天提高1%，70天工作水平就可以提高一倍。

每日寻找差距，以求每个第二天干得更好，这是海尔模式独创性中非常重要的一点。走进海尔生产车间，一眼便可看到入口和作业区显眼地方的一块60厘米见方的特别图案：红框、白芯，白芯上醒目地印着一双绿色大脚印。这是海尔特有的现场管理"6S大脚印"。站在这双大脚印上抬头往前看，一块写有"整理、整顿、清扫、清洁、素养、安全"大字的牌子即刻映入眼帘。这些大字便是"6S"的内容，这 6 个词语释成阿拉伯语的开头都是 S，因此简称"6S"。"6S 大脚印"旨在提醒上下岗的员工，自我审视其责任区是否按"6S"要求做了，是否符合"6S"标准。每日班后，班长都站在绿色大脚印上，总结当日"6S"及其他工作指标完成情况。班前会上，班长也要站在此处讲评昨日"6S"工作和当日要求，并且要将前日"6S"较差员工请到脚印上检讨自己的工作，以求当日改进。过去，"6S"大脚印只能在海尔集团核心企业，即海尔电冰箱股份有限公司才能看到。如今，它已在海尔所有生产企业中全面实行。

"日清"控制在具体操作上有两种方式：一是全体员工的自我日清；二是职能管理部门（人员）按规定的管理程序，定时（或不定时）地对自己所承担的管理职能和管理对象进行现场巡回检查，也是对员工自我日清的现场复审。组织体系的日清控制，可以分为生产作业现场（车间）和职能管理部门的日清两条主线，两者结合就形成了纵横交错的日清控制网络体系。无论是组织日清还是个人自我日清，都必须按日清管理程序和日清表进行清理，并将清理结果每天记入日清管理台账。

日清体系的关键环节是复审。没有复审，工作只布置不检查，便不可能形成闭环，也不可能达到预期的效果，所以在日清中重点抓管理层的每级复审。复审中及时发现问题并纠偏。在现场设立"日清栏"，要求管理人员每两小时巡检一次，将发现的问题及处理措施填在"日清栏"上。如果连续发现不了问题，就必须提高目标值。

从海尔集团下属各公司的实践看，"OEC"的效果体现在三个方面。

其一，管理精细化程度得以提高。不同企业管理的内容大体相当，但管理的精细化水平及其管理的整体水平差别很大。"OEC"方法以追求工作的零缺陷、高敏感度为目标，把管理问题控制、解决在最短时间、最小范围内，使经济损失降到最低，以逐步实现管理的精细化。它消除了企业管理的所有死角，并将过去每月对结果的管理变为每日的检查和分析，对瞬间状态的控制，使人、事、时、空、物等因素不断优化和持续改进，为生产提供了优质保证，不良品率、材料消耗大幅下降，管理达到了及时、全面、有效的状态。

其二，流程控制能力得以增强。主要表现在三个方面：第一，自控能力普遍提高。所有员工都以追求工作零缺陷和经济损失最低、收益水平最高为目标，苦练基本功，提高技术技能，在努力消灭不良产品的同时，自我把关，绝不让不良产品流入下道工序。第二，互控能力普遍提高。通过实行质量奖惩价值券，各道工序之间的质量互检工作得到了加强。第三，专控能力得到加强。在各生产环节上，各职能部门的巡检人员定时巡检，进行瞬间纠偏，使各环节始终处于有效控制之中。通过"OEC"管理法，海尔的各项管理工作实现了由事后把关向全过程控制的转化。

其三，培育了高素质的队伍。这是海尔"OEC"管理法取得的最大效果，也是"日日清"工作得以全面落实的基础。"OEC"管理方法通过每天进行的整理、整顿、清扫和清理，使得全体员工养成了良好的工作习惯和工作作风，一支高素质的队伍迅速成长起来。

企业即人，管理即借力

海尔在其 30 多年的经营历史中，一直重视"人"的价值，把"人"作为企业的核心竞争力的主要来源。张瑞敏提出"企业即人，管理即借力"。通过流程再造，至少为海尔奠定了十年的平稳发展基础，因为海尔从人到流程实现了一次彻底的革命。

"新三人组"

海尔坚持"相马不如赛马"的选人用人原则。2013 年，杨绵绵退休后，谁是继任者备受关注。和其他企业不同，在海尔掌门人张瑞敏"赛马不相马"的思路下，海尔的最高管理者仍未能确认，而是由"赛马"决定。作为竞赛主角的梁海山和周云杰均已加入海尔 20 多年，是海尔发展的见证者和推动者。梁海山不仅以海尔优势的冰洗业务带动空调、彩电业务，还分别具体推动了海尔对日本三洋、新西兰斐雪派克白电业务的并购。而周云杰统领的日日顺，已成为国内第三大电器分销商。业内评价两者在技术判断和营销上各有所长。

此前从海尔获悉，海尔集团公司总裁实行轮值制，轮值期为 1 年；梁海山和周云杰均为海尔集团轮值总裁；第一位海尔集团公司轮值总裁为梁海山。"张瑞敏这一做法在中国企业的传承中也有很多成功案例，比如联想柳传志对于杨元庆、郭为的赛马；美的何享健对于方洪波与黄健的赛马。"中国家电商业协会营销委员会执行会长洪仕斌表示，梁海山和周云杰作为海尔集团公司轮值总裁以及两大上市公司的董事长，将在新一轮赛马中竞争海尔集团最高管理者和接班人角色。

店老板：许氏兄弟

郑州社区店小微把自经体、社区店等利益相关者联结在一起，形成了新的区域市场商业生态系统。小微密切了海尔与社区店的关系，两者在满足用户需求、创造用户价值的目标上达到了统一。

在新的商业生态系统中，自经体与社区店关系多样化，沟通更加畅通，合作范围广泛，实现了生态系统的自驱动。郑州社区店小微是海尔"人单合一"模式在利益连接下的市场延伸，自主权、鲶鱼机制等新机制不断在社区店被复制。

郑州新兴店老板是许新革，新兴在郑州有 4 家门店，业绩最好的是位于郑汴路家电市场的新兴一店，年销售额超过 3000 万元。许老板年轻的时候常年在海信门口倒腾电视票，逐渐进入家电销售领域。

郑汴路家电城是郑州市和周边最大的电子市场，新兴社区店就位于家电城的黄金位置，一个繁忙的道路交叉口。一眼望去，海尔专卖店的门头在商铺林立的市场中格外引人注目。走进店内，彬彬有礼的销售人员、细心安排的产品陈列、干净明亮的玻璃橱窗、整齐统一的深色制服等给进店顾客留下了规范整洁的良好印象。

许老板从 2004 开始经营新兴社区店，但是并没有真正地把用户资源经营起来，业绩较为平淡。许老板的话说得实在，"许多海尔专卖店店头不整齐、灰尘满地、人员懒散，新兴店原来也差不多"。而缺乏热情的人员、杂乱无章的陈列，以及令人迷惑的价格都体现了对顾客缺乏最基本的尊重。

2011 年，海尔电器运营总监孙风森看到新兴店管理混乱，而又处于市场中那么好的经营位置，于是询问许老板是否愿意尝试一下海尔的标准化管理模式。在家电行业摸爬滚打 20 多年的许新革有些犹豫，"毕竟需要重新投入 80 多万元对店面进行装修，投入以后经营管理还得听海尔的……"体现在小微模式中的资源支持、超利分成等最终打消了许老板的顾虑，海尔电器郑州中心胡朝航总经理说，"在小微中许总就相当于是一个投资者，海尔驻店店长是总经理"。

新模式不仅使新兴公司销售额提升，还提高了零售业务所占的比重。没有将店铺开到用户家门口的社区店模式和良好体验，就不会有新兴店零售业务的大发展。"原来不重视零售，主要精力放在批发商，总感觉到零售没那么重要，单位销售成本又高，所以工作重点放到大客户身上。但是现在我们对零售的关注度是最高的。"

OTO 模式开始推广的时候，很多老板要求做试点，但只有部分社区店坚持下来。说到这个过程，许老板说，"老板们老是说驻店经理这里不行、那里不行，不反思自己的问题，不配合。老板如果不下决心做，再好的模式也没用"。许老板经常感慨，"经销商一定要跟对品牌，与品牌一起成长"。许老板选择海尔作为合作伙伴，就是希望能够做得持久。长期积累的信赖，也是促使许老板采用 OTO 模式的一个重要原因。

社区店深化了海尔自经体与店老板之间的利益联系，他们之间已经不是单纯的市场关系，也不是上下级关系。三专俱乐部能够明显反映这种非市场关系，三专俱乐部会员大部分由海尔的渠道商组成，这些渠道商专门销售海尔的产品，做到"专心、专业、专卖"。

李华刚与"日日顺"

李华刚从基层干起，直到做了海尔电器的 CEO。李华刚有三个名片，工贸、海尔电器、日日顺，有时真的让人分不清他的头衔到底是什么，这也是海尔的特色。企业需要员工扮演什么角色，员工就扮演什么角色。

2003 年海尔面临的困境是国美和苏宁迅速向三、四线市场扩张。作为一种崛起的家电零售行业新商业模式，国美和苏宁等家电连锁企业已经严重侵蚀了海尔在一、二线城市的销售业绩。早在 1996 年，海尔就开始在全国县级市场布局专卖店，随后几年在全国发展了约 2000 家海尔专卖店。2003 年前后，苏宁、国美等全国及区域家电连锁迅速崛起，家电行业渠道环境发生剧变。由于过去海尔对各类渠道也缺乏区分运营，在同样的渠道政策下，与综合性连锁卖场相比，海尔专卖店的优势荡然无存，遭遇发展瓶颈。

家电连锁渠道向三、四线城市的扩张，将不可避免地影响海尔传统的竞争优势所在。李华刚说，"到这个时候就顶不住了。为什么顶不住呢？我们当时就想查找原因，你不如说国美开到上海，上海专卖店就垮了，开到哪里，哪里的专卖店就垮了。因为我们是用一套产品、一个办法去对付这两种渠道，那么谁的规模大谁就获胜，所以原因不在于海尔专卖店没有竞争力，是我们没有办法培养出竞争力。自有渠道如果没有了，对海尔来讲又是一个灾难性的考验。所以我们必须要搞清楚，这个大连锁到底怎么回事"。

李华刚身兼重任，开始迈出海尔制造服务化的重要一步——创业"日日顺"。在当时的市场环境下，海尔推出"开大店、走出去、走下去"三步走的策略，准备大举布局三、四级市场的大型家电连锁渠道。本着谨慎的原则，海尔首先小规模试水渠道业务，渠道的名字就叫"日日顺"。当时，海尔集团选择在河南市场试着开店，主要考虑到河南是中国最典型的农村市场，人口很多，密度也很大，非常有代表性。在河南周口等六个地级城市，日日顺完全按照国美、苏宁的家电连锁模式，开设了六家门店。日日顺的经营目的主要有两个：一是发现大型家电连锁市场的竞争状况，这种模式到底有没有前途；二是摸清在二、三线城市海尔专卖店的生存环境是什么。为此，李华刚还开设了一家海尔专卖店，在实际经营过程中，获得最直接的市场信息。江湖上也纷纷传言，海尔最忠诚的士兵，李华刚辞职不干了。

李华刚把日日顺的最初使命做了总结，就是"发现大连锁模式的问题，发现海尔专卖店的问题，检验海尔产品在市场上的竞争力，检验海尔人员在市场上的竞争力，同时了解同行是怎么做的——这五项任务。海尔从来不是为了折腾"。

然而，日日顺在河南的创业过程却并不一帆风顺。李华刚回忆说，"尝尽了所有的辛苦。我之前当销售人员的时候就想我要是去开个店就好了，我说当销售太辛苦了。后来开店的时候，感觉还是销售人员好干一点"。

但是，通过这次实验性的创业，日日顺获得了宝贵的市场经验，甚至影响到了海尔此后的经营战略。2006 年 10 月，李华刚带着实验性经营取得的结论给张首席做了汇报。第一，在三、四级市场，大型家电连锁模式没有前途。第二，海尔专卖店必须进行转型升级。关于国美和苏宁模式，开下去是没有前途的，短期内是没有盈利希望的。海尔专卖店有其地方优势，规模小可以灵活经营，而店老板在当地又有人脉关系。但是，海尔专卖店必须转型升级，走出所在的贸易市场，走进社区、走进百姓家里。通过这次创业，李华刚也发现，海尔专卖店并不能够完全了解集团的各种销售政策，专卖店在进货、物流、服务等环节，不能够得到集团的支持。李华刚举了个例子，"一个专卖店老板到我们公司来提货，他至少得两天，头一天准备好钱来到济南，然后找冰箱经理你有什么，但很可能要的没有。然后到洗衣机经理、空调机经理你有什么，先得开单，单子开完了以后再交给财务，财务再给票，然后再开出发票，然后他自己拿着这个单子跑到物流等着送货，他能两天回去属于高手，一个月两趟算不错了，效率太低"。

2006 年海尔关闭了河南市场的六家日日顺家电大卖场业务。用李华刚的话说，"实验完成，还好没赔多少钱，但是总结了很多经验"。2006 年年底，海尔决定向服务型企业转型，把全国的海尔专卖店全部转到日日顺，重新组织。从 2006 年到 2010 年，日日顺的工作中心在于搭建四张网，主要是实网的建设，即营销网、物流网、服务网。以营销网为例，营销网把 2000 多个专卖店变成 2000 多张网，从县下沉到镇，再到村。经过发展，日日顺网点由 2000 个变成 5500 个，全国有 3.6 万个镇，建了 2.8 万个镇上的网点。全国有 64 万个行政村，其中设了村级联络站的是 22 万个。营销网的建立就保证，所有的专卖店代表能够代表海尔，把货真价实的产品销售给用户，并且出现售后问题有人负责处理。

2006 年到 2008 年整整三年时间，海尔专卖店被家电连锁卖场赶出了一、二级市场，海尔家电产品不得不通过这些连锁渠道进行销售，海尔渠道在一、二级市场处于"空白期"。经过一系列的实验和探索，2008 年，海尔渠道以"社区店"的形式重新杀回一、二级市场，通过深入社区黏用户、提供差异化的服务等形式与国美、苏宁等家电连锁卖场展开竞争。

海尔要求专卖店销售服务一体化。海尔对各专卖店的支持在增加，2008 年设置了客户服务体系，专卖店不用再到青岛订货，还建立了用户服务系统，用户的抱怨能够直接传达给总部。李华刚说，"客户只需要在家里打订货电话，对口的接线员就可以过来给你服务，查余款、对账，提前告诉你这个月的订单是什么，这一周可以沟通下一周的订单。这个系统做好了以后，客户一个月跟我们做生意的次数现在平均 26 次"。通过建立客户服务体系，海尔能够预先了解客户的需求，把海尔的产品库存从 40 多天一下子降到 10 天。最重要的是，由于信息的透明，业务员和专卖店老板之间的矛盾减少了，业务员不再抱怨店老板刁蛮，店老板也不再抱怨业务员坑蒙拐骗。专卖店在当地也是服务中心，通过建立售服一体化的体系来解决用户需求，通过服务创造感动，再把更新的产品卖给用户。

物流网也发生了很大的变化。以前物流和商流是分离的，物流公司按照全国的行政区划分，物流缺乏全国统一的调度。李华刚说，"安徽砀山的客户要进货，徐州的不能进，必须从合肥去拿，青岛的货送到合肥又增加了 300 公里"。通过物流网的统一规划，日日顺在全国建立了 91 家分拨中心，仓库总面积减少了，但物流速度加快了。现在海尔日日顺物流能够保证 150 千米范围当日到达，250 千米以内的 48 小时送达。日日顺物流实施班车制，物流成本下降，速度提升，客户满意度增加。

通过服务转型，海尔的营销网、物流网、服务网实网建设基本形成。2006 年起，海尔集团陆续将旗下物流、营销、售后服务，以及相关配套业务整合至海尔电器，统称为"渠道综合服务业务"，以"日日顺"为品牌。自成立以来，日日顺的营收年均增长超过 30%，2012 年达 507.7 亿元，成为中国最大的渠道综合服务商，尤其是在全国建成县、镇、村三级网络体系，在三、四级市场具有绝对优势。

第20章 海尔的全球化战略

谈到国际化的初衷，张瑞敏回忆说，刚开始海尔的国际化只是想"走出去"，卖一些很小儿科的创意。现在，海尔的国际化意在吸收、引进外部最好的资源，建立一个平台，很多的资源可以在这个平台上运作。

从"走出去"到"坐起来"

经过名牌战略和多元化战略的发展，海尔在国内快速成为家电行业的龙头企业。此时张瑞敏提出了更高的目标："国门之内无名牌，要走出国门创名牌！"

1997年2月，在世界著名的家电博览会——德国科隆博览会上曝出重大新闻：海尔向来自欧洲的十二位经销商颁发了"海尔产品专营证书"，"洋人"开始为海尔创国际名牌服务了，这在中国家电企业中是第一家。当年海尔引进设备签约合影时，中国人站在后排；而这一次，是中国人坐在前排。当时有人说："中国人坐起来才意味着真正站起来了！"

随后，在张瑞敏"走出去"战略之下，海尔初步搭建了一个"物流、资金流、信息流"全球化运作的网络，在全球建立了数十个制造基地、研发中心和海外贸易公司，全球员工数万人，逐步成长为一个全球化的品牌。

既然进军国际市场，推行国际化发展战略也就成为海尔的必由之路；如何进入国际市场、首先进入哪部分国际市场就是亟待考虑的问题。而一般的国际化思路是先进入发展中国家市场，因为发展中国家市场的要求和标准都相对较低，企业面临的困难相对发达国家市场要小一些。因此，进入国际市场要先易后难。海尔则反其道而行之，提出了海尔的国际市场开发要实行"先难后易"的策略，即首先打开发达国家市场，靠优质产品让当地消费者认同海尔的品牌，在这些具有国际示范效果和辐射作用的市场成功建立名牌地位以后，再以高屋建瓴的姿态进军发展中国家市场。可以看出，海尔"先难后易"的国际市场开发策略与其初创阶段提出的"高起点"发展战略是一脉相承的，其背后所体现的是海尔一直追求卓越的经营理念和企业文化。

"先难后易"

海尔之所以提出"先难后易"的国际化策略，是基于两点考虑：其一，发展中国家的市场竞争程度也非常激烈，全球优秀的跨国公司已遍及世界的任何角落。因此，进入发展中国家市场未必像想象中的那么容易。其二，从企业发展的角度考虑，海尔的目标就是创世界名牌，如果先进入发展中国家，其要求和标准不会高于中国的市场要求和标准，那么对企业核心能力的提升就丧失了国际化的意义，会给企业员工造成"国际化要求也不过如此"的错觉，这不利于企业竞争能力的提升。而先进入发达国家则不同，企业要以更高的要求来挑战自己。因此，海尔最先进军德国、日本和美国市场，然后再拓展到其他国家。其中，德国对待产品质量是最认真的，而且德国的质量认证也最困难。海尔用了一年半的时间获得了德国的质量认证，使德国成为海尔冰箱的第一个出口国，而海尔的冰箱技术正是从德国引进的。无独有偶，海尔洗衣机技术是从日本引进的，出口自然首选日本。而美国则成为海尔首个海外建厂的国家。随着海尔产品进入欧美发达国家市场，海尔的品牌知名度也迅速提高。目前，海尔产品已经出口到世界上160多个国家和地区，其中60%以上产品在欧美地区销售。

在进入方式的选择上，海尔采取了"一路纵队而不是一路横队"

的市场进入策略。海尔的产品有几十个系列、上万个规格，在进入海外
市场时，海尔并不是让所有产品进入，而是将产品排成一列纵队；哪个
产品在本地市场中最受欢迎，海尔就让该产品作为纵队的排头兵，直到
该产品在市场上站稳脚跟，其他产品再陆续跟进。例如，在美国，海尔
让冰箱最先进入市场；在欧盟，让空调先进入市场；而在东南亚，则让
洗衣机率先进入市场。总之，海尔总是针对不同市场的不同需求，根据
其特点来制定市场进入策略。

国际化品牌战略

　　海尔确定了进军国际市场的目标之后，进一步深化了其国际化发展
战略，而不是仅仅局限于对国际市场的出口。在海尔看来，仅仅向海外
出口并不能真正构成企业的国际化；而且，海尔要在企业国际化的基础
上转变为国际化的企业，进而打造全球化的品牌。因此，海尔国际化战
略深化的过程就是海尔打造本土化世界知名品牌的过程。国际化的海尔
是"三位一体"的海尔，即设计中心、营销中心、生产制造中心"三
位一体"，利用海外资源，融入本地文化，把海尔打造成一个本土化世
界名牌。

　　本土化战略的第一步就是从出口转向本地制造，即进行海外建厂。
对此，海尔提出了"先有市场，后建工厂"的海外建厂原则，这是一
种典型的以市场为导向的经营思路。其核心思想是：企业首先采用产品
出口的方式，在出口量达到在当地市场建厂的盈亏平衡点时，再考虑在
当地设厂，以此来降低企业海外投资的风险。

　　1999 年 4 月 30 日，海尔开始在美国南卡罗来纳州的 Camden 建设
其北美地区的第一个家用电器生产基地。该基地是海尔的独资企业，占
地 44.5 万平方米，计划分期建设。首期项目是建筑面积为 2.7 万平方
米的电冰箱厂，年设计生产能力 40 万台，投资总额为 4000 万美元，是
当时中国企业在美国最大的一笔投资。2000 年 3 月，第一台美国制造
的海尔冰箱下线。建立的生产基地，加之海尔设在洛杉矶的设计中心、

设在纽约的营销中心，标志着首个"三位一体"的本土化海尔在美国建成。2001年4月5日，美国南卡罗来纳州惠而浦政府为了感谢海尔为当地经济发展做出的贡献，无偿将美国海尔工厂附近的一条路命名为海尔路，这是美国唯一以中国品牌命名的道路，标志着海尔实施本土化战略的成功，美国海尔已经得到了当地百姓和当地政府的肯定。

在欧洲，海尔进行国际化的战略首先瞄准了大型连锁商店和超市，其产品已经成功进入包括家乐福在内的前15大连锁店中的12家，并于2001年1月在欧洲组建了合资公司——欧洲海尔贸易有限公司。欧洲海尔贸易有限公司是海尔家电产品在欧洲的唯一进口商，总部设在意大利的瓦雷泽市，并在欧洲16个国家设有分支机构。随着对欧洲出口量的增加，海尔集团按照"先有市场，后建工厂"的国际化拓展思路，于2001年6月并购了意大利迈尼盖蒂公司所属的一家冰箱厂。该工厂占地2.2万平方米，地理位置优越，而且工厂所在地区聚集了许多著名制造厂家。海尔的意大利工厂将主要进行家电及其零部件的生产、进出口、采购和销售等。这是中国白色家电企业首次实现跨国并购。加之海尔在法国里昂和荷兰阿姆斯特丹的设计中心、意大利米兰的营销中心，欧洲海尔继美国海尔之后，也实现了设计、制造与营销"三位一体"的本土化经营。

"创造资源，美誉全球"

在张瑞敏看来，随着全球化和信息化的突飞猛进，将来只会剩下两种企业：一是全球化企业；二是为全球化企业打工的企业。名牌企业是食肉动物，打工的企业是食草动物；食草动物再大，也只是食肉动物的食物。在信息化时代，能腾飞的企业才能生存。

实施全球化品牌战略，海尔要实现三个跨越，用张瑞敏的话说就是要过"三道坎"。第一道坎就是从入围资格到进入决赛圈，入围资格首先是解决布局的问题，这一点与国外大的跨国公司存在很大差距。因此，海尔要想入围并进入决赛，就要提升产品竞争力和企业运营竞争力，以此参与全球化竞争。产品竞争力包括产品质量和产品研发，要从国内差异化做到全球差异化；企业运营竞争力是指物流、资金流、信息流的全球运行与协作。第二道坎是进入决赛后，从机遇利润到双赢利润。海尔清醒地认识到，海尔最初发展和获得利润不是靠企业竞争力创造的，而是靠改革开放的有利形势带来的。而伴随着全球化，机遇利润将不复存在；企业需要创造的是双赢利润，即利用自身的优质资源，通过资源换资源来创造利润。上游的分供方能否给你优质资源完全取决于你的资源；下游企业是否给你提供最好的位置，完全取决于你的产品是否能比他现在销售的产品获得的利润更多。第三道坎是获得利润后，要从单一文化转变到多元文化，实现持续发展。企业文化在海尔的发展过程中起到了重要作用，企业文化确保了海尔的独特性，而全球化要求企业从单一的国内文化向多元本土文化转变。为适应全球化品牌战略的发展，海尔提出了"创造资源，美誉全球"的企业精神。

国际商社

国际商社是海尔集团在海外的业务平台，在中国政府"两优"贷款支持下的海外政府采购需求这一背景下，逐步形成了自己独特的业务模式。国际商社业务平台一端连接着海外国家的政府需求，一端连接着国内供应商的资源。所以，国际商社的主要业务模式是"以市场需求促进产品方案整合"，即利用海尔集团的海外营销网络和客户关系优势，国际商社持续获得海外政府需求，并寻找国内的供应商，整合形成各种产品方案。国际商社提供数字电视、信息化、新能源、医疗卫生、家电配套五大产品方案。

国际商社现在主要有海外大项目平台、小家电进出口服务平台和资源进出口服务平台三个业务平台。国际商社的海外大项目平台，面向的用户是海外政府和海外机构，通过提供信息化、新能源等产品解决方案成为海外政府的好帮手。小家电进出口服务平台则提供各种小家电从设计到生产的全流程服务以及完整的产品序列。资源进出口服务平台，主要是为了打造小家电上游产业链（大宗原料，如液晶面板、油品、PTA等）整合能力，形成对小家电及其他家电产品上游关键资源的控制能力，为采购商和生产商提供更全面的服务方案。

张瑞敏说："我们在国际市场上提倡做'光杆司令'。其实一个人可以整合很多资源，刁云峰领头的国际商社，2012 年 80 人销售 120 亿元，人均 1.5 亿元。"国际商社贯彻"节点网络"组织结构，"光杆司令"深刻理解"接口人"角色，掌握和建设业务平台的核心能力与资源，逐步在海外市场闯出一片天地。

第 21 章　海尔的网络化战略：虚实融合①

　　海尔以强大的市场营销网络为基础，以互联网为抓住消费者需求的连接工具，以"零距离下的虚实网融合"创出第一时间满足用户第一需求的竞争力。互联网的出现彻底打破了信息的壁垒，海尔通过搭建虚实融合的平台，从线下到线上，再次迈出了大胆尝试的步伐。在互联网时代，企业需要建立互联网思维，通过平台战略而非产品战略、强调范围经营而非规模经营、采用拉动而非推动消费的方式，实现经营灵活性而非效率的优化。最终的目标都在于满足用户需求和体验。

　　虚实融合提供了差异化的用户体验。这表现在用户参与产品设计、友好的购物界面、全流程信息可视化、快捷的配送和安装服务。在线上，用户不仅仅需要友好的购物界面，还需要参与到产品的设计中去；在线下，用户不仅仅需要实体店良好的购物环境，还需要快捷的配送和安装服务。线上线下虚实融合的内涵已经不断得到扩张，只有全流程地给予用户最佳体验，才能满足互联网时代的用户需求。

　　虚实融合还改变了企业的经营业态。它让距离变短，让时间变快，海尔实现了零库存下的"即需即供"——改变传统企业以产品大规模制造为中心的发展模式，实施以用户个性化需求为中心的大规模定制，真正实现了"零库存"和"零应收"。

---

　　①　本案例资料主要来自对企业访谈、《海尔人》，以及媒体资料的整理。海尔相关人员接受案例写作课题组的访谈，并对案例内容提出宝贵意见，在此表示感谢。

海尔 1169 的虚实融合

虚网和实网

海尔电器集团有限公司（股份代号：HK.01169，以下简称1169）创始于2000年9月，是海尔集团旗下的、在香港联交所主板上市的公司。海尔1169聚焦发展渠道综合服务业务，2011年收购母公司旗下的青岛海尔物流，以"日日顺"为子品牌与全国三、四级市场建立渠道分销网点，成为中国三、四级市场领先渠道综合服务商。

在网络化战略下，海尔1169的组织结构进行了调整，新的组织结构包括日日顺流通渠道、海尔自有渠道等业务单元，以及虚网、物流、服务等支持平台。海尔1169的战略定位是聚焦互联网时代虚实网融合家居解决方案的开放式平台，打造日日顺成为引领时代的新服务模式品牌。

为持续地贴近用户、与用户零距离，2011年，海尔集团将电子商务公司注入海尔电器，目标是将海尔电器打造成"虚实网融合的通路"。海尔1169依托四网——虚网、营销网、物流网、服务网，构筑虚实融合的全流程用户体验驱动的竞争优势。

"虚网"包括海尔电子商务公司旗下的海尔商城、统帅、日日顺三大官网，苏宁易购、天猫旗舰店等衍生电子商务网站，以及当地化的自媒体网站。海尔商城官网定位于海尔全产品系列的电子商务平台，统帅官网定位于用户个性化家电产品定制，日日顺官网定位于开放的电子商务平台。衍生电子商务网站更多的是强调虚网营销渠道的全面覆盖，具有本地特色的自媒体网站则更加容易赢得当地用户的信赖。虚网的作用主要体现在研发和渠道两个方面：对于研发，可以通过网上的用户互动，提供个性化的产品；对于渠道，则侧重于线上线下的融合。虚网还泛指互联网，通过网络社区与用户互动，形成用户黏度，增加企业和用户之间的情感交流。

"实网"指营销网、物流网、服务网，海尔的实网体系已经覆盖全国大部分城市社区和农村市场。现在，海尔 1169 在全国的营销网有 5 万家海尔专卖店，其中 3.5 万个乡镇店，物流网有 15 个生产基地、83 个物流中心、3000 条客户配送专线，服务网有 6000 个销售服务一体化网点、19 万个村级联络站，再加上虚网等信息交互平台，营销网、物流网、服务网和虚网四大网络融合共同搭建了海尔新型服务体系。

虚实融合

虚实融合是指海尔的互联网服务与线下实体服务相结合打造的综合服务体系。随着越来越多的"用户在网上"，用户订单和用户需求也在网上获得和满足。海尔 1169 通过虚网精准了解用户需求并快速形成精细服务，例如产品和服务的定制；通过实网实现线下对接全程服务，营销、物流、服务三网快速满足和实现用户需求。

虚网的作用在于精准了解用户需求快速形成精细服务。虚网的功能首先是线上服务，在线服务并非海尔首创，但在家电行业能够把精细化的服务开展到线上的企业中，海尔处于领先地位。海尔的在线服务不仅仅局限于订单服务，例如在互动过程中，海尔服务人员还可以向用户提供在线家电设计，根据户型布局与使用习惯为其量身定制合适的家电方案。凭借虚网，以互联网时代用户熟悉的方式与用户展开近距离的交流，提供用户满意的解决方案。

虚网的功能继续延伸，通过用户互动，发现用户价值点，进行产品研发的决策。例如，水晶利共体通过收集、分析大量虚网数据，获取有价值的信息，通过京东、淘宝、苏宁易购、海尔商城、专业调研公司、行业检测数据等途径，采集了用户需求的大数据。通过分析、归纳，发现用户对洗衣机"噪声"的抱怨排在第一位，用户抱怨就成为海尔为用户创造价值的起点。海尔水晶利共体通过虚网互动获取了用户的需求，又将用户需求转化成产品，转化成线下体验的方案。

实网是迅速对接用户的通道，快速实现和满足用户需求。海尔之所以可以将线上信息迅速转变为线下的即时产品和服务，其构建的营销、物流、服务三大网络功不可没。通过不断充实三网实力，海尔已经建立了一支高素质的物流和服务队伍，承诺"24 小时按约送达、送装一体"的物流配送。海尔的全流程服务体验，由线下开拓到线上，形成了一条完整的服务链。可以预见，海尔对虚实融合模式的探索，为其打造互联网服务竞争力提供了巨大的能量。

海尔满足用户体验的优势

在虚实融合模式上，海尔有着其他企业不可比拟的优势。第一，营销网创造虚实融合的用户体验。例如在全国范围的社区店，海尔设置了信息港多媒体终端，消费者能够在这个多媒体终端上找到他所在小区的户型，还有整套的家用电器设计方案，通过虚拟的展示过程，消费者在现场就能体验设计方案。第二，通过虚网参与个性化定制。统帅官网主要瞄准用户定制需求，按照模块化设计，用户可以在统帅官网定制个性化的产品，例如电视、冰箱等家用电器的个性化定制。第三，物流网按约送达，精准高效。海尔提供全国范围的"24 小时按约送达，送装一体"的物流服务，按约送达即根据用户的需求，按照提前约定的时间对客户 24 小时即需即送，根据用户的实时需求完成产品的中转和运输。送装同步是为了解决网购大件商品存在的送货和安装服务分离问题，配送和安装一次完成。第四，服务网送装同步、持续关怀。把产品送到位之后，服务网提供后续延保、产品移机等增值服务。全流程的协同和体验，保证了用户订购产品的第一时间到达；服务兵上门"送装一体"，让网购变得亲切生动、触手可及。

虚实融合体现了两者的互补关系。如果没有完整产业链的支持，没有后台系统的支持，电商到底能走多远？实网是实现虚实互动的基础，而虚网则是连接企业与消费者的工具。首先，制造业基础。海尔的产品线几乎囊括了家庭所必需的所有产品，丰富的产品线为进军下游奠定了良好的物质基础，也成为海尔转型渠道服务商的重要砝码，同时，进军下游也可看作产业链的自然延伸。其次，营销渠道下沉。通过日日顺渠道，海尔在二、三线城市甚至村镇市场取得巨大成功，同时在一、二线城市，采用社区店模式进一步扩充、巩固了渠道资源。再次，通过虚网连接用户。用户只需通过海尔商城、社区论坛、即时聊天工具等方式提交家电使用需求，海尔专卖店的服务人员就会亲自登门按需进行整套设计方案，让消费者足不出户就可以得到最大程度的便捷。这一设想的顺利实施还必须依托于良好的售后、物流网络，而海尔前期完美的渠道布局，也为此打下了坚实的基础。最后，海尔品牌多年来在消费者心中营造的良好口碑与形象，也使消费者更加容易接受这种看似新奇的渠道服务，使海尔的渠道转型之路走得更加顺畅。

虚实融合的商业生态圈

通过虚实融合，海尔形成了商业生态圈并实施了平台战略。海尔希望成为集互联网、物流网、服务网、营销网四网合一的开放式平台，满足消费者对家居、家电的个性化需求，为消费者提供差异化的产品和服务。在海尔虚实融合的商业生态圈中，多样化的主体保证了对于用户的零距离和全面覆盖。通过全流程信息化进行连接与交互，保证了网与网之间各个环节的协调与同步，共同围绕和完成"24小时按约送达、送装一体"的目标。虚实融合还保证了平台战略的实施，实现了平台的交互、交易和交付功能，增加了平台的网络效应。海尔的商业生态圈具有开放的特征，通过接口机制和资源的动态优化，持续推进平台建设，与用户动态零距离，实现人单自推动的目标。

主体多样化

虚实融合的主体呈现多样化的特征。海尔的虚网、营销网、物流网、服务网构成了虚实融合生态圈，每一个网络的构成内容和形式十分不同。"虚网"包括海尔商城、统帅官网、日日顺官网、自媒体等电子商务网站。海尔商城还负责天猫淘宝系销售渠道，这一渠道的布局呈现"1+N+n"的特征，即以天猫海尔旗舰店为中心，加上天猫平台的多家核心海尔经销商，再加上其他经营白电业务的淘宝专卖店（理货商）。在天猫电子商务平台上，采用自动分账的代销模式，当经销商或者理货商完成订单销售，天猫系统会把佣金提走，然后与海尔完成货款结算，海尔实网则承担发货、配送以及售后服务。

海尔的营销网，除了传统的大卖场和商圈店，在一、二线城市采用社区店模式，三、四线城市采用专卖店模式。海尔社区店的定位是"好邻居，天天见"，深入社区，与用户保持紧密的联系。社区店要关注门店运营，关注整个终端用户黏度，提升社区店的核心竞争力。为提高"用户黏度"，海尔不仅注重形象标准化，还针对不同用户提供个性化的服务解决方案。此外，海尔的营销渠道还包括日日顺流通渠道，其主要针对二、三线市场，为包括海尔在内的所有家电品牌提供服务。海尔美乐乐广场集合了包括海尔在内的多个家电和家具品牌，并为用户提供U－home 智能家居解决方案。

海尔的物流网，完全服务于四网"虚实融合"的目标，要做到"24 小时按约送达、送装同步"。海尔在全国建了 83 个物流中心，结合海尔营销网络已经到县、到镇的现实，整个物流配送网就建起来了。对于三、四线城市的海尔专卖店，海尔实施"直配到镇"模式，降低销售终端的库存压力。直配到镇模式有效支持了乡镇终端的"勤进快销"，批量的进货变成零散订单，减轻了店老板的囤货压力。

海尔的服务网，除了全国的 6000 个销售服务一体化网点，还有 19 万个村级联络站，这些联络点也承担着销售、维修服务的功能。

海尔虚网、营销网、物流网、服务网四网虚实融合，保障了企业与用户的零距离，不但有效支持海尔产品的营销，还成为国内外家电、家具名牌在中国市场的首选渠道。海尔 1169 四网之间交互资源，通过提供差异化的全流程用户体验模式来吸引用户，创造更大的用户价值。

连接与交互

四网之间的连接与交互主要通过全流程信息化来实现，海尔建立了In－Store 订单系统、H－Less 进销存物流系统、HCESP 服务系统等信息化系统。虚实融合模式相当于把几大运营平台都做了接口，把用户订单、DC 划拨、仓库管理、物流配送、用户交互、售后服务等业务环节都联系到了一起。前端 In－Store 系统将用户订单通过信息化的流程传给 H－Less 物流系统和 HCESP 惠普服务系统。物流网仓库接到指令后释放库位备货，服务网接到指令后安排服务人员和车辆提货，直到最后完成按约送达、送装同步，完成对用户的承诺。

在全流程规划方面，海尔物流强调预案，把事情做在前面，效率才能够提升。海尔物流对于客户的承诺分两个层次，一个是 24 小时送达或 48 小时送达，另一个是"即需即供"模式。通过对客户的承诺，客户下订单的时候就会知道承诺内容，即送达的时间是什么。客户通过不同的订单下达方式，包括人工下单、电话下单、网络下单，都可以把客户订单接入海尔 In－Store 订单系统中去。

海尔的信息化，基本上都是按照全流程，在技术上应用条码扫描或 GPS 手机定位完善整个流程的监控，把最终产品在每个环节的状态实时展现出来。在仓储环节，对口实施精细化管理软件，它可以在整个仓库里面系统指导人去操作。在入库环节，对已到货的产品可以系统地指导和建议仓储货位，减少对人的依赖。出库的时候会根据订单的汇总，实时地排出最优化的拣货路径，按路径完成订单集合。

要做到"24 小时按约送达、超时免单和送装同步"的目标，海尔需要做全流程供应链的优化，即从前端的订单管理，到产品下架，到物流中心，再到客户和用户的全过程优化。目标锁定以后，就能够倒逼"四网融合"的效率，在同一目标下，大家必须围绕用户需求目标，保证全流程目标的顺畅实现。而在原来的流程里，物流网内部和服务网内部各做各的，业务上缺乏交集和沟通，导致互相抱怨。现在，物流服务过程中某个环节慢了一些，服务网一定会想办法把时间追回来；同样也是，服务网有问题，物流网也会把时间追回来，四网之间是一个相互补充的过程。在用户倒逼的评价机制下，各个经营体必须把事前的工作做好，要事前预赢，充分预判有可能会发生多少个问题，每一个问题应该采取什么样的预案。因为互联网没有改错的机会，一旦丢掉用户就永远丢掉了。

平台的规则

在虚实融合的思路下，企业更加容易采用平台战略以建立起自己的商业模式。企业搭建虚实融合平台，平台的规则主要体现在交互、交易和交付三个方面。通过交互满足用户个性化需求，虚实融合满足用户交易的便利，快捷交付满足用户全流程体验。

交互是指企业与用户之间的互动，用户参与产品的设计和更新，参与服务内容的设计；交易是指电子商务平台和支付完成的方式；交付是指物流送达所体现出的"最后一公里"送装同步服务。三大功能缺一不可，才能够发挥强大的网络效应，提供差异化的平台服务，并以较高的转换成本"黏住"用户。通过虚实融合，海尔实现了交互的个性化、交易的便利性和交付的快捷性。

网络首先应该是与消费者交互的平台。如何让消费者更深度地参与产品制造？不是依靠价格战，而是用定制个性化产品吸引用户，这是海尔目前努力的方向。2013 年海尔与天猫在定制家电上进行深度合作，推出了一系列的家电定制活动。海尔在自己的官方商城上定制化走得更远，已经可以让用户在网上和设计师一对一交流，为用户提供独一无二的家电产品。在交付环节，海尔已经能够做到消费者下单后两周交货，对于供应链实施按需管理、按需生产，"库存永远在车上"。

通过虚实融合，前台和用户的交互平台与企业后台的供应链系统、营销系统、研发系统能够形成无缝对接。在线上，获取用户的口碑，再通过用户的需求产生新的研发导向。在线下，通过模块化设计和流程化制造实现个性化定制，通过快速送达和送装一体实现差异化用户体验。线上与线下融合，创造用户感动的平台。

开放式平台让海尔的供应链无限延长。日日顺为包括海尔在内的所有家电品牌提供服务，海尔对市场节奏的准确把握和强大的渠道能力弥补了这些品牌的不足。日日顺同时也吸引了美乐乐家居这样的外部合作伙伴共同参与。

构建与推进机制

通过"外抓机会，内建机制"，海尔完成了虚实融合平台的构建，并通过接口机制和资源的动态优化，持续推进平台建设，与用户零距离，实现人单自推动目标。

外抓机会主要体现为全流程的用户体验，通过全流程体验满足用户的个性化需求，从吸引用户参与产品设计开始，到"24 小时按约送达、送装一体"。全流程信息化也是非常重要的用户体验内容。通过实施信息化，对内"四网"信息透明有利于各个环节的协调，对外把最终产品在每个环节的状态实时展现出来，全流程保证用户所需信息的透明度和可获得性。

内建机制主要体现在"节点网络组织"，虚实融合平台的搭建要求资源的利用社会化，依靠现有的资源已经无法满足发展的需要。既然内部资源不足，就要引进外部资源，包括虚网的亚马逊团队、物流网的联强团队。海尔建立了"接口机制"，把员工定位为接口人，从大的电商和物流企业引进了有丰富经验的业内人员，来重新构建和优化团队，以推进社会化业务，承接虚实融合战略。虚实融合真正把海尔变成一个新型服务平台，围绕这一目标，每个利共体长必须转变成一个真正的接口人，一边要承接全球用户及其客户的需求，一边接入全球一流资源，把海尔变成一个开放性的平台企业。

虚实融合的实践

海尔虚实融合的作用主要体现在产品的引领、服务的引领，并通过虚网进行情感传递。通过实施虚实融合，海尔不但实现了产品引领，与用户交互出水晶洗衣机、帝樽空调等创新产品，还摸索并建立了"人车店库"物流服务模式。

研发：交互产品引领

通过用户交互，用户不一定主导产品的设计，但是企业至少可以通过用户交互判断消费者的需求，以及检验自己的技术方向是否正确，并通过网络效应放大了既有技术的价值。海尔的无尾电器、帝樽空调，以及净水洗衣机都是在不断的用户交互过程中，实现了产品的持续和突破性创新。

以水晶洗衣机为例，通过虚网的用户交互，海尔欧式经营体确定了水晶洗衣机的创意：研发一款行业引领的、用户体验最安静的洗衣机。虚实网有机互补，实网的调研能够发现一些虚网发现不了的东西，不断创造出产品进一步提升的价值点。水晶产品有五大优势，概括为五个字叫"静、净、柔、智、速"，这都是在用户参与互动体验过程中提炼出来的。

"水晶"的全流程虚实网互动是环环相扣的，分为用户参与创意设计、营销互动和持续互动创新三大阶段。通过虚实网互动开展企划创意、产品设计、上市前后的营销，接下来，将进入"虚实网持续互动创新"阶段。在开展水晶新产品用户满意度跟踪体验、水晶产品二代需求研究和水晶产品二代设计方案测试等工作后，"水晶"二代将会闪亮登场，进入新一轮的全流程虚实网互动流程。

渠道：线上线下融合

海尔搭上物流的快车并非偶然。虽然海尔商城等电子商务平台已经趋于完善，但是和综合性电商平台相比并没有绝对优势。物流配送的交付平台则完全不同，海尔认为在这方面可以发挥自己的优势，做以大件物流为核心的第三方平台。就海尔而言，平台具备这样的构架：一端是传统渠道物流、电商物流、品牌物流三大渠道；另一端是包括家电、家居、卫浴类产品的送货需求。日日顺物流则以"按约送达、送装同步、全国无盲区、到村入户"四个维度进行逐点突破。

对于线上和线下的融合，海尔提出了用户零距离，"从送到到得到"。例如，从"最后一公里"切入，满足"24小时按约送达、送装一体"目标，海尔日日顺物流建立了"人车店库"模式。

来自虚网的社会化家电订单越来越多。目前，家电企业的互联网销售份额占比接近17%，在一些大城市如上海达到30%。面对巨大的虚网销售量，再加上多企业、多品牌物流，"最后一公里"瓶颈问题还是非常严重的。例如，天猫的电器城卖不过京东商城，京东商城一天能卖2万单，天猫电器城可能一天只有8000多单。因为京东有自己的物流资源，所以天猫找到日日顺物流来帮它们完善"最后一公里"的配送。

日日顺物流构建了"人车店库"模式。面对巨大的市场空间，日日顺物流以"县"为单位，成立基于人车项目的合资公司，独家经营在县域范围内的虚网家电订单配送业务。这样，全国范围内2000多县的人车项目汇集起来，就形成了一个巨大的平台和网络。海尔提供的是"班车式"的物流服务，对客户24小时即需即送，对用户24小时限时送达。"人车合一"，每辆班车的司机师傅还是负责安装的服务兵，保证了送装同步。

大件物流的运输、安装、服务，不同于普通的快递业务，是一个独立体系。日日顺提供体验中心、用户看样订货，快速将产品交付用户，未来将成为一个大型服务平台。

第22章　如何通过跨国并购实现技术创新

企业通过并购获取相关的技术与知识资源，能够增强技术创新能力。我国企业的跨国技术并购是受创新战略导向驱动的，知识一致性是实现知识转移的基础和前提，而战略互补性和组织匹配性则是实现知识转移的重要保障。知识一致性、战略互补性和组织匹配性增强了知识转移对于企业创新绩效的影响作用。从知识转移研究的角度看，知识一致性能够提升吸收能力，并降低知识转移的经济成本。从并购研究的视角看，战略互补性、组织匹配性则为知识转移提供了有力保障。本章采用案例研究的方法，以海尔集团并购 FPA（Fisher & Paykel，简称 FPA）为研究对象，研究结果显示跨国技术并购过程中知识一致性、资源互补性、组织匹配性等因素，有助于并购企业间的知识转移，并最终提升了并购企业的创新绩效。

在跨国技术并购中知识转移是实现创新绩效的基础，主要体现在三个方面。第一，知识转移的发生受知识一致性的影响，知识一致性意味着良好的吸收能力，知识转移更加容易在并购企业双方之间发生，最终提升了并购企业的创新绩效。第二，如果并购双方能够基于战略互补性进行了解和沟通，则能够为知识转移创造便利，并提升并购企业的创新绩效。第三，并购后合理的组织结构设计和安排，能够为知识转移提供便利条件，并提升并购企业的创新绩效（见图 22 - 1）。

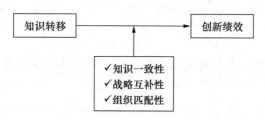

图 22 - 1　知识转移促进技术创新

跨国技术并购为企业构建了跨组织的知识转移和创新网络，在并购对象选择过程中，如果注重知识一致性、战略互补性和组织匹配性的管理，则能够促进跨国并购的知识转移，并因此提升并购企业的创新绩效。我们选择海尔集团并购 FPA 作为案例研究对象，试图回答和解释这些问题。

海尔并购 FPA 的背景

在以知识为基础的经济和市场中，企业通过网络、跨越边界与环境相联系已成为普遍的现象。借助于发达的信息、通信手段以及全球化网络平台，企业创新的内容和形式快速变化，对市场和技术变化的反应更为敏感，可以在较短时间内以低成本整合各种技术资源，创新具有很强的灵活性与开放性。

海尔正在用"互联网思维"经营制造业。海尔正在把企业变成一个开放的体系，全方位引进最优秀的资源。海尔正在搭建"全球研发资源整合平台"，该平台不但整合了诸多领域的技术资源，还可以快速配置资源，海尔只要将自己的研发需求放到平台上发布，就可以准确找到相应的解决方案。通过跨国并购的方式，海尔将 FPA 整合进自己的资源平台。海尔始终坚持"用户需求"战略的一致性，FPA 的技术资源是海尔引领和满足用户需求的保障，并购后的整合则体现了其组织协调性。

综上所述，跨国技术并购不再单纯是技术的购买，或者技术引进。本章从知识转移角度理解跨国技术并购，一方面企业需要思考并购技术对象的价值创造潜力，另一方面并购企业本身也需要在组织结构上进行相应的调整。只有同时做到这两点，企业的技术创新能力才有可能获得提升。可通过长期近距离观察企业实践了解其创新行为。在一年多的时间里，课题组成员对海尔进行了大范围的访谈，并定期参加海尔"周例会"，完成了大量的企业创新实践案例。通过多种形式的合作，对于海尔集团的国际化战略和创新有了基本的了解。通过对企业高层管理人员的访谈，充分了解了海尔并购 FPA 的全过程。各个当事人回顾了并购实施的动因、决策和整合过程，并分别给出了自己的评价。此外，课题组还参加年度举行的海尔全球创新会议，了解海尔实施全球化创新的具体步骤，并访谈了来自海尔研发部门、FPA 等的人员。

斐雪派克

斐雪派克（Fisher & Paykel，简称 FPA）创建于 1930 年，是新西兰制造业的标志，在全球厨电品牌中，历史最为悠久。FPA 自创建之始，便强调关注用户体验，追求卓越设计，开发富有灵魂的产品成为其独特的品牌精神，被誉为全球最具创新思想的顶级厨电品牌。近 80 年来，FPA 一直致力于深耕家电产品市场，拥有新西兰、美国、意大利、墨西哥、泰国五大国际化生产基地，销售遍布全球 50 多个国家和地区，在全球顶级家用电器市场享有极高的品牌美誉度。

自 2009 年起，海尔和 FPA 在研发、采购、制造和营销等方面建立了合作关系。2009 年，海尔成为 FPA 的股东，持有约 20% 的股份，并在董事会中占有两个董事席位。双方合作至今，海尔不仅受益于在高端市场的营销和研发资源，同时对其把握全球用户需求、开拓全球高端市场等方面都起到了积极的促进作用。

2013 年，海尔宣布成功收购 FPA，持有其至少 90% 的股份。被收购后，FPA 将保持公司的独立运营和当地管理团队，继续发展其业务和品牌。海尔将支持发展成为一个真正的全球高端品牌。并购后，FPA 归属青岛海尔管理。海尔在中国市场独家营销和分销 FPA 品牌家电产品，FPA 在澳大利亚和新西兰市场独家营销与分销海尔品牌家电产品。

FPA 的研发体系主要由产品研发、部品和设备两条线构成。产品研发板块主要有位于奥克兰和达尼丁的两个研发中心。奥克兰研发中心负责冰箱、洗衣机，以及电机等关键部件的产品开发；达尼丁研发中心负责洗碗机等厨电产品的开发。部品和设备板块包括电控团队、工业设计团队和设备公司等。部品主要指电机模块，设备主要指成套设备。FPA 的电控团队非常强大，负责电动控制技术的设计工作。FPA 的核心技术是直驱电机，是全世界第一家做直驱电机的企业。设备公司则主要负责智能化生产线和整套设备的设计、安装和调试。作为一家白电生产制造企业，FPA 有自己独立的设备公司，能够独立设计白电智能化生产线，这也是 FPA 区别于其他家电制造企业的主要特征。

并购对海尔创新的提升

实现并购以后，海尔和 FPA 双方开始了一系列的合作，包括多条生产线的智能化升级、水晶洗衣机和洗碗机等新产品的开发。通过深入的创新合作，双方进行了资源和知识的交互。海尔的市场吸引力也为双方的合作提供了支撑，水晶洗衣机就形成了很好的市场效果，这对于双方的合作也是一种鼓励和促进。双方在合作过程中相互学习、彼此受益。

在产品创新方面，水晶洗衣机是海尔和 FPA 合作的得意之作。在合作实施创新过程中，海尔的优势在于发现用户需求，并建立整合平台；FPA 的优势在于利用自己的外部知识资源，快速找到技术解决方案。通过用户互动，海尔发现洗衣"噪声大"是用户抱怨的焦点，市场需要一种以"静音"为特征的洗衣解决方案。海尔需要通过连接外部资源，整合一流的供应商，实现智能化制造。FPA 为此提供了直驱电机驱动模块，省去了皮带/齿轮传动和变速机构，让洗衣机结构最优、最简单。FPA 的电机直驱技术有效地防止了洗衣噪声的产生，消除了洗衣机因机械转动所带来的噪声，而且比交流电机节电 50%。

例如，2012 年 6 月，水晶洗衣机上市，仅用 4 个月时间，便拉动海尔滚筒洗衣机整体份额超过了原来的行业老大西门子 3.5 个百分点，增长速度是行业增速的 4 倍。水晶洗衣机的利润率实现了 10.5%，是行业平均水平的 1.65 倍。水晶洗衣机首先实现了单个产品的引领，生产线满负荷运转，产品仍然供不应求。

所以，海尔和 FPA 的合作体现了双方在企业文化及发展战略上的趋同。双方的合作出于两家企业在企业文化及全球化发展策略上的一致性，特别是双方在通过创新产品满足消费者由内而外的需求性上的高度趋同。FPA 同海尔集团的合作协议包括在全球范围内互补和强化双方技术优势，共享双方市场资源、供应链资源，发展高端家电产品，以及为用户提供解决方案。双方还将在全球基础上加强售后服务合作。FPA 希望借助海尔在中国白色家电市场最广泛及最优质的平台，为今后在中国市场长足的发展打下坚实的基础，并不断得以拓展壮大，将更多顶级创意家电产品奉献给广大中国消费者。海尔强调开放式创新，把企业作为一个开放的系统，在全球范围内进行资源和能力的整合与配置，建立一个全球协作共赢的大平台。

并购如何提升创新绩效

并购完成后，跨国企业内部不同业务单元之间的知识交互能够构建竞争优势。知识转移不会自然而然发生，于开乐和王铁民（2008）认为，当外部创意转化为持续创新能力的可能性较高时，可以通过技术并购或者战略联盟的方式进行创新。换言之，只有当以技术并购为目的的中国企业具有足够的创新吸引力时，并购对象的知识资源才会发生转移。

知识的一致性是吸收能力和创新协同效应的基础

知识一致性降低了知识转移的成本。知识资源的转移可能存在转移成本，那么知识转移的内容就必须对双方都要有吸引力。很多经济因素或者认知因素，例如缺乏吸收能力、缺乏交互信任、知识资源的受让方缺乏回馈、交互的资源缺乏竞争力、较低的替代性和一致性等，都会导致知识资源交互的成本提升。

知识转移受到知识资源对于源起市场独特性的影响。知识一致性还意味着并购双方对于知识存量的认知匹配。例如，海尔在水晶洗衣机项目的实施中，双方的知识资源交互体现出一致性。知识资源的一致性是指当这种知识资源被应用于其他地域或者市场，创新的价值所下降的程度。海尔在全球化的市场都有不同程度的产品创新，例如海尔的产品更多采用了本土化的特质，满足各个地域细分市场的需求。在印度尼西亚，海尔采用了节能的稳压电源设计，因为当地的电网电压变化幅度经常很大；在美国，海尔的可折叠书桌冰箱设计则瞄准学者和学生群体；在巴基斯坦，海尔调整制冷装置设计以适应当地的极端天气和经常停电的状态。简而言之，海尔成功的秘诀在于其创新的哲学，以及产品和品牌特征的当地化战略。但是，当这些创新移植到中国或者其他区域市场，创新的价值就会大打折扣。因此，那些一致性较高的知识资源更加普适化，更加体现了企业的核心能力，因为其可以被应用于不同的区域市场。所以，知识一致性就成为决定跨国企业的知识资源交互的重要变量。在水晶项目中，电机模块和内筒模块的知识资源引入，都体现出一致性，因为即使在中国市场，这两种技术仍然具有其独特的价值。知识资源的一致性还影响了知识交互的成本。例如，如果双方的知识资源具有很大的重叠性，双方拥有共同技术语言，知识资源较容易识别和理解，交互成本也会比较低。

海尔搭建了"全球研发资源整合平台"，希望在平台上发布其研发需求，坐等科研资源找上门，正如张瑞敏所希望的，"全世界都是我的资源，世界就是我的研发部，世界就是我的人力资源部"。其内在的知识转移逻辑便是以知识一致性为基础和前提条件的。

所以，知识一致性降低了知识转移的成本，促进了知识转移的便利性，最终提升了并购企业的创新绩效。

内部和外部知识转移对于创新的影响

通过组织学习，外部知识的内部化改变了并购企业的知识结构，提升了并购企业的吸收能力。吸收能力的提升则意味着知识转移的受让方具备互补的知识资源，能够进行技术配套，并能够吸收和应用所转移的知识资源。当知识资源的接收方不具备外部知识的吸收能力时，即使进行了知识转移和交互，接收方也不能完全开发这些知识资源的商业价值。海尔和FPA双方在实施水晶项目时，中外项目的参与者都经常谈到合作无障碍、合作很愉悦，正是因为海尔在历史发展的过程中，一直比较注重引进技术的吸收和再创新能力，所以这一能力也加强了海尔在和技术优势方合作过程中的话语权。

内部知识转移提升了海尔的工艺和流程创新绩效。FPA的设备公司更加了解家电制造行业，通过整合不同的产业技术，实施设计的模块化、制造的模块化、供货的模块化，完成智能化生产线的设计和安装。例如在为海尔设计的洗衣机内筒智能生产线上，FPA对洗衣机内筒的模块化设计提出了非常多的改进意见，海尔采纳的意见就有34条。

FPA还提供了水晶洗衣机的内筒生产线的设计和安装。内筒生产线的创新之处在于以智能化制造的方式实现了模块化设计和颠覆性工艺。

内筒模块化设计能够以最少的模块满足用户需求，例如内筒前法兰的模块由 7 种减少为 1 种，内筒后法兰模块由 7 种减少为 1 种，内筒模块由 30 种减少到 11 种。在颠覆性工艺方面，冲孔工艺采用液压直冲，内筒壁上的脱水孔直径更小，有效降低了对洗涤衣物的磨损；接缝工艺采用激光焊接，支持内筒转速达到 1600 转；成型工艺的改进也有效降低了内筒跳动。智能化内筒生产工艺的改进，颠覆了传统制造工艺，使得效率整体提升了 30 倍。

工艺创新体现了精细模块化的实施思路。通过水晶项目的合作，海尔滚筒洗衣机经营体自己评价都觉得提升了很多。原来模块化设计很难切入，如何落地实施对于洗衣机经营体都是一个难题。通过合作实施水晶项目，就相当于给洗衣机经营体"做了一条能走的路"，让海尔智能化制造策略的实施和落地更清晰了。

就知识转移而言，外部知识更具价值。海尔因源自 FPA 的技术知识溢出效应而获益，但是 FPA 的知识来源会有所区分。FPA 的技术知识资源有的是内部积累，有的则来自对用户知识、供应商知识甚至竞争对手技术知识资源的总结。全球化企业不同业务单元的内部知识资源非常丰富。FPA 有关家电制造的内部知识和海尔现有的知识在某种程度上有所重叠，但是这一现象加强了知识资源的发送者和接受者对于资源价值的理解，接受者可能已经拥有或者了解一部分发送者所传递出的知识资源。通过案例分析可以看出，外部知识资源的价值更加具有独特性。例如对于 FPA 而言，源自新西兰本土市场的行业知识资源更加具有创新性，如 DD 电机这样的创新技术，就是 FPA 通过不断整合外部供应商的资源所获得的。内外部知识资源的区分，使得跨国企业在进行知识交互的过程中，知识转移目标更加明确。海尔在引进水晶生产线的时候，FPA 已经可以通过当地资源的引进，整合出一条智能化的内筒生产线，例如焊接、冲孔等几个内筒关键工艺的提升，都是 FPA 已经引进的外部知识资源。

所以，就知识来源而言，内部知识转移能够提升并购企业的渐进性创新绩效，而外部知识资源转移则提升了并购企业的突破性创新绩效水平。

战略互补性能够加强企业创新绩效

海尔和 FPA 的合作体现了双方在全球战略下的资源互换。海尔收购 FPA 是一场资源互换的交易，主要体现在产品资源和市场资源的互换。海尔优势是销售物流网络和良好的售后服务，其劣势在于产品的工艺质量水平和技术的相对不足。FPA 有很不错的技术积累，所以在这种情况下延伸供应链资源上的合作，有助于提升自身的技术和品牌优势。此外，在市场资源方面，FPA 利用海尔在中国的市场网络和资源拓展中国市场；海尔则利用 FPA 分别在澳大利亚、新西兰和美国的市场网络拓展当地市场，实现了优势市场资源的互换共赢。

产品战略上的互补性对知识转移的影响

产品战略互补的一个重要利益来源是组织间知识共享的潜力（Zollo and Singh，2004）。组织学习的观点认为，相比于同质性的信息源，企业能够从异质性的信息源那里获得更多的知识（Haunschild and Sullivan，2002）。

水晶洗衣机是 2012 年海尔研发的一款行业引领的、用户体验最安静的洗衣机。水晶的定位就是要提供一个最完美的洗衣方案，水晶的原则就是要成为行业的引领者。水晶洗衣机是一个双方合作很成功的项目，FPA 贡献了驱动模块和内筒模块，这些都是非常核心的产品模块。

合作提升了双方的创新能力。FPA 给海尔带来了创新震撼，当应用了 FPA 驱动模块的水晶样机生产出来时，当现场体验到静音的效果后，海尔团队成员都惊呆了：自己三五年都解决不了的问题，对方那里却早已有了解决方案。海尔也促进了 FPA 的技术创新。例如对于水晶洗衣机的电机，FPA 认为已经提供给海尔的是行业里最先进的电机产品，与同行业相比其效率提升了 30%。但是，水晶的用户交互结果是消费者需要一款更加静音的洗衣机，这就倒逼 FPA 做一个更静音的电机模块。现在，水晶二代已经采用了 FPA 设计的更静音的电机。FPA 对此也很兴奋，因为它们也在不断提升。

市场选择上的互补性对知识转移的影响

市场互补的企业合并时，在不同市场运营会形成完全不同的资源和能力。市场互补的并购发生后，双方的管理人员都有机会获得来自对方市场的知识和能力。海尔并购 FPA 正是体现了市场互补性带来的益处。

FPA 受自己的企业规模和市场范围的限制，新的技术推广和商业化缺乏产品产量的支持。因为海尔的订单、海尔的市场需求，FPA 的技术则可以迅速地商业化。海尔的大平台也给 FPA 提供了施展拳脚的空间，跟海尔合作，FPA 的工程师因为能够迅速看到技术成果，有分享的喜悦。

市场需求也促进了技术创新的快速发展。水晶洗衣机一上市就取得了良好的市场业绩，由于大量的市场订单和市场需求，产品可以根据客户的反馈不断快速更新，技术得以快速提升和发展。本土市场的巨大拉动作用也使得 FPA 对于合作项目充满信心，并愿意提供先进的技术设计方案。

目前，海尔和 FPA 合作进行的项目还有接近 20 个，除了冰箱、热水器等产品生产线的智能化升级，双方还就洗碗机等产品的创新研发展开了合作。

在实施并购之前，海尔和 FPA 就已经是一种联盟和合作关系，所以能够了解 FPA 对于自身的战略互补性。

并购之前的联盟为海尔提供了一个潜在目标的"筛选机制"，通过业务交互能够发现 FPA 的产品和市场互补性。以水晶洗衣机为例，在战略联盟阶段，海尔和 FPA 两个企业能够通过分配各自的互补性资源来满足用户需求。这种资源分配过程也伴随着双方的沟通和协调，以对于各自的能力和意图达成共同的理解和信任。并购前的合作行为加强了并购之后的创新绩效（Hagedoorn and Sadowski, 1999）。所以，基于前期合作和沟通的战略互补性，增加了知识转移的便利性，最终提升了并购企业的创新绩效。

组织匹配性能够保证知识转移的有效性

并购完成后，企业的组织设计塑造了内部知识转移模式，进而影响企业的创新能力和绩效。组织设计的目的在于形成跨国企业内部的知识转移和创新合作网络，形成并购双方之间的组织匹配性。

海尔平台的吸引力是知识转移和流入的先决条件。网络化的海尔目标在于建立一个全球协作共赢的大平台，这个平台可以看作一个知识网络,虽然不同的业务单元在地域上是分离的,但是依旧存在很多相互联结的节点,每一个节点都有其独特的知识资源。在跨国企业内部,知识资源是价值创造的特殊动力,因为通过跨国企业的平台和网络,知识转移和交互可以产生很大的规模和范围经济。互补性知识资源的转移和结合,驱动了跨国企业内部全面的价值创造。海尔和 FPA 之间,以及海尔全球业务部门之间,还需要更多的、更及时的知识资源交互。另外,只有交互结果的共赢才能够促进知识资源的进一步交互,即不同的业务节点之间要形成利益共同体。

海尔完成 FPA 并购工作之后,保持了 FPA 的相对独立性,形成了一种类似企业联盟的关系。但是,对用户需求的认同是双方合作的基点。海尔正在实施网络化战略,推行"人单合一"双赢模式,这些机制并没有简单地在 FPA 得到复制,双方通过共同创造用户价值、满足用户需求,建立了相互信任和尊重。双方的很多经营理念都是相通的,例如要专注于用户、创新的理念等,这样在合作的过程中就很容易产生共鸣,相互之间也多了一份尊重。

FPA 的独立运营也是自主经营体理念的体现。并购实施以后,海尔承诺保持 FPA 独立运营、自主经营,实际上在集团里面就是一个大的自主经营体。FPA 有自己的经营团队,有自己的经营机制。但是,FPA 必须创造股东价值,或者说为整个海尔集团创造更高的价值。这样,FPA 和海尔就在事实上形成了一个大的利益共同体。FPA 创造的用户价值越大,其独立经营,或者独立操作的自由度就越大,而其并不需要海尔集团赋予什么样的权力。

机制的交互在潜移默化中发挥作用。海尔并没有在 FPA 强制推行网络化组织、自主经营体等概念性的管理模式,而是更加注重把"人单合一"双赢模式的理念和本质潜移默化地传递给 FPA。海尔在 FPA 设立了接口人,接口人的作用在于通过项目的实施和协调,把双方的资源有效结合起来。站在全局的角度,FPA 有很多非常好的技术资源,这些资源在集团层面共享,就可以创造出更多的用户价值。站在整个集团的角度,海尔有非常大的市场资源和需求,这些需求需要新的技术和产品去满足。通过项目合作,就能够实现资源交互和协同,对于双方都是有益的，能够实现共赢。

接口人在知识的交互过程中发挥了重要作用。接口人的重要作用在于发现那些能够使得双方协同的项目，能够为双方带来好处。接口人既了解海尔集团，又了解 FPA，通过项目的合作与协同，把双方的团队对接起来。例如在洗衣机、冰箱项目的合作中，海尔获得了技术能力的提升，FPA 又能够分享技术商业化带来的收益。正是看到了这种好处，FPA 渐渐地主动提出自己有什么样的新技术，推荐给海尔进行市场化的操作。海尔集团与用户进行互动，利用用户的反馈，倒逼 FPA 进行技术的改进。这种合作和交流也是利益共同体模式的体现，FPA 并没有觉得海尔在导入管理模式、导入企业文化，但是实际上相关的模式和文化已经被潜移默化地接受。利益共同体思维是有效接口的关键。接口人的角色和定位很清晰，就是互通有无，要为双方创造价值，创造的价值越多，接口人的话语权越大。

海尔通过知识交互提升了自身的吸收能力。海尔和 FPA 都保持了技术资源的互相开放，因为外部资源永远多于内部资源，持续创新才是企业发展的最终目标。与外部资源的合作并不是单纯的市场关系，不是外部资源有什么，海尔花钱去买的概念。合作的目的在于大家一起创造新的价值，并且一起分享，合作是一个新知识创造的过程。在这个过程中，海尔创造知识并吸收知识，然后再加以利用和实施，在每一次外部资源的利用中，海尔的自身创新能力都得到了提高，而不是简单的重复利用和原地踏步，经过学习和吸收，海尔也完善了自己的技术团队建设，例如水晶团队就感觉自己提升了很多，通过项目合作，其已经分享了源自 FPA 的知识和经验，并且在项目实施的过程中又产生了更多的非常精彩的知识内容。

所以，并购后合理的组织结构设计和安排，能够为知识转移提供便利条件，并提升并购企业的创新绩效。

通过技术并购提升创新能力的关键要素

知识转移是并购企业实现价值创造和创新的基础。知识一致性、战略互补性、组织匹配性三者能够调节跨国并购过程中知识转移对创新绩效的影响作用。对于中国企业的跨国技术并购实践而言，知识一致性、战略互补性、组织匹配性也为并购对象的选择提供了评价标准。

第一，知识一致性是知识转移和创新协同效应的基础。知识一致性是指当知识资源被应用于其他地域或者市场时，创新的价值所下降的程度。知识一致性意味着资源的互补性和重叠程度，并购双方能够进行技术匹配，并能够互相吸收和应用所转移的知识资源。知识一致性增加了并购双方的吸收能力，知识转移更加容易在并购企业双方发生，最终提升了并购企业的创新绩效。

我们重点区分了并购目标企业的知识来源，即内部知识和外部知识。在知识转移的过程中，要区别对待这两种知识。尤其对并购企业而言，内部知识重叠程度较高，而复杂程度较低，内部知识转移会增加并购企业的知识冗余程度，会降低实施突破性创新的可能性。虽然外部知识更具价值，但是由于外部知识源自并购对象，其向并购企业转移之后的应用性受到限制。因为，对于外部知识，并购企业需要一个吸收和积累的过程。并购企业能否实现创新绩效取决于其对内部知识和外部知识的重组能力。所以，就知识来源而言，内部知识转移能够提升并购企业的渐进性创新绩效，而外部知识资源转移则提升了并购企业的突破性创新绩效水平。

第二，战略互补性加强了知识转移对于创新绩效的影响。战略互补性是指合并的企业具有不同的资源、能力和（或）战略，它们有潜力通过结合或者重构而创造价值。在产品战略互补的条件下，更能保证并购双方的有效学习，从而提高所期望的协同创新的效果。如果并购双方能够基于战略互补性进行了解和沟通，则能够为知识转移创造便利，并提升并购企业的创新绩效。

第三，组织匹配性是指并购后组织结构的设计，能否有助于并购企业内部创新网络的形成，并促进知识转移和提升吸收能力。并购后合理的组织结构设计和安排，能够为知识转移提供便利条件，并提升并购企业的创新绩效。海尔并购FPA组织匹配性设计表现出"类似联盟"和"接口人"两个特征。并购完成后，FPA保持了一定的独立性，海尔在FPA派驻"接口人"，两个企业形成了战略联盟关系。这种组织设计的优势体现在三个方面。

　　首先，战略联盟作为创新来源。按照联盟的目的，战略联盟分为探索型战略联盟和利用型战略联盟两种形式（Yang et al.，2014）。探索型战略联盟目的在于寻求新的知识和技术，而利用型战略联盟则在于联盟伙伴资源的互补性利用。具有互补性创新资源的企业间建立探索型和利用型战略联盟能够提升创新的绩效。其次，接口人制度形成了分散的跨组织结构。接口人并不是企业层面的设置，而是以创新单元为单位。接口人是一种分散式的"集体桥"，在拥有知识和接受知识的成员间建立起直接的跨单元联系（Zhao and Anand，2013）。两个企业中的创新单元直接接触，一方面，在实现知识转移方面，能够保证跨单元知识最短的联系距离，可以减少知识的损耗、失真和延迟；另一方面，增加了两个企业内部创新人员之间的信任，有助于跨企业创新网络的形成。最后，提高创新网络的整合程度。企业创新员工间的知识交换模式反映了联结他们的合作关系网——内部组织网络，该网络结构的整合程度直接影响技术知识的交换。网络的整合通过便利员工之间的交流，为他们提供了互惠的知识交换和合作解决问题的机会。对技术创新而言，需要充分利用现有知识，而整合的网络即为这些相关知识提供了流通和共享的渠道，知识可以在需要的地方出现。企业内部网络整合的程度越高，越有可能通过知识转移进行创新。所以，并购企业可以把外部技术创新资源内部化，整体引进并形成一个业务部门，但是应尽量保持整合后部门的独立性，采用分散决策的体系，支撑企业创新任务和目标。

　　在未来研究中，本章的研究框架还需要思考知识特性其他维度的内容，例如知识的隐性程度和知识复杂性，并考虑这些因素对于知识转移成本和收益的影响。

参考文献

[1] 于开乐、王铁民：《基于并购的开放式创新对企业自主创新的影响——南汽并购罗孚经验及一般启示》，《管理世界》2008 年第4 期。

[2] Zollo，M. and Singh，H. ，"Deliberate Learning in Corporate Acquisitions：Post – Acquisition Strategies and Integration Capability in US

Bank Mergers", *Strategic Management Journal*, 2004, 25: 1233 – 1256.

[3] Haunschild, P. , Sullivan, B. N. , "Learning from Complexity: Effects of Prior Accidents and Incidents on Airlines' Learning", *Admin. Sci. Quart*, 2002, 47: 609 – 643.

[4] Hagedoorn, J. , Sadowski, B. , "Transition from Strategic Technology Alliances," *Journal of Management Studies*, 1999, 36 (1): 87 – 107.

第23章 "四网融合"打造物流第一品牌①

经过持续的目标优化，"最后一公里"利共体艰难迈出了错误的战略误区。海尔"最后一公里"利共体最终将战略定位于大件物流，致力于通过提供差异化的全流程用户体验，打造大件物流第一品牌。经历了"官兵互选"的危机，"最后一公里"利共体长王正刚认为海尔物流要"选对路"，正如张首席所说的那样，你如果选择一个宽板，路会越来越窄，但是你选择一个窄门，你走下来会越来越宽。

在正确的战略目标指引下，海尔"最后一公里"利共体通过接口机制不断引入外部资源，用户物流、直配到镇等利共体都有了自己的外部资源漏斗。"最后一公里"利共体在服务于海尔内部物流的同时，社会化业务持续升级。锁定大件物流第一品牌的战略方向，真正把物流变成一个平台性企业。"最后一公里"利共体已经看到一个广阔的未来。

"最后一公里"利共体

海尔"最后一公里"利共体最终将战略定位于大件物流，致力于通过提供差异化的用户体验，打造大件物流第一品牌。与物流行业对于大件产品的定义不同，海尔大件物流主要针对家电、家居、卫浴三种产品。"最后一公里"利共体的目标就是要通过虚实网融合，为用户提供

① 本案例资料主要来自对企业访谈、《海尔人》，以及媒体资料的整理。非常感谢"最后一公里"利共体王正刚，直配到镇利共体王新杰、严涛等人员接受案例写作组的访谈，并对案例内容提出的宝贵意见。

高差异化的用户体验，创造用户口碑，积累更多用户资源，把物流建设成新型服务平台。

消费者在购买大件家电时，"最后一公里"服务问题尤为突出：送不到、送得慢、多次上门、不入户……海尔物流认为，如果突破最难的"最后一公里"，不仅可以凭借优质的产品和服务引领市场，更重要的是还能抢占到新的战略制高点。"最后一公里"利共体的概念清晰地定义出海尔物流战略的导向，就是抓"最后一公里"这一电商物流难题，攻破难度最大的大件产品物流配送。

"最后一公里"利共体所有的目标都是要直面用户需求，通过用户需求来倒逼利共体目标的实现。"最后一公里"在满足海尔内部物流需要的基础上，还提供社会化物流业务。

"最后一公里"利共体锁定四种物流服务。第一种是干线运输，负责从各个生产基地到最近的 83 个物流中心的产品运输。第二种是仓储管理。在 83 个物流中心，有标准化仓库管理模块和标准化的管理团队，用户很少接触到仓储管理，但这相当于物流的心脏。物流效率的高低、产品质量管控好坏，很大程度上由仓储管理决定。第三种是直配到镇。直配到镇是一种区域配送的概念，行业中很多区域配送仅仅到县城一级，海尔做得更深一步，下沉到乡镇一级市场。第四种是用户物流，即将大件物品送至最终用户。

用户物流、直配到镇、家电物流和家具物流四个利共体组成了"最后一公里"利共体。从业务划分上看，分为产业线和解决方案线两种模式，家电物流和家具物流是"最后一公里"的产业线，直配到镇和用户物流则属于解决方案线。

战略误差："找错目标"

海尔物流要做社会化业务，首先要明确市场机会，明确战略空间，明确自己的战略定位。"最后一公里"利共体长王正刚认为，"我们需要明确我自己的战略损益表的第一象限，而当初最大的问题就是我们

'找错了目标'"。

"最后一公里"利共体成立之初，曾经在整个集团战略承接方面出现偏差，物流战略定位不清晰，纯粹为了社会化而社会化，片面追求规模而忽视了市场竞争力。王正刚说，"我们原来做了很多跟战略方向不相关的业务，现在我们要寻找并聚焦到我们的战略方向上"。

找准"最后一公里"利共体的战略方向，似乎是一件非常不容易的事情。按照战略损益表第一象限的要求，首先物流自己要找准目标和方向。战略目标实际上应该来自市场定位和需求，而以前"最后一公里"利共体的目标却是自己给自己定的。

回忆起"最后一公里"利共体成立之初，王正刚说，"那个时候看到到处都是市场机会，比如说家电行业、快销品，乃至消费电子以及物流金融，面对众多而又散乱的市场机会，我一厢情愿地认为只要随便抓到几个就可以，而没有深入思考到底应该为哪些客户创造什么样的价值"。

很快，"最后一公里"利共体开始瞄准快消品业务，进入竞争激烈的市场，与"四通一达"展开竞争。于贞超、王晓辉等小网主不断出去找客户，瞄准宝洁、联合利华这样的企业，但是基本上都碰壁回来。王正刚非常着急，甚至都有一种自己替他们去干的冲动。

最初，王正刚丝毫没有意识到这是"最后一公里"利共体战略方向出现了偏差："那时不知道自己错的，倒还觉得自己做对了。"参加集团周例会时，他一直认为市场是有机会的，潜在市场还可以做。

海尔电器的周云杰总裁作为"大网主"，提出"最后一公里"利共体要围绕三个问题来做，第一是战略定位和战略方向必须是客户需要的，第二是自身优势业务，第三是竞争对手难以模仿。要回答出这三个问题，"最后一公里"利共体必须明确客户是谁，客户价值主张是什么，能给客户创造什么价值。要在创造客户价值的过程中，实现双赢。

按照这个标准，"最后一公里"利共体所做的仅仅是结合自身资源提供了一项物流业务而已，在给客户提供服务的过程中，与其他物流公司相比，实际上没有体现出差异化。

早在2000年，海尔集团给物流的定位就是社会化平台。但是，近十年以来海尔物流都是在围绕内部客户需求来做一些流程优化和服务提升。由于战略方向不对头，团队成员工作非常辛苦，还十分被动。王正刚回忆说，"我们每天都工作到很晚，很多团队工作到下半夜，我觉得在那段时间，更多的是被动地在执行，被动地承接，缺乏主动创新、主动承接战略的状态"。

那时，"最后一公里"利共体没有能够作为一个真正的第三方物流企业，在市场上打造出竞争力，提供差异化服务，创造客户价值，最主要的原因在于战略定位不清晰，把自己作为企业的物流部门，不仅没有能够承接集团的战略方向，而且没有把自己打造成一个真正的社会化物流企业。

战略反思：官兵互选

由于业绩连续不能达标入围，"最后一公里"利共体长王正刚被启动了"官兵互选"，连续两个月的时间没有参加集团周例会。王正刚觉得很是委屈，"我们现在每天晚上干得很晚，现在来看没有效果，我作为物流一个经营体的负责人被官兵互选了，说明我们做的工作没有被市场和用户认可。反过来，我们就要反思，为什么我们付出的努力没有被市场和用户认可，只能说我们做的这些工作不是用户想要的"。官兵互选的启动让王正刚意识到，自己曾经认为非常正确的战略可能是错的。

"做正确的事"和"正确地做事"都很重要，但如果做的事情本身不正确，无论怎么做都将无济于事。面对员工在官兵互选会上提出的质疑，王正刚意识到尽管非常努力，但以前所做的事情是错误的，自己并没有找到一个正确的方向。

王正刚回忆说，"那次官兵互选对我刺激是非常大的，我觉得非常及时，也非常正确，因为如果不是那次官兵互选，按照原来的方向还继续走下去的话，可能会在错误的战略方向上走得越来越远，战略方向仍然不清晰，还是瞄准快销品业务和物流金融"。

在官兵互选时，鲶鱼机制已经启动，如果"最后一公里"利共体不能承接社会化物流这个战略目标的话，王正刚就会被选下去。

战略回归："要选对路"

通过内部讨论和沟通，"最后一公里"利共体也在不断反思和总结，看看自己到底在什么地方与集团战略差距最大，并找到差距产生的原因。

2009 年，海尔集团对物流进行了重新调整，整个物流并入 1169 平台，成为流通平台的一部分，共同打造"四网融合"的竞争力。物流网是"四网融合"的一个关键的核心竞争力，在物流网平台搭建过程中，海尔集团投入了大量资源，物流必须从内部客户转向外部客户，必须成为集团的一个利润中心。2013 年，海尔物流的战略定位已经非常明确，即将"最后一公里"打造成大件物流第一品牌。

现在，在全国海尔物流网有 15 个生产基地、83 个物流中心、3000 条客户配送专线，营销网有 5 万家海尔专卖店，其中 3.5 万个乡镇店、19 万个村级联络站，服务网有 6000 个销售服务一体化网点，再加上虚网和信息网等交互平台，营销网、物流网、服务网和虚网四大网络融合共同搭建了海尔新型服务体系。四网之间彼此交互资源，通过提供差异化的全流程用户体验模式来吸引用户，创造更大的用户价值。"最后一公里"利共体由分别来自虚网、营销网、物流网和服务网的利益相关者构成。

从"最后一公里"物流社会化发展阶段来看，也可以分为走出去、走进去、走上去三个阶段。"走出去"阶段要求"最后一公里"利共体从一个企业物流部门转变成一个真正的社会化物流企业，在这个阶段就必须明确物流的战略定位，明确战略方向，明确目标客户是谁，首先在这些客户群中做出样板、做出口碑；"走进去"阶段要求把样板复制到整个行业，在行业客户里面做成第一口碑；"走上去"阶段就是要求成为大家电物流用户及客户首选的物流品牌，提升用户全流程体验。"最后一公里"利共体对于差异化体验的理解是，消费者以及客户一提到

"最后一公里"物流，就能够想到这是一个什么样的企业，能够给他们带来什么样的价值。

战略执行：满足大件物流用户需要

定位一旦明确，"最后一公里"利共体在"做正确的事"的基础上，开始正确地做事：开放平台、整合内外部资源、提供差异化体验和流程可视化。

开放性平台

张首席说，"你如果选择一个宽板，路会越来越窄，但是你选择一个窄门，你走下来会越来越宽"。"最后一公里"也在不断地调整自己的战略定位，战略方向一旦确定下来，大家按这个方向走的时候，就有了"豁然开朗"的感觉。

要成为一个平台性的企业，海尔物流必须实现几何级数的增长。对海尔物流来讲，锁定大件物流产品的家电行业、家居行业、卫浴行业，最起码有 400 亿元的物流市场空间，海尔物流至少要成为一个百亿元级的企业。

在实施社会化物流的过程中，利共体每个成员都不约而同地提到了一点，就是真正放开做社会化物流业务的时候，依靠现有的资源已经无法满足发展的需要。既然内部资源不足，就要引进外部资源。王正刚把自己定位为一个接口人，从大的电商和物流企业引进了有丰富经验的业内人员，来重新构建和优化团队，以推进社会化业务、承接集团战略。在这个过程中，王新杰、王晓辉、于贞超这些"小网主"每个人也都必须成为一个接口人。作为接口人，王正刚的理解是，"始终要围绕集团战略不断反省自己，按照社会化物流发展思路来看，我们自己确实是不会干，自己不可能承接这个目标，必须把它变成一个开放的平台"。每个利共体长都是接口人，接口人机制也是一个不断升级的过程。接口人竞争上岗，上岗之后要引进外部的资源团队。通过整合来自联强的团队，直配到镇利共体的"勤进快销"模式做得非常有竞争力，联强团队又整合了在用户物流业务上相对有优势的亚马逊团队。

为了实现百亿元规划目标，"最后一公里"利共体坚定地锁定大件物流第一品牌的战略方向，真正把海尔物流变成一个新型服务平台。围绕这一目标，每个利共体长必须转变成一个真正的接口人，一边要承接全球用户及其客户的需求，一边接入全球一流资源，把物流变成一个开放性的平台企业。

无边界组织

为了承接"四网融合"的战略目标，"最后一公里"利共体由来自"四网"相关的成员构成。所以，"最后一公里"利共体里面有很多小的利共体，包括物流、服务、营销、虚网等，例如来自物流的于贞超、来自服务的季晓健，这些人员并不是要组成一个实体组织，而是通过共同目标聚合在一起，在同一目标下进行全流程协同，实现"按单聚散"。

"24小时按约送达、超时免单"目标是"最后一公里"利共体所承接的"高单"，"最后一公里"利共体实施同一目标下的"按单聚散"，为了完成目标，利共体将需要的人员按"单"聚在一起。利共体也可以围绕另外的单再聚在一起，并不是把一个人固定在某一个部门里面。目标是提前锁定的，考核机制也是提前锁定的。当一项服务完成，用户给予评价，系统自动确定"人单酬"。如果超额完成目标，员工可以超利分享，分享30%的超额分成。每个成员自己都很清楚，干好了能拿多少，干不好可能有什么损失。

差异化体验

很多用户需要一种体验，需要一种关心，需要人性化的互动。"最后一公里"利共体一切以用户体验为中心，这就需要从观念上、从体系上围绕着这一中心做出变革和调整。

"最后一公里"利共体面对全国范围内的用户和客户，提供包括"24小时按约送达、超时免单和送装同步"的服务体验。按约送达即根据用户的需求，按照提前约定的时间对客户24小时即需即送，根据用户的实时需求完成产品的中转和运输。送装同步是为了解决网购大件商品存在的送货和安装服务分离问题，用户购买家电产品之后，需要在家里面等物流配送，配送以后要再打电话等服务人员上门安装，在这个过程中，用户要请两次假，花费很长的时间，很多用户希望送装一次完成。此外，把产品送到位之后，"最后一公里"利共体还提供后续延保、产品移机等增值服务。服务完成以后，根据用户反馈，通过大数据分析工具，总结关键的信息。根据这些信息，为持续进行全流程闭环优化提供支撑。

因为需要全流程保证用户体验，24小时按约送达对"四网融合"提出了更高的要求，因为需要全流程保证用户差异化的体验。海尔物流依托干线网络资源、营销网和服务网络资源，提供精准的服务。精准是在用户合适的时间送到合适的地点，按照约定时间提供服务，而不是越快越好。物流服务一定要实现供应链总成本最优，实现用户的最佳体验。在深度方面，依托海尔物流网络和服务网络，"最后一公里"利共体能够实现全国范围内不限区域的销售，无论用户在哪个地方购买产品，海尔物流都可以提供按约送货上门服务。

在一切以用户需求为中心的网络组织里，利共体的考核机制变成了倒三角考核，全部由用户直接倒逼考核。在正三角机制下，对于海尔物流的考核指标包括收入、利润、服务完成率等，例如100个用户中完成了95个，结果就是95%的完成率，看上去非常不错。但在互联网时代，任何一个用户的服务效果和体验在互联网上都可以无限放大。一个用户评价不好，原来可能只是传播给亲戚朋友，而在互联网时代，这个影响可能会波及所有互联网上的相关用户。同样，一个好的口碑也可以在网上迅速被放大。用户体验不好，就有可能永远把顾客丢掉。所以，利共体每个成员都面临着很大的压力，必须按照约定的时间给用户送到，通过用户倒逼到物流的全流程全体系。

在用户评价考核的思路下，"最后一公里"利共体"24小时按约送达、超时免单"的服务绩效考核非常容易实现。用户的每一个订单，在网上都会有一个评价。配送服务的完成时间和效果在海尔物流信息化系统里面也可以显示出来的。既然承诺了超时免单，就算超时了一分钟，用户也有要求免单的权利。通过用户倒逼考核驱动利共体所有的成员围绕着同一个目标努力。

　　要做到"24小时按约送达、超时免单和送装同步"的目标，"最后一公里"利共体需要做全流程供应链的优化，即从前端的订单管理，到产品下架，到物流中心，再到客户和用户的全过程优化。目标锁定以后，就能够倒逼"四网融合"的效率，在同一目标下，大家必须围绕着用户需求目标，保证全流程目标的顺畅实现。而在原来的流程里，物流网内部和服务网内部各做各的，业务上缺乏交集和沟通，导致互相抱怨。现在，物流服务过程当中某个环节慢了一些，服务网一定会想办法把时间追回来，同样，服务网有问题，物流网也会把时间追回来，四网之间是一个相互补充的过程。在用户倒逼的评价机制下，利共体必须把事前的工作做好，要事前预赢，充分预判有可能会发生多少个问题，每一个问题应该采取什么样的预案。因为互联网没有改错的机会，一旦丢掉用户就永远丢掉了。

可视化流程

　　无论"24小时按约送达、超时免单"，还是"送装同步"，都需要全流程、全体系来保证。如果没有预案保证，就不敢给用户承诺。既然做出了服务承诺，就要做大量的预案工作。这些准备工作必须做到零差错和零缺陷。对用户承诺看起来简单，但是其支撑的平台却是非常复杂的，这也是为什么很多电子商务平台不敢对用户承诺的主要原因。

　　对于用户而言，全流程可视化从用户订单开始直到用户签收结束。用户订单下达之后，信息化流程就能够清晰显示订单的处理状态，例如物流的配送时间和服务网点的上门送装时间。这些都是最基本的用户需求，所以必须要做到服务过程的可视化。

　　对于物流内部而言，后台的信息化系统要保证供应链的优化配置。如果供应链的效率提高，用户的体验也会提升。信息化系统必须根据用户偏好和区域偏好，提出备货建议，降低物流成本，提高用户响应速度。响应速度高，用户体验就会好，而成本降低，则企业和用户双赢。所以，全流程优化要把两者结合在一起，后台供应链运营效率要高，前台用户要可视化。

虚实融合案例启示

不同于普通的快递服务，大件产品的运输、安装和服务，需要一个独立的平台体系来支撑。海尔物流通过"24 小时按约送达、送装同步"等差异化的用户体验，构建了大型服务平台，克服了"最后一公里"服务症结。

"最后一公里"利共体最终锁定打造大件物流第一品牌的战略目标。围绕着社会化物流平台建设，通过提供全流程差异化的用户体验，持续提升物流的精度、广度和深度。

在瞄准用户需求这个共同目标之下，用户评价成为利共体的考核标准，用户需求倒逼"最后一公里"利共体不断完善和优化机制建设，从接口机制与社会化资源整合，到利共体的"四网融合"，通过持续闭环优化，"最后一公里"利共体创造出更多的用户资源。

锁定大件物流目标

战略选择需要回答三个问题：客户需要什么？企业有什么优势？竞争对手是否难以做到？起初，"最后一公里"利共体并没有回答好这三个问题，错误地选择快消品作为战略目标对象，没有实现全流程的解决方案，也没有实现用户体验的差异化。

通过不断反思和总结，"最后一公里"利共体最终锁定打造大件物流第一品牌的战略目标，通过提供全流程差异化的用户体验，形成用户口碑，吸引更多的客户聚集到海尔社会化物流平台。现在，"最后一公里"利共体形成了围绕用户全流程最佳体验的核心竞争力。

提供差异化用户体验

针对大件物流，"最后一公里"利共体提供全流程差异化的用户体验。物流全流程包括用户下单、网点配送、送货上门、送装一体等服务。在这些流程环节，"最后一公里"利共体通过实施与电商订单系统的无缝衔接、内部和外部的全流程可视化、24 小时限时按约送达、送装一体等人性化服务，给予用户完全差异化的体验。

海尔物流有强大的供应链和后端，这使得"最后一公里"利共体完全有能力和信心满足差异化的用户体验。海尔凭借超强的线下制造能力，以及供应链管理能力和物流能力，线上线下结合起来，给消费者提供最佳的用户体验。

用户需求倒逼利共体的机制建设

社会化物流强调平台的开放性，随着物流业务呈几何级数增长，当现有资源不足以支撑物流平台的业务规模时，"最后一公里"开始引进外部资源，每个人都成为一个接口人，每个利共体都有自己的外部资源漏斗。接口人机制是一个不断升级的过程，接口人竞争上岗，上岗之后又可以持续引进外部的资源。

全流程的用户体验对于"四网融合"的协调提出了更高的要求。当把用户需求作为利共体的共同目标时，用户评价倒逼"最后一公里"利共体不断完善全流程的服务机制。"最后一公里"利共体要做到精益物流，那么虚网、营销网、物流网和服务网之间必须每个环节要环环相扣，并形成有效的互补。

第五部分

海尔的战略推进工具

第24章　企业家精神与海尔文化

　　海尔创造和丰富了自己的管理语言。"经营企业就是要经营人，经营人首先要尊重人。"张瑞敏很会抽象思考，能把复杂的理念简化成三言两语；他推崇老子的"天下万物生于有，有生于无"，也时常强调佛教禅宗的"凡墙都是门"。很多人见到张瑞敏时，总是想知道他支撑海尔发展的"变之道"。张瑞敏却说没有，他只是遵循市场规律，是站在满足客户角度"悟"的结果。

　　曾经有一位韩国企业家邀请张瑞敏打高尔夫球，张瑞敏却坦然地告诉对方自己从没有打过，因为他每天除了工作和学习，已经没有任何娱乐事件，他的生活几乎是"苦行僧"式的。2014年，老朋友比尔·费舍尔来访，见面的第一句问候就是：你最近看了哪些书？张瑞敏在海尔实行的一套新管理模式，曾经让一些员工感觉受不了，但最终他们都选择"死心塌地"跟着张瑞敏干。对于个中原因，海尔人认为，那得益于张瑞敏的个人魅力，以及随时心系员工的情怀。张瑞敏到海尔上任时正值春节前夕，厂里负债累累，发工资都成问题。就在员工们担心工厂发不出工资的时候，张瑞敏不仅按时发放工资，还破天荒地每人发了5斤带鱼作为"奖金"。原来，张瑞敏听说附近几家乡镇企业很有钱，就连夜赶去借钱，费尽唇舌，本不会喝酒的他还喝得酩酊大醉，终于把员工们的工资和"奖金"借了回来。

　　战战兢兢，如履薄冰。海尔在成长过程中，不断自我颠覆，以过去为非，但是谈到企业经营的苦处，张瑞敏总是喜欢用晏殊的《浣溪沙》：无可奈何花落去，似曾相识燕归来，小园香径独徘徊。这也算是企业家无奈心境的偶然流露。

专栏 24 -1 海尔文化展前言

企业是人，文化是魂

逝者如斯夫。

昨天，海尔人屡屡于紧要关头化危为机险中胜，心无旁鹜耐寂寞。皆因未雨绸缪，用户永驻心中。

而当迎来成功时，"成功"一词却被"从不回头欣赏自己的脚印"覆盖，新征程中又迈进"太阳每天都是新的"境界。

昨天，海尔人已用"心"奉献了一个大感叹号，而今天我们却必须面对一个更大的问号。为什么？因为被奉为百年经典的管理模式渐已失灵于互联网时代。脱离迷津的唯一出路在于破坏性创新。我们正为此上下求索，今天虽还在雾中的路上，但自信会有一个基业长青的明天，因为海尔文化是为了"每个人都是自己的CEO"。

企业是人，文化是魂。

企业即人，管理即借力

海尔注重让员工在日常的生产或管理过程中能够不断地发掘自身的潜能，有所突破，有所升华。海尔人认为，即使看起来枯燥乏味的流水线作业，只要被赋予某种符合人的心理特点的东西，就可能激发其竞争、创造的意识。海尔认为"人人是人才，赛马不相马"，"你能够翻多大跟头，给你搭建多大舞台"，企业缺的不是人才，而是出人才的机制。管理者的责任就是要通过搭建"赛马场"为每个员工营造创新的空间，使每个员工成为自主经营的SBU。具体而言，赛马机制包含三条原则：一是公平竞争，任人唯贤；二是职适其能，人尽其才；三是合理流动，动态管理。在用工制度上，实行一套优秀员工、合格员工、试用员工"三工并存，动态转换"的机制。在干部制度上，海尔对中层干部分类考核，每一位干部的职位都不是固定的，届满轮换。海尔人力资源开发和管理的要义是，充分发挥每个人的潜在能力，让每个人每天都能感到来自企业内部和市场的竞争压力，又能将压力转换成竞争的动力，这就是企业持续发展的秘诀。

在海尔，最让人感动的是，很多普普通通在平凡工作岗位上的员工，能够用心去做自己的工作；一些生产线上普通的工人为了提高生产效率、实现一个技术改革，自费用业余时间去做。人人都希望得到别人的尊重，都希望自己的价值得到承认。只要员工为客户创造了价值，海尔就肯定他们的价值，这就是管理的核心。

张瑞敏认为，改变企业面貌和方向最难的是人的观念问题。因此，海尔本着"起步晚，起点高"的理论，从哲学角度把握辩证关系，提出许多理念，把海尔文化观念体系融入企业的具体行为中。在人们还不太了解"名牌战略"思想的时候，海尔提出"名牌战略"思想，以名牌为目标，在生产领域确立了"高标准、精细化、零缺陷"的质量方针；一开始便抓住事物的根本，以"砸冰箱事件"为契机确立了全员质量意识。在保证质量的高起点之后，向服务要市场，主动出击创造市场。在市场销量猛增、其他厂家纷纷增产扩张时，海尔保持清醒的头脑，不盲目扩张，紧紧围绕名牌抓质量，不断反省，不断加压，自我否定，自我超越，力争在各个方面占领制高点。其产品按先难后易的战略，先后攻占了德国、日本、美国等发达国家的市场。随着企业内外形势的变化，海尔不断提出新的观念，引导企业建立相应的制度体系和物质体系，进行系统整合。海尔文化为企业发展指出了方向，引导海尔向着自己的目标奋进。

海尔靠企业整体价值观把个性特征凝聚为一个整体，使个人价值观与企业价值观融为一个整体，使每个海尔人感到自己不仅是为海尔工作，也是在为自己工作。企业与员工的和谐一致，激发起海尔全体员工强烈的归属感和自豪感。

专栏 24 - 2　海尔员工谈"创新与创业"

- 观念革新，自以为非，追上时代的步伐
- "战战兢兢如履薄冰"
- "跟不上步伐，就会成为障碍"

· "对创新的概念，不能有任何迟疑"
· "纪律严明的部队"

　　作为企业领导的张瑞敏在企业文化塑造和传播中举足轻重。他的公开讲话、文章等都是在对海尔文化进行反复强化。例如，他在新员工欢迎会上强调"赛马"的观点，发表对知识、学历、能力、治理、素质、觉悟、机遇等的看法。他的《海尔是海》的短文寄托了海尔人的向往和追求，对加强员工对海尔文化的理解和体验起到了非常重要的作用。经过不断反复的沟通和强化，当员工通过企业外显感知到文化中的象征意义时，外显才真正转变为象征。

　　张瑞敏多次说过：海尔精神就是创业、创新精神。创业精神就是每天从零开始，创新精神就是每天比前一天有所提高。不论是创业还是创新，难就难在不断挑战自己的成功。在海尔，所有员工天天都要回答三个问题：我们的目标是什么？要成为世界白色家电第一，创出中国人的世界名牌！我们最大的竞争对手是谁？就是我们自己！我们经营的对象是什么？我们的员工和用户！

创新与创业

　　张瑞敏认为，作为企业家，"你很容易把你的成功变成你的思维定式，昨天的成功成为你今天的思维定式就挡住了明天的机会，不可能看到发展的机遇。所以怎么样不被自己的成功挡住眼，这个太重要了，我们自己提出的是不断战胜自我"。而战胜自我需要一种精神。"1984年海尔刚刚开始创业的时候，我读过日本三洋电机创始人井植岁男写的一本书，里面'没有钱不可怕，可怕的是没有奋斗精神'的话，特别是他把中国的一句成语'谋事在人，成事在天'，改为'谋事在人，成事在己'，对我产生了很大影响。20年来，海尔和很多日本企业打过交道。海尔不仅是引进日本企业的技术和管理，更主要的是学习日本企业的创业精神"。

　　无论是在与杰克·韦尔奇、路易斯·郭士纳和阿尔文·托夫勒这样的世界顶级企业家、思想家的直接对话、交流中，还是在主持和引导海尔的具体创新、运营实践中，张瑞敏都表现出对未来卓越企业的不懈追求和孜孜探索。在他看来，企业是时代的产物，必须与时俱进，优秀的企业领导人必须不断挑战自我、战胜自我，而且"不能够自以为是，要永远自以为非，只有这样才能不断地挑战自己"。张瑞敏的目标是把海尔"打造成一个自组织、自运转，能够应对所有的挑战、所有的危机，真正能够做到基业长青"的企业组织。

　　张瑞敏清醒地意识到，实现"基业长青"的目标只能依靠持续的创新。"基业长青"的基点就是把握市场需求、满足市场需求，但是市场需求时时刻刻都在变化，全球化、信息化时代更是如此，所以只能通过持续的创新来以变制变、变中求胜。然而，创新是以掌握事物运行规律、洞察产业和市场发展趋势为条件，以颠覆业界及自己的传统观念和实践并且可能失败为前提的。在这个意义上，创新就是没有完全成功把握的同义词。在面向未来的产业创新取得实质性进展，得到市场的充分检验，显示出真实效果，或趋于成熟之前，就必须接受来自外部的质疑和争议。这正是令创新者焦虑、苦恼之处，也是使创新者的激奋、超凡之处。对于产业先行者的海尔和企业掌舵人的张瑞敏，这需要何等的信心、勇气和毅力。

文化与学习

　　适应性意味着对于环境的警惕。海尔的经营思想包括"创新与创业""开放性""公平与公正"等内容，并持续体现在企业的经营过程中。海尔时刻保持着"战战兢兢，如履薄冰"的危机感，员工具有强烈的"发现机会和抓住机会"的变革意识，认为"不能成为企业变革的障碍"，所以海尔成为一支"纪律严明的部队"。

　　适应性意味着不断创造变异。正如海尔的员工所言，海尔的文化核心之一就是"变"，这是一种积极的创新文化，从总裁至员工，这种

"变"已植根于所有员工的心中。收益好的时候要"变",变出收益更好的模式;收益不好的时候更要"变",用"变"改变现状。现在,海尔提出网络化战略,就是因为企业意识到移动互联网时代已经到来,消费者的消费方式和消费习惯随之发生了巨大改变,在这种情况下企业若想踏准时代节拍,必须要在互联网领域走在前列。

组织学习能够提高适应性。有效的学习机制能使企业快速准确地把握环境动态变化的趋势,因此企业更容易适应环境、把握时代的脉搏。企业跟踪环境的动态变化,以便能够在第一时间内发现威胁企业持续发展的阻碍因素。如果这些风险因素是常规性风险,则可以依据以往的惯例予以应对,如果外部环境出现了新情况,则意味着以往惯例已经难以奏效,企业需要通过搜寻新的惯例进行变革,调整已有的习惯来应对风险。

互联网时代,用户需求碎片化、个性化,唯有持续满足用户的个性化需求,获得互联网时代用户的口碑,才能有持续的品牌价值。要跟上这样一个时代,必须突破原有的发展模式,跨越新的高度,也就是要颠覆原有的用户观念、营销观念和制造观念,实现个性化需求,由卖产品到卖服务、由大规模制造到大规模定制,即从原来的先造产品再找用户,变为先找用户再造产品。网络化时代是什么?海尔提出通过"零距离下的虚实网结合"实现"零库存下的即需即供"的目标。如何实现?正如海尔文化展览中心所展示的那样,未来是一条在黑暗中摸索的路径。

第25章　海尔的语言体系

初到海尔的人，总是听不懂海尔的"行话"。海尔特有的语言体系反映了其管理体系的特征，以及对于管理的理解。海尔的语言体系有时也会限制外界的了解和传播，例如690和1169、日清、"单"、闭环等。

690和1169

海尔将用户价值放在了企业战略的核心位置，并对企业组织结构和业务流程进行了一系列的变革，为其企业战略提供制度保障。目前海尔的业务布局采用"双支柱"模式，主要包括白电制造板块的青岛海尔（深圳上市代码690）和销售渠道板块的海尔电器（香港上市代码1169）。

青岛海尔（690）主要聚焦发展智能制造业务，包括产品研发设计、生产制造等。目前，海尔在国内有八个生产基地，分别是青岛、武汉、合肥、重庆、胶州、黄岛、三菱重工海尔、大连。海尔电器集团有限公司在香港上市的股份代号为HK.01169，所以海尔内部称海尔电器为1169。海尔电器创始于2000年9月，是海尔集团旗下的在香港联交所主板上市的公司。海尔1169聚焦发展渠道综合服务业务，2011年收购母公司旗下的青岛海尔物流，以"日日顺"为子品牌在全国三、四级市场建立渠道分销网点，成为中国三、四级市场领先渠道综合服务商。

在网络化战略下，海尔1169的组织结构进行了调整，新的组织结构包括日日顺流通渠道、海尔自有渠道等业务单元，以及虚网、物流、服务等支持平台。海尔 1169 的战略定位是聚焦互联网时代虚实网融合家居解决方案的开放式平台，打造日日顺成为引领时代的新服务模式品牌。

日清日毕

日清日毕即今日事今日毕。海尔员工每个人都有自己的"日清表"，陈述今天的工作内容是什么，完成了哪些。日清表就是"预"，中国有句话叫"凡事预则立，不预则废"。而一般的企业是日常调度会，会造成扯皮，往往会把例行的问题变成例外的问题。

自主经营体

自主经营体，即 ZZJYT，是海尔最小的业务单位。海尔集团的自主经营体主要有以下几个特点。

第一，建立自主经营体自挣自花流程。经营体在企业目标利润锁定的前提下，超值部分经营体参与分成，实行自挣自花。每个经营体均根据自己创造的市场价值自负盈亏。

第二，以竞聘的方式组建经营体。自主经营体的组建并不是由哪个领导或者哪个部门主导的，而是从市场的需求出发的。由三级经营体长根据集团战略确定业务战略定位与战略方向，并创新机会、创造资源。员工在明确的战略与有效机制的驱动下，凭借竞聘抢入经营体。

第三，赋予自主经营体"用人权"和"分配权"。自主经营体锁定目标之后，可以自行决定该用多少人、该用什么人，以及如何进行分配，以经营体为主进行双向选择。对于经营体长，在一定的条件下可以启动"官兵互选"机制，由经营体成员与关联单元决定该经营体长的去留。如果经营体长不能转变思路切实落实集团营销战略并带领团队实现目标，团队成员可以向二级经营体与人力发起"官兵互选"，重新确定团队的带领者。"官兵互选"机制充分体现了经营体的自主权。

第四，鲶鱼机制。每个经营体长还有培养"鲶鱼"的任务，即培养两名有潜力的经营体成员成为未来的经营体长。经过鲶鱼机制的培养，员工有成长为其他经营体长的可能。

利益共同体

海尔的自主经营体为大家所熟知。利益共同体是由多个自主经营体组成的项目经营体或者创业型组织。围绕用户需求，利益共同体容纳了研发、产品设计、销售、服务等所有的利益相关者，保证用户参与设计、渠道购买、物流送货、售后服务等全流程的用户体验。由此，避免了面对用户需求时各个业务环节之间的脱节、推诿或者沟通不及时等状况的发生。

例如，天樽利共体就是一个虚拟团队，成员来自海尔的创意、设计、采购、制造、营销、销售、服务、供应链等多个业务部门，他们"因单聚散"，独立核算，并享有很大的自主权和分享权。

创新生态圈

在互联网时代要建立平台生态圈。海尔的网络化就是组织结构的扁平化、网络化，其把企业各部门之间变成协同的关系，把与供应商之间变成合作关系，把用户体验纳入产品全流程，形成以利益共同体为基本单位的平台生态圈。所谓生态圈，就是组织不是固定的，人员也不是固定的，资源也不是固定的，要根据用户需求和创新需要随时改变。海尔认为没有建造生态圈的利共体都不应该存在。

管理平台和生态圈的能力成为企业的核心能力。平台的吸引力在于动态调动创新资源，保证全流程的用户体验。

接口人机制

每个利共体都有"接口人"，接口人的任务是通过"内建机制，外接资源"建立用户交互和产品引领的开放生态圈。开放的生态圈有两个评价标准，一是外部资源的无障碍进入，二是所有相关方实现利益最大化。每个利共体都可以根据引领目标吸引外部资源，而不是通过企业层面的跨组织边界结构，例如研发部门，来接入创新资源。

接口人制度类似在两个不同企业之间建立起"集体桥"而不是"独木桥"，通过这个分散的跨单元结构，每个人都可以面对市场，每个人都可以发挥自己的价值，每个人都可以拥有自主权。"接口人"连接着供应商资源，这种连接由两个企业中成员广泛而直接的跨边界联系构成，实现了跨单元专业知识最短的联系距离，减少了知识的损耗、失真和延迟。接口人的激励优势在于参与者被授权并拥有自主性，以及社会关系和信任的建立。

"小微"

海尔内部的创业者可以建立"小微"，依附于海尔平台的创新业务单元。"小微"可以是独立的法人单位，创业者通过不断寻找机遇，持续创造价值，可以在风投创业平台上成立"小微"。以海尔商城"小微"为例。2012 年，合资公司——海尔集团电子商务有限公司投资成立。由于原有人员无法满足公司发展需要，引入专业人才，吸引外部一流资源方，形成现有团队。目前，其呈良性运营状态，运营节奏是在目标可控范围内，但现在也存在一些问题，如商城整体收入规模增长，自营网站海尔商城也有了很大增幅，已经实现利润，但利润目标的完成、盈利能力问题是下一步重点"关差"方向；商城有了流量，有了用户需求，但只有统帅彩电能实现定制，流程上可以打通，其他品类无法实现定制。如何将统帅彩电的定制模式复制到其他产品，也是要协同各节点解决的一个问题。

"并联"

相对于"串联"，在"并联"的状态下，海尔价值链上所有的环节都围绕和面临用户需求展开工作，创造用户价值。例如在产品配送中，难免会出现堵车、下雨、下雪、刮风、撞车等突发事件，如果不能及时送达，对于用户来说就是企业没能兑现服务承诺。为了将突发事件的影响降到最低，用户物流利共体进行了事前模拟，制定预案，新出现的问题也不断加入案例库中，这样服务兵在面对一些突发性事件时就有了具体的应对措施。同时，强调各个环节的合作，在一个环节因突发事件耽误时间，其他环节能够及时补救。比如，上海的一个服务兵在车辆运输环节因堵车耽误的情况下，为了兑现"按约送达"的服务承诺，背着洗衣机跑到用户家，弥补了其他环节损失的时间。

日日顺、专卖店和社区店

日日顺是海尔现在最大的渠道商，从原有的工贸公司转型，并且有仓储物流等"最后一公里"业务。海尔社区店主要瞄准城市社区用户的家电购买需求，并试图提供智慧家居的整合一体化服务。海尔专卖店主要针对二、三线城市和农村市场。

"单"

海尔的"人单合一"双赢管理中的"人"指的是认同海尔理念的所有人，"单"不是指狭隘的订单，而是指市场用户需求。"人单合一"

双赢管理将员工与市场及用户紧密联系在一起，使得员工在为用户创造价值的同时实现自身价值，从而建立起一套原创性的由市场需求驱动的全员自主经营、自主激励的经营管理模式。

第26章　组织学习和变革推进工具

　　海尔对于时代节奏的把握，体现出动态变化环境中的组织适应性。随着时代和环境的变化，海尔经历了五个战略变革阶段，总是能够提高组织适应力，并保持与环境的动态匹配（Fit）。当人们关注于"人单合一"双赢模式，关注于海尔的战略变革，关注于海尔色彩鲜明的管理特征等方面时，忽视了海尔在推动和实现这些成就时所做出的努力。例如，海尔周例会就是战略变革过程中重要的学习机制和推动机制。以战略损益表、周例会机制为代表，这些方法和工具推进组织学习，保证了海尔在过去30年中一直保持着"变革"与"创新"的匹配和适应。

战略损益表

　　简而言之，战略损益表可以简称"目团机"，即目标、团队、机制。对于每一项创新业务，领导者都需要思考该项业务的目标是什么？如何建立团队，形成生态圈？如何提供与客户及员工分享价值的机制？

　　"战略损益表"，即宙斯模型（ZEUS Model），是海尔贯彻战略变革的重要方法和工具。战略损益表主要包括四个象限，即战略定位、经营体、预算流程、人单酬。对于每个员工、每件事，首先，思考用户是谁，价值主张是什么。其次，如何形成自主经营体团队，成为创新主体。再次，同一目标下在时间维度上的承诺与流程是什么。最后，考虑人单酬，即分享机制。

　　海尔在"人单合一"管理模式下，形成了新的契约关系，也就是以用户为中心的、动态的自主经营体与用户之间的契约关系。这样就需要改变传统的以财务报表为中心的核算模式，通过创新的"战略损益表"驱动每个经营体始终以用户为中心，通过经营表外资产实现表内资产的增值，同时分享价值。因此，海尔的战略损益表体现出"人单合一"的双赢模式下，自主经营体如何通过创造用户价值实现自身价值并分享增值。

人单酬体现了"合一"的理念，根据业绩完成情况及与集团整体目标的达成效果确定经营体的总体薪酬，是把员工的报酬和他为用户创造的价值紧密结合，是员工自我经营的最终结果，体现了员工自主经营、自负盈亏的原则。

海尔采用了战略损益表作为核心能力塑造的方法。战略损益表是一种思考模式，也是一种意识构建的方法。战略损益表是全新的理念，每一个经营体都有自己的战略损益表。对于一级自主经营体的损益表，主要看为用户创造了多少价值来确定损益。对于二、三级经营体，其损益不仅体现在为用户创造的价值，还要看其在为一级经营体提供资源和服务的有效性，以及战略、机制、团队建设方面的贡献，即一级经营体的提升（见图 26 – 1）。

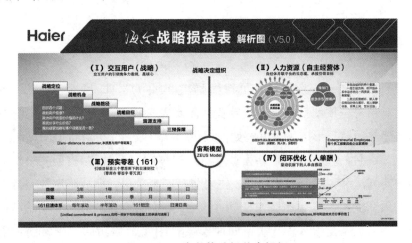

图 26 – 1　海尔战略损益表解析

战略损益表并不是人为设计，或者随着"人单合一"双赢模式的变革而提出的，战略损益表是对海尔以往"日清日毕"等工作方法的总结，是随着企业经营业务的发展逐渐摸索和学习的结果。战略损益表也在不断精练和发展，例如基于战略损益表而提出的"三预"（预通、预赢、预酬）和"目团机"（目标、团队、机制）等，都是工作方法的新总结。

海尔战略损益表有四个部分，这个表的名字是维基百科征集而来的，国外一个教授提议叫"宙斯模型"，就是把四个象限英文名字的首字母拿出来组合成一个单词"ZEUS"。战略损益表第一象限是交互用户，第二象限是人力资源，第三象限是预实零差，第四象限是闭环优化。

第一象限，交互用户是我们的战略。所谓交互用户，这和传统企业过去跟用户的关系完全不一样。过去企业对用户是咨询式的，发很多问卷问用户到底喜欢什么样的产品、对产品有什么意见。这是原来开发的基础。但是现在，完全是在网上和用户进行交互。海尔现在正在做，对传统企业而言这要做起来很难。因为它们已经习惯于去咨询用户，而不是让用户在平台上变成几个群体自动交互，再自我增值。如果没有与用户的交互，将很难融入互联网时代。用户交互体现的是全流程的用户体验，全流程的用户体验其实就是用户要参与设计，一直到参与后面的销售。

第二象限，人力资源是对交互用户的承接。有了目标之后，谁来承接，就是人力资源，就是刚才所说的生态圈。

第三象限，预实零差。目标有了，承接的资源也有了，但是每天是不是完成了？海尔有个日清体系，每天保证当天的目标落地，目标要到人到日。这里有三个"零"的原则。

第一个"零"是"零库存"。海尔在几年前提出"零库存"时受到了一线销售人员非常强烈的抵制，他们说：不要说零库存了，就是把产品摆在店里也不一定能卖出去。现在要零库存怎么做？要是有库存就是销售人员的问题。但销售人员马上就说，这我承担不了，因为是研发的问题，或者供应链的问题。这样一来，问题就从市场倒逼回来。所以，零库存本质是让整个体系都围着市场转，都围着自己的用户转。原来的模式是为仓库制造产品而不是为用户制造产品，制造出来的产品先放在仓库里再去促销。而为用户制造产品，就是产品在总装线上时就已经定了是给谁的。海尔现在还没有完全做到这一点，现在生产线上只有20％的产品明确地知道是给谁的，然后直接发货到那里去。海尔正在推进这一块。

第二个"零"是"零签字"。现代企业里签字很厉害，特别是大型企业。签字表上很多人都签字，但没人真正负责。签字的人看到前面有人签了，自己就签；领导一看底下人签字了，就心想有人负责了，都互相推诿。他们希望签字的人越多越好。"零签字"要的不是无序的谁都不管，而是一定要事先预算，要的是全面预算体系。另外，一定要有自主经营体，没有自主经营体的落地保证，"零签字"根本做不到。

第三个"零"是"零冗员"，既然是"人单合一"就不应该有多余的人。

第四象限，闭环优化。闭环优化是在前三个象限的基础上不断提升，可叫作人单自推动。怎么自推动？单的目标要求得很高，就可以用这个单来招聘高水平的人，这叫作竞单上岗；竞来的人可以完成更高水平的单；完成了这个单可以得到更高的价值，下次再提出比现在更高的目标，就可能优化出更高的人。这就形成了人和单的良性优化，叫人单自推动。

海尔的损益表和传统损益表完全不一样。每个企业都有资产负债表、现金流量表、损益表三张报表，其中损益表非常重要。传统损益表的逻辑很简单，就是收入减去成本，再减去费用，就等于利润。但是，传统损益表的问题是只能告诉你是什么，不能告诉你为什么。也就是说，知道企业的收益是多少，知道企业为什么收益不高，可能是成本高了，也可能是销价低了。但无法知道为什么成本高了，为什么销价低了。海尔探索的是战略损益表，其和传统损益表最大的不同在于：它不仅关注表内资产，更关注了表外资产。表外资产的一部分是员工，另一部分是用户。

后来战略损益表演化为"两维点阵图"，海尔用这个图来考核每个员工。两维点阵图有两个轴，横轴和各个企业一样，用销售额、利润等数据来衡量达到了什么水平，是行业平均水平，是行业第一，还是引领行业的水平，这和大部分企业没什么不同。最主要的是纵轴，如果一个自主经营体的销售收入、利润都非常好，但在纵轴上没有去真正创造用户价值，这样的数据也是不被认可的。纵轴的第一个分区是要把数据分解到人，必须要有人负责。原来横轴上的数据是割裂的，有营销的数据、研发的数据，但在纵轴上，所有的数据全流程都要有人对它的好坏负责。第二分区就是每一个横轴的数据都要有人对它增值，也就是说某人实现了 100 万元的价值，但这 100 万元必须是源自破坏性创新得来的产品，而不是同质化的产品。如果是同质化的产品，就只能降价，即使增长也是低价值的。

周例会

周例会是经验交流会和机制建设会。周例会的定位是，聚焦战略与模式的案例，通过案例讨论达到利共体全流程协同，打造"人单合一"模式双赢闭环优化体系。案例的主体分别来自海尔 690 和 1169 两个业务板块，一般是板块负责人梁海山和周云杰负责。来自两个部门的案例样板开始分别介绍经验，就当前时期的战略重点展开讨论。案例介绍的目的在于对细节进行还原，张瑞敏、杨绵绵和武克松等集团领导会对问题进行提示和点评。最后，周例会将形成海尔的"战略策"，指导下一步的战略变革。同时，周例会的讨论内容会形成《海尔人》的"社论"，引导企业的变革舆论。

海尔周例会每周六上午在董事局大楼会议室召开，时间持续大约 2 小时。周例会会场的布置，前为讲台，布置有两块显示屏幕；中间区域分成 690 和 1169 两大块，一个个利共体围绕着方桌而坐，以便于讨论；FU 靠墙围坐成圈，集团领导张杨武在会场右侧靠前位置。

会议的议程和议题已经提前发给大家，所有人都是有备而来。690 和 1169 的利共体是主要与会者，每个利共体的桌子上都有自己的二维点阵图，显示其当周的业绩和差因分析。

会议开始后，主持人（通常来自战略部）会介绍本次案例的主体，例如某次是来自 690 的滚筒利共体和来自 1169 的胶州利共体。来自两个部门的案例对象开始分别介绍经验，例如如何从全流程交互，实现引领是会议讨论的重点。案例介绍的目的在于对细节进行还原，集团领导会对问题进行提示和点评，重在机制建设。

以帝樽空调利共体为例，分别从引领目标（战损表）、开放资源

(生态圈)、驱动机制（人单酬）三方面进行"关差"。

在最后的总结发言环节，梁、周、谭、陈、解等人进行简短的发言。会议主持人还引导其他各个相关利共体的发言，会议的结论形成海尔会议战略策。

会议坚持"赛马"精神。在会议上，每个人都在思考这样三个问题：自己的"单"是什么？纵横轴的现状是什么？驱动机制是什么？正如杨总所言，海尔进行转型，推行"人单酬"，把在册员工都要变成创业者，跳出现有资源的约束，寻找新的资源。因为守着已有资源就会慢慢变得没有资源。大家在这一点上是认同的，但是现在的现状是：光有"论"，而没有实践。

会议现场的气氛有时不是很活跃，除了几个意见领袖（如杨、梁、周、谭），其他人被点名要求发言。周例会还在集团范围进行现场直播，例如文化中心的所有员工都在会议室观看周例会直播（见表 26 – 1）。

表 26 – 1　　　　　　　　　　海尔周例会流程

差	优化
➢引领目标（战损表）	
1. 精细化差	
· 设计：无接口标准（香槟金），从提供色板，到可量化的 RGB 三种颜色比例	
· 供货：供货商色板存在偏差	
· 制造：无标准，不良化率高，存在执行的偏差	
2. 目标承接差	高单生成机制
· 不是市场驱动，10 万台的目标是团队拍脑袋的结果	· 用户驱动 · 具像化 · 协同：承诺预案
· 各节点承接不具像，例如在设计环节是方案引领而不是体验引领；在供货环节，供应商没有设计能力	
· 协同环节，各个节点只承诺结果，而没有预案	

差	优化
➤开放资源（生态圈）	
3. 资源差	引入一流资源 在帝樽二代的研发过程中，供应商资源从原来的"竞标定配额"到现在的"方案定配额"，吸引了华润、松下、日立、三菱等供应商。所有的压缩机资源动起来，这些供应商开始主动抢方案
· 研发资源	
· 模块化资源	利共体正在把压缩机经验向电机、控制板模块复制，目前电机的接口标准还没有结构化和模块化
➤驱动机制（人单酬）	
4. 协同与分享差	按单预酬 分享如何落地 利共体和小微范围如何界定
· 竞争上岗：还是现有的人参与竞争	
· 官兵互选：散了之后聚不起来	
· 超利分享：没有贯彻实现	

周例会的目的在于围绕"意义建构"进行经验学习和机制建设。意义建构是战略变革实施的首要问题，因为必须确保所有的变革参与者能够完全理解变革的意义，并确保战略执行行为有助于实现变革目标。战略变革过程中意义建构主要通过观念、环境、机制、试点四个途径实现。意义建构体现了企业领导者如何将自己的变革思维向员工进行有效传递的过程。通过意义建构，企业员工逐渐摆脱变革带来的无序和模糊的状态，并就变革目标形成一致性。

周例会是学习会。彼得·圣吉在其著名的《第五项修炼》中阐明了这样一个观点："（组织）未来的唯一持久的优势是有能力比他的竞争对手学习得更快。"那些能长久持续成长的企业就是那些不断学习的企业，就是更善于学习的企业。参加周例会的案例都是在企业实践中做得比较出色的"样板"，这些样板的发展现状契合集团战略，所以才能够到周例会介绍自己的做法和经验。但是，样板经验并不一定是成熟做法，需要大家讨论和批评。

周例会是推进会。周例会的参加者通常是中层以上的管理者，因为在战略变革面临的管理挑战中，中层经理人是促进或者阻碍变革的关键角色。周例会作为一项制度和机制，在变革过程中，通过意义建构和不断的试错学习，使企业逐渐建立了新的组织惯例，推动了变革和转型的进程。例如海尔提出的"人单合一"双赢模式，可能刚开始企业内部的理解多样化，但是在不断的讨论和推进过程中，其内涵变得逐渐明确和丰满。

周例会是现场会。周例会的任务还在于"关差"，即发现工作中的不足，现场决定改进的办法。所以，如果实际管理工作中连续出现问题，管理人员将失去参加周例会的资格。周例会的氛围直接而严肃，与会人员本着认真学习、积极改进的态度，批评别人的同时也检讨自己的不足。是制造业务，还是渠道业务，哪个环节做得不够，需要哪些改进，树立哪些样板……这些问题一定要闭环优化。除了参加者的荣誉，周例会还涉及每个管理人员的改进工作，缺席的现象很少。

《海尔人》

从没有任何一家企业像海尔一样重视一份报纸。每周出版的《海尔人》绝对不是样子货，而是重要的战略推进工具。《海尔人》每周及时跟踪海尔的最新业务动态，把企业最新的创新动态、员工活动等汇集起来。最为重要的是，报纸的头版社论通常能够引领一段时期内海尔的管理动向。《海尔人》由海尔企业文化中心每周编辑，主要的编辑人员大概只有四五个员工，同时也有企业文化中心的员工常驻690和1169，以便于随时反映企业基层的创新情况。报纸的清样通常由杨绵绵总裁逐字修改，最后定稿。

张瑞敏有句经典之语："做企业做来做去就像搞政治运动一样。"其实际意义是，企业在今天的繁荣离不开变革，企业必须不断创新业务模式、追求成长、主动应变。但变革也会增加员工与员工、部门与部门之间的冲突，这也是"企业政治运动"所不可避免的。一个平庸的组织处理冲突的方式通常只有两种：一是不去管它，表面上看起来一团和气；二是在极端的见解上僵持不下。而海尔的先进，就在于它的冲突多是"建设性冲突"。海尔除了有令中高层干部"刺刀见红，人人自危"的1号会（月度干部考评例会），还有每月1号公示在员工餐厅旁的布告栏上的对各部门负责人的点名批评与表扬。

与我们常见的其他传达领导指示、鼓吹企业功绩的内刊的最大区别是，《海尔人》一直都发挥着长期、持久、犀利、准确的舆论监督作用。《海尔人》几乎点名批评过企业所有副总裁，集团下属各公司、各部门的主要负责人也难逃它的"法眼"。但它无论批评谁，总是出于公心和善意，绝不搞人身攻击。《海尔人》秉承的宗旨是：为了事业要敢于得罪人，如果你不敢得罪人，公司就要让你"自己得罪自己"，因为你得罪了工作。张瑞敏的一贯思路是，没有问题就是问题，要么是发现问题的能力太差了，要么是发现了问题而不敢揭露。他的一个口头禅是："管理者的责任就是发现问题。一个管理者连发现问题的能力都没有，要你这个岗位干什么？"所以，海尔的干部、《海尔人》的执行主编和编辑，都不敢坐在办公室里编文章，要经常到基层发现问题、揭露问题、解决问题。在张瑞敏和杨绵绵旗帜鲜明的支持下，《海尔人》成为所有海尔人的公器。正是由于《海尔人》的这种作用，在海尔"能上能下"成为干部的信条，批评与自我批评成为改善工作的利器，自省自励成为引人向上的路径。

海尔企业文化中心负责把海尔的管理理念和价值观注入整个组织，编纂了《海尔企业文化手册》，并发放给海尔员工。《海尔人》是海尔集团拥有巨大影响的内部刊物，"心桥工程"就是其中的一个专栏；员工有些心里话不愿在公开场合表露，就可以通过"心桥"来传递。而很多集团内部的大讨论也通过在《海尔人》上发表评论进行，有效宣传了企业思想。

海尔大学设有企业文化学院。在海尔，关于企业文化方面的培训，除通过海尔的新闻报《海尔人》进行大力宣传以及通过上下沟通、上级的表率作用实现之外，还可以通过员工互动来实现。海尔进行丰富多彩、形式多样的互动培训以带动文化氛围的建设，比如通过员工"画与话"、灯谜、文艺表演、发掘案例等，用员工自己的画、话、案例来诠释海尔的理念，强化企业价值观。

提高组织适应性

环境要求企业不断进行新陈代谢，组织学习能够改变组织适应性。通过组织学习，企业能够重置知识资源、开发组织知识和促进新技术利用；通过对环境知识的学习，企业可以加快组织适应力改进与转变以应对环境的变化。

对环境的洞悉

实践证明，未能发现或重视环境变化而遭遇危机或陷入困境的企业屡见不鲜。组织学习基于对环境的敏锐洞察力，对环境的深刻理解是组织学习的基础，环境提供给组织的信息是组织学习的前提。组织学习不是封闭的过程，而是需要不断地与外部环境进行信息交流。可以这样说，组织的外部环境提供了组织学习的外部情景和资源条件，例如，组织从技术环境中获取科技的信息帮助企业技术能力提升。组织的内部环境决定了组织学习的效果。例如，组织的内部环境中的员工和管理者影响了整个组织的学习能力和适应能力。组织学习的动因是把握组织外部环境的变化，而组织学习的效果取决于内部环境的支持。组织学习将从组织内外部环境中汲取信息和知识，其中包括对于机会和威胁的识别判断。另外，组织面临着内外环境中更大的复杂性和不确定性，环境的动态变化对组织学习提出了更高的要求，其中对环境的洞察将影响组织的决策、计划和控制等，因为战略规划与实施是不能离开信息和知识的。

在组织内，对环境的洞悉不能仅仅依靠组织的高层管理者，如果组织成员只是执行高层管理者对环境的判断和感知势必会给企业带来灾难。因为从环境中获取信息、分析信息和评估信息是组织员工的责任也是其学习过程。将对环境的洞悉作为组织学习的必要方式将会促进企业的决策水平提高。第一，组织的员工参与到组织对环境的学习中就可以对企业的宏观环境有更充分的理解和把握。例如，客户需求的变化，技术领域中研发的趋势，法律法规的修正等都是需要通过员工获取的。第二，组织对环境的洞悉帮助组织成员提高其分析、判断和评估的能力，企业能够对机会和威胁保持更高的敏感度和警觉性。第三，对环境的洞悉促使组织学习成为有依托、有目的、有计划的活动，与企业的战略制定联系在一起，组织学习的效率和效果都将大幅度提高。

从经验中学习

从经验中学习是一种有效的学习方式，并且对企业的战略规划产生很大的影响，因为路径依赖的存在，企业如果不能够从过去的经验中学习就会犯相同的错误，遭遇类似的危机。组织学习的一项重要内容就是从过去的经验中学习，即重新审视公司过去的成败得失，系统而客观地进行评价，并让全体员工参与，将有助于组织的健康成长。另外，从经验中学习的方法是一种节约成本的学习方法，它无须组织支付额外的成本，因为亲身经历的缘故，从经验中学习会为其组织成员留下深刻的记忆。

首先，组织从过去经验中学习需要组织成员对过去经历进行客观性评价，分析经验带来的体会和教训。其次，组织从过去经验中学习需要组织成员对过去经历进行举一反三的探讨，从而把握过去经历的事件本质和事物规律。最后，从过去经验中学习，需要组织建立从错误中学的正确态度和氛围，帮助员工认真诚恳地进行分析，并不影响员工士气。不管是新创企业还是成熟企业都需要通过试错学习（Trial‑and‑Error Learning）应对环境的变化。因此，从某种意义上说，失败和错误比成功具有更大的学习价值。而对于失败，也许是提供看透事物的本质及其发展规律的机会。在组织适应环境的过程中，失败是不可避免的，正如前文所述，危机的存在具有客观的必然性，从另一种意义上讲，失败为组织适应过程提供了经验教训，对失败进行深入的分析、提炼出精华，就可以指导未来的组织适应活动。但是对失败的反思往往要比回顾成功困难得多，这就是组织从失败的经验中学习的障碍。一方面，与喜欢回忆成功的辉煌相比，人们不愿意提及失败的痛苦经历；另一方面，在组织中，对失败的反思会引起责任承担和利益再划分等棘手问题，因此难以促成有效的组织学习。

领导支持并参与学习

直接参与学习的领导者才能更好地带动整个组织参与学习，缺乏领导的支持和参与，组织学习便成为一项例行公事的活动，无法激发员工的热情和保证组织学习的持续性。彼得·圣吉提出，组织学习的五大原则也可以被看作是领导原则。领导者从观察者真正地转变为参与者是实现系统思考的重要一环，组织学习需要出色的领导者的参与和支持。如果将领导和组织学习区隔开就难以成就优秀的学习型组织，也难以塑造优秀的领导者。以参与者身份进行组织学习的领导摒弃了传统领导者依靠目标设置、标准制定、控制实施的方法，而是以自身参与促进组织的学习状态，并积极地引导组织学习过程。在领导的参与支持中，整个组织系统就可以形成"参与性自组织"状态。此外，领导参与组织学习还可以同时完成战略思考的分享、组织文化的培养、人力资源的开发等多项职能，并通过学习过程，全方位地提升组织的适应能力。

后 记

"没有成功的企业，只有时代的企业。"如何保持在"浪尖"上？没有事物能既处于平衡态又处于失衡态，但事物可以处于持久的不均衡态——仿佛在永不停歇、永不衰落的边缘上冲浪。创造的神奇之处正是要在这个流动的临界点上安家落户，这也是人类孜孜以求的目标。

海尔给出的答案是：创造用户。企业一方面要适应不断变化的时代和环境，另一方面要不断思考如何利用各种创新方法和模式为用户创造价值。在互联网时代，海尔更早、更快地满足了用户需求。2013 年，海尔开始进入企业的第五个战略实施阶段——网络化战略。围绕着平台型企业建设，在创造用户价值的过程中，越来越多的主体参与进来，形成了商业生态圈。所以，在一定程度上，成功的企业都是革命性的。

海尔战略变革的启示告诉我们，很多时候管理实践经常走在管理理论的前面。每年海尔都会邀请国内外很多学者进行交流，在创牌中心的自助餐厅，经常会偶遇很多学术圈的老朋友。可具有讽刺意味的是，如果你翻翻管理学教科书，再到企业里去观察一下管理者实际工作的表现，你仍然会怀疑，管理学家和管理者是否生活在同一个星球。有次在战略管理年会上讲完海尔，山东大学管理学院的钟耕深教授说，实践不但检验真理，实践还出真理。这话逻辑不够严密，但是还真有一定的道理。张瑞敏说的"似曾相识燕归来"，那些优秀的管理行为方式一定是在不断的企业经营实践中闪现的，管理者这次错过了，下次也许还能碰到，这便是"燕归来"。

现在，海尔正在推行的"人单合一"模式，在"平台与小微"的组织方式下，激发每个员工的参与和积极性，每个利共体慢慢都成为创新中心，"举高单，聚高人"。海尔为每个员工都提供了一个机会公平、结果公平的空间和平台。从"自经体"到"利共体",再到"小微"模式,海尔在不断探索和试验不同的业务模式,比较它们的可行性,一旦发现了一种更加高效的模式,一定会毫不犹豫地加以采用。无论战略损益表还是"目团机",无论是"三预"还是"161 流程",无论接口机制还是资源漏斗,海尔"人单合一"模式的推行依赖于各种创新机制所产生的"驱动力",而这些机制都是那些优秀的海尔管理实践者在竞争激烈的市场中的不断领悟和经验总结。

每个看完海尔文化展《海尔基因》影片的观众,都会觉得震撼。海尔从一棵小草长大成为参天大树。与海尔同时代的企业,要么已经消失,要么被兼并,即使苟延残喘,多数也没有逃脱 20 世纪 90 年代末"抓大放小"中破产的命运。老子说,"物壮则老",当企业做到非常高的层次和规模时,潜在的危机就已经产生了。保持危机感和不断的学习是摆脱这种窘境的唯一办法。作为企业经营者,需要看到的是:在冰箱还属于紧俏商品时,张瑞敏以"砸冰箱"的壮举走在时代的前列,奠定了海尔的根基。

对于国家经济和竞争力而言,枝繁叶茂的根基在哪里?还是实体经济和制造业的发展。各国所拥有的物质财富主要是工业品,尤其是工业所创造的建筑物和各种物质基础设施。这就可以理解,为什么人类物质财富主要由工业化时代所创造。海尔也是众多支撑中国经济和工业化进程的创新型企业之一。中国社会科学院工业经济研究所金碚研究员认为,大国必须以本国工业来支撑其庞大的经济躯体,解决其发展过程中面临的各种重大经济、社会和安全问题。而中国的工业化进程远未完成,工业化的意志不可有丝毫动摇。2013 年,当雷军和董明珠还在赌博未来的时候,中国经济年度人物特别奖授予了"技术产业工人"这个群体。在《大国重器》纪录片中,高铁的制造场面尤其震撼,千万根线缆由技术工人手工连接,每个节点都盖上他们自己的名字作为印记。中国制造产业的未来在于这些技术工人,产业也许可以转移出去,但是技术工人这类群体不会转移。不管海尔、格力,还是小米,最终只有它们才能够与众多的互联网思维一起共创未来。

2012 年开始,我和同事们开始在海尔做调研,几乎访谈了包括张瑞敏首席在内的海尔所有的高层管理人员,并持续参加海尔的周例会、案例发布会、创新论坛等会议，深入参与到各个业务单元（期间，他们从自主经营体演变为利益共同体和小微）的日常工作中。此外，在与各个层面海尔员工接触的过程中了解到很多变革细节和管理故事。他们之中，有的人告诉我在海尔有超过30年的工作经验，有的则向我叙述海尔5个阶段的战略变革，有的向我讲述张瑞敏首席的管理思想演变过程，有的向我透露海尔在经营过程中所犯的错误……所有这些都形成了我对于海尔的印象，每次我都认真记录下来，认真地思考，日积月累，于是便产生了要写一本有关海尔战略变革的书的想法，希望少一些口号，多一些鲜活的故事和情节。因为，管理学者口中那些简而又简的海尔五大变革阶段，正是由这些人来执行、这些事来构成的。

通过对各个案例对象的访谈，我经过两年时间完成了本书的写作，主要内容还是自己对于变革和管理的思考，其中一方面是对于海尔管理模式和经验的总结，另一方面希望能够加深人们对于互联网时代组织变革模式和机制的理解，形成一套基于战略变革的思维与方法，能够准确把握"变革的节奏"。本书的案例资料以海尔集团为主，还包括其他一些企业，主要来自企业访谈，以及相关资料的整理。

感谢中国社会科学院工业经济研究所的王钦老师，他率先研究海尔"人单合一"模式，并出版了系列重要的专著。感谢课题组的刘湘丽、尚潇阳等老师，我们在海尔山庄曾经讨论至深夜，却又一大早起来去爬山散步。感谢张小宁、贺俊、邓洲、黄阳华、杜德斌等老师，很怀念我们一起在海尔调研的日子。感谢中国企业管理研究会黄速建、黄群慧两位老师，谢谢两位老师在2013年海尔以"商业生态平台战略"为主题的创新论坛上的分享。

这本书的完成得到了海尔文化中心的大力协助，感谢它们的开放和接纳、周到的调研安排，以及每次在创牌中心的美味自助午餐。特别感谢那些接受我们访谈，或者一起共事的海尔人，在此不再一一罗列。

疏漏之处，在所难免，敬请广大读者批评指正！

赵剑波

2014年2月